历史虚无主义思潮评析

郭彦林　著

中国社会科学出版社

图书在版编目（CIP）数据

历史虚无主义思潮评析／郭彦林著.—北京：中国社会科学出版社，
2018.12
ISBN 978 - 7 - 5203 - 3777 - 9

Ⅰ.①历… Ⅱ.①郭… Ⅲ.①虚无主义—史学—研究—中国—
现代 Ⅳ.①K092.7

中国版本图书馆 CIP 数据核字（2018）第 292109 号

出 版 人	赵剑英
责任编辑	刘 艳
责任校对	陈 晨
责任印制	戴 宽

出 版	中国社会科学出版社
社 址	北京鼓楼西大街甲 158 号
邮 编	100720
网 址	http://www.csspw.cn
发 行 部	010 - 84083685
门 市 部	010 - 84029450
经 销	新华书店及其他书店

印 刷	北京明恒达印务有限公司
装 订	廊坊市广阳区广增装订厂
版 次	2018 年 12 月第 1 版
印 次	2018 年 12 月第 1 次印刷

开 本	710 × 1000 1/16
印 张	16.75
插 页	2
字 数	207 千字
定 价	68.00 元

凡购买中国社会科学出版社图书，如有质量问题请与本社营销中心联系调换
电话：010 - 84083683

序

姜　辉

"灭人之国，必先去其史。"历史虚无主义为"去史灭国"推波助澜，是一种危害较大、影响面较广的政治思潮，对于马克思主义政党和社会主义政权来说为害尤甚，必须旗帜鲜明地加以批驳和抵制。习近平同志明确指出："国内外敌对势力往往就是拿中国革命史、新中国历史来做文章，竭尽攻击、丑化、污蔑之能事，根本目的就是要搞乱人心。苏联为什么解体？苏共为什么垮台？一个重要原因就是意识形态领域的斗争十分激烈，全面否定苏联历史、苏共历史，否定列宁，否定斯大林，搞历史虚无主义，思想搞乱了，各级党组织几乎没任何作用了，军队都不在党的领导之下了。最后，苏联共产党偌大一个党就作鸟兽散了，苏联偌大一个社会主义国家就分崩离析了。这是前车之鉴啊！"苏共瓦解和苏联解体的殷鉴不远，这警示我们，批驳遏制历史虚无主义思潮是一项严肃的政治任务和理论任务，关乎党和国家命运，关乎国家长治久安，关乎意识形态安全。因而，对历史虚无主义这种政治思潮的动态跟踪、辨析揭露、批驳反击是非常必要的。

郭彦林同志撰写的《历史虚无主义思潮评析》一书，可以说在这个方面做了一件重要的工作。该书运用马克思主义立场观点方法较为系统深刻地剖析了历史虚无主义错误思潮的根源、表现、特征、危害性以及回应举措等诸多问题，具有一定的理论和现实意义。总的看，该书有以下方面的特点：

一是深入揭示了历史虚无主义思潮的本质和危害。作者认为，历史虚无主义思潮究其根源，在国际上看是19世纪以来西方文化传统现代流变的产物，是一些西方国家推行全球战略在意识形态领域的反映，在国内看是少数坚持走西方资本主义道路的社会势力在意识形态领域与我争夺领导权的体现，其目的就是取消马克思主义指导地位，否定中国共产党领导，否定社会主义制度，可以说这样的判断具有较强的政治性和针对性。

二是全面系统地梳理评析了历史虚无主义思潮。作者坚持理论与实践相结合，以历史的视野和辩证的方法，对历史虚无主义思潮的历史脉络、演变规律、发展趋势等进行了系统性、全面性的动态考察。通过对历史虚无主义的历史演变、具体事实、典型案例等的分析考察，阐明其本质特征及其对中国特色社会主义事业的危害。在辨析与批驳错误思潮的同时，树立"四个意识"，坚定"四个自信"，将批判抵制错误思潮与研究实际问题紧密结合，着力解决意识形态领域中存在的重大理论和现实问题，为把握意识形态领域主动权、领导权、话语权提供参考，具有较强的理论性和学术性。

三是在批判错误思潮中着眼于建立社会主义主流意识形态。该书立中有破、破中求立，提出要牢牢掌握意识形态工作领导权，建设具有强大凝聚力和引领力的社会主义意识形态，旗帜鲜明地批判和抵制各种错误思想，是意识形态工作的根本任务。因此作者对历史虚无主义思潮分析批判的目的，是为建设具有强大凝聚力和引领力的社会主义意识形态服务，以不断巩固马克思主义在意识形态领域的指导地位，巩固全党和全国各族人民团结奋斗的共同思想基础，具有较强的现实性和建设性。

总的看，该书坚持历史与现实、理论与实践、国内与国际的结合，对历史虚无主义思潮作了全面深入的剖析式研究，论证透彻，说理明晰，行文也较为朴实，具有较强的政治性、理论性和可读性，是一本值得理论宣传工作者及广大干部群众、青年学生等阅读的参考读物。

（作者单位：中国社会科学院）

目　　录

导　论

一　选题的依据及理论和实践意义

（一）选题依据

1. 当前历史虚无主义思潮涉及问题比较广泛、表现比较活跃，对我国政治和社会建构影响尤甚

把历史虚无主义作为研究对象进行系统深入剖析，明晰其实质、表现特征及其对社会主义现代化建设的消极影响，对于我们捍卫马克思主义在意识形态领域的指导地位，具有重要的理论和现实意义。通过对文献资料的收集、整理，发现尽管关于历史虚无主义的研究成果很多，但从理论与现实紧密结合进行全面系统研究的成果还比较少，因此将其作为本书的研究题目。

2. 我国经济社会深刻变革、利益格局深刻调整，社会思想意识形态领域交锋更加激烈尖锐

随着中国改革开放进入深水区，经济社会的深刻变革和利益格局的深刻调整，国内深层次的矛盾逐渐凸显甚至激化，我国所处的国际环境更加复杂多变，意识形态领域的斗争更加尖锐，各种社会思潮风云激荡。改革开放以来，国内国际形势复杂多变，各种社会

思潮竞相登场发声，影响比较大的有新自由主义、民主社会主义、"普世价值"论、西方宪政主义、公民社会理论，历史虚无主义、极端"新左派"思潮等①。这些社会思潮以极具迷惑性的学术创新面貌出现，通过设置学术陷阱隐蔽地表达政治诉求，让人们陷入某种理论误区，对马克思主义产生质疑、动摇甚至背弃。作为一种与马克思主义唯物史观相对立的歪曲否定中国革命史、否定中共党史、否定中国共产党的领导的历史虚无主义思潮的泛起，在社会上造成了严重的思想混乱，值得我们认真研究。

3. 历史虚无主义思潮的肆意传播，从根本上挑战历史唯物主义

历史虚无主义思潮以唯心史观为哲学基础，以形而上学为方法论指导，通过一系列错误的认知观点和方法歪曲事实、解构宏大历史。这些错误观点不仅充斥在党史国史领域、文学艺术以及传统文化等层面，还体现在近代史乃至漫溢到古代史和当代史之中。为了抑制历史虚无主义思潮错误观点的肆意传播，更好地坚持历史唯物主义，正确认识和把握中国革命、建设和改革开放的真实历程，坚定道路自信、理论自信、制度自信和文化自信，必须对历史虚无主义思潮进行科学批判。

4. 一些国家和政党在意识形态领域的深刻教训，给社会主义国家以深刻警示

21 世纪初发生在中亚、西亚、北非的"颜色革命"，进一步促使美国等西方国家将"颜色革命"作为意识形态渗透的优先战略选择。苏联解体是西方国家推行"和平演变"取得成功的一项重要"成果"。苏共在戈尔巴乔夫执政以后，逐渐放弃马克思主义的指导地位，放任意识形态多元化，推崇新自由主义、历史虚无主义、文

---

① 姜辉：《进一步增强当代中国主流意识形态自信》，《红旗文稿》2015 年第 3 期。

学的自由批判主义等，导致非马克思主义和反马克思主义的思想泛滥，这是导致苏共亡党、苏联解体的重要原因之一。随之而来的东欧社会主义阵营的垮台，近年来的西亚、北非等地的"颜色革命"，无不是从国家放弃对主流意识形态的掌控开始的。对此，我们必须牢牢掌控意识形态领域的领导权、主动权、话语权，对历史虚无主义等思潮企图推翻中国共产党的领导、颠覆社会主义制度的政治图谋，保持高度警惕。

（二）理论和实践意义

1. 理论意义

（1）批判历史虚无主义思潮，有利于增强民族凝聚力和历史自豪感

中华文明积淀着中华民族最深层的精神追求，是中华民族独特的精神标识，为中华民族生生不息、发展壮大提供了丰厚滋养。我们党在近百年的奋斗历程中，锤炼形成了一系列彰显党的性质、反映民族精神、体现时代要求、凝聚各方力量的伟大精神。这些精神为中国革命、建设和改革开放事业提供了不竭动力源泉和强大信念支撑，是我们党最可宝贵的精神财富和克敌制胜的法宝。党的伟大精神具有超越时空的价值和旺盛的生命力，体现着中国共产党人对共产主义崇高理想和社会主义事业的不懈追求。历史虚无主义公开否定中国 5000 年的优秀文化，把中国 5000 年的文明虚无得一无是处，把中国的革命、建设和改革开放的成就一概否定，动摇了中华民族做人立国的根基。历史虚无主义对民族文化和历史事实的虚无和颠倒，从根本上搞乱了人们的历史观，瓦解了民族精神，消解了建设中国特色社会主义的共同理想。我们必须坚持马克思主义的唯物史观，把被历史虚无主义思潮所颠倒的历史纠正过来，增强民族

凝聚力和历史自豪感。

（2）批判历史虚无主义思潮，有利于更加坚定我国人民走社会主义道路的理想信念

中国特色社会主义道路是中国共产党把马克思列宁主义与中国实际相结合，不断探索出的一条与其他国家不同的道路。从党的十二大提出"走自己的路，建设有中国特色的社会主义道路"的科学论断，到十八大"坚定不移高举中国特色社会主义伟大旗帜，既不走封闭僵化的老路，也不走改旗易帜的邪路"，到十九大"夺取新时代中国特色社会主义伟大胜利，为实现中华民族伟大复兴的中国梦不懈奋斗"，我国一直坚持走中国特色社会主义道路。历史虚无主义通过歪曲否定中国革命史、中共党史、军史乃至民族文化史，否定中国近现代历史的真实图景和社会发展规律，最终否定社会主义制度和共产党的领导。他们要重新评价历史，认为中国要走资本主义道路，无限夸大私有制的好处，无限夸大西方的自由民主制度，并把苏联解体的原因归结为计划经济的失败，以此作为批判社会主义制度的借口。我们要坚持社会主义道路，就要对这种错误政治思潮进行批判和揭露，以增强全体人民对于社会主义核心价值观的共识，巩固党的执政基础，坚定中国人民走社会主义道路的信念，把广大人民群众的思想凝聚到改革开放和现代化建设、实现中华民族伟大复兴中国梦的实践中。

（3）批判历史虚无主义思潮，进一步巩固马克思主义在国家意识形态领域的指导地位

马克思主义是我们立党立国的根本指导思想。进入 21 世纪，全球范围内思想文化交流交融交锋加剧，西方一些政治势力借助其在经济、政治、国际文化和国际舆论方面尤其是传播手段上所占有的优势，加紧对我国进行思想文化渗透。近百年来，中国共产党之所

以能够完成近代以来各种政治力量不可能完成的艰巨任务，就在于始终把马克思主义这一科学理论作为自己的行动指南，并坚持在实践中不断丰富和发展马克思主义。背离或放弃马克思主义，我们党就会失去灵魂、迷失方向。在坚持马克思主义指导地位这一根本问题上，我们必须坚定不移，任何时候任何情况下都不能有丝毫动摇。目前，抵制历史虚无主义对我国革命和建设事业的否定和攻击及对我国主流意识形态的消解，进一步巩固马克思主义在意识形态领域的指导地位，维护国家意识形态安全，增强人民群众对国家意识形态的认同，提高其吸引力和感召力，是一个重大理论和现实问题。

2. 实践意义

（1）批判历史虚无主义思潮事关举什么旗、走什么路的问题

历史虚无主义思潮是从唯心史观出发，通过混淆历史的主流与支流、现象与本质而歪曲历史、否认历史发展本质和规律的一种政治思潮。特别是其对近现代以来中国共产党领导的反帝反封建革命的诋毁和否定，具体涉及革命的起源、性质、作用等问题，其目的是通过否定革命、建设和改革的辉煌历史和伟大成就，否定作为革命的必然逻辑的中国特色社会主义道路、理论、制度和文化自信。不仅如此，历史虚无主义思潮丧失了起码的民族良知，散布社会主义失败论，称颂资本主义是"人间正道"，大肆推崇资本主义发展道路、资本主义理论和资本主义制度，如"彻底私有化""宪政民主""公民社会""新自由主义"等。实际上，这些思想严重背离了人类社会的发展规律、中国特色社会主义的发展规律和共产党执政规律，是一种非理性的错误思潮。所以，反对历史虚无主义思潮是一个事关举什么旗、走什么路的重大原则问题，必须警惕历史虚无主义造成的严重危害，坚定历史自信。

（2）批判历史虚无主义思潮能有效应对西方"和平演变"的战

略企图

通过颠覆一个国家的历史来颠覆一个国家的政权，这是西方敌对势力惯用的伎俩。纵观东欧剧变和苏联解体过程，中国人民可以清醒地意识到乱史灭国的悲剧。特别是东欧剧变之后，西方敌对势力利用历史虚无主义"和平演变"社会主义国家的主要矛头就转向了社会主义中国。一方面，它们利用一部分青年对革命历史、革命传统以及理想信念淡漠淡忘，对西方的生活方式和价值观念错误认识的特点，利用我国实行改革开放的机会，运用政治、经济、文化等综合手段，向广大青年肆意传播、渗透西方的价值观念和生活方式，以期塑造影响广大青年的价值观念和行为方式；另一方面，通过丑化社会主义国家无产阶级革命领袖，歪曲社会主义国家革命和建设的历史和现实，特别是通过无限夸大社会主义国家建设和改革开放进程中出现的某些曲折，企图搞乱人们特别是青年的思想，进而达到污名化和瓦解社会主义制度的目的。国内外反华势力从来没有放弃西化、分化中国的战略企图，他们对中国的经济、政治、思想和文化等领域进行全方位的渗透，企图通过"颜色革命"和"和平演变"使中国政权改旗易帜，迫使中国加入资本主义国家体系，颠覆社会主义制度。因此，西方敌对势力对我国的"和平演变"是一个长期渐进的过程。随着经济全球化、政治多极化、文化多元化和信息多样化的发展，国际形势发生了深刻变化，"和平演变"也在"与时俱进"，从杜勒斯的"解放政策"、尼克松的"不战而胜"、里根的"遏制战略"、奥巴马的"超越遏制"新战略到川普政府的"美国优先"战略，就是通过各方面、各种手段遏制中国社会主义发展，颠覆社会主义国家政权，将中国纳入国际垄断资本主义的统治，纳入资本主义的道路。

（3）批判历史虚无主义思潮有助于巩固党在社会主义初级阶段

的基本路线

　　坚持党在社会主义初级阶段的基本路线，就是要坚持四项基本原则和改革开放。否定了四项基本原则就否定了我们党以马克思主义作为指导思想的正确性，否定了中国共产党领导的必要性，否定了人民政权的合法性，否定了社会主义道路的必然性。历史虚无主义始终站在马克思主义意识形态的对立面，他们把中国经历的曲折和失误无限扩大，以偏概全。他们把这一切都归因于马克思主义的指导失误，党的领导的失误，社会主义道路的失败，主张取消马克思主义在我国意识形态领域的指导地位，取消党的领导和社会主义道路。历史虚无主义通过虚无中国历史，弱化马克思主义在意识形态领域的指导地位，削弱党和人民团结奋斗的共同思想基础，否定我国走向社会主义道路的历史必然性，借以否定我们党领导和团结全国各族人民进行改革开放和社会主义现代化建设的辉煌成就，从根本上搞乱人民的思想，从根上否定党在社会主义初级阶段的基本路线，摧毁中国特色社会主义伟大事业。因此，只有同历史虚无主义错误思潮进行坚决的斗争，才能从根本上巩固四项基本原则和改革开放的基本路线。

二　国内外研究现状

（一）国内有关历史虚无主义思潮研究现状

　　历史虚无主义思潮是虚无主义的一种基本表现形式，是西方历史文化的产物，通过资本主义的殖民扩张贯穿于近代中国发展的历史进程。国内历史虚无主义思潮出现的标志，是 20 世纪20—30 年代以陈序经等为代表主张的"全盘西化"论，其实质是民族文化虚无主义。新的历史时期，历史虚无主义思潮在我国重新泛起并显示出一系列全新的表征，它以唯心主义历史观为其哲学基础，与国内外敌对势力反对共产党、反对社会主义的政治需要相互配合，渗透到文学、史学等领域，最后演变为一股政治思潮，成为多种错误思潮的一种思想基础。改革开放40年来，历史虚无主义思潮时断时续，不断翻新表现手法，但从未止息。并且，在日益复杂的国际国内环境作用下，这股不断增强的思潮还可能对我国现代化建设构成严峻挑战，对人们的思想意识造成更大混乱。国内学术界已经对这股思潮从理论和实践方面展开探讨研究，取得了丰硕成果，为我们认识、批判、抵御这股错误思潮提供了借鉴。

1. 关于历史虚无主义思潮的国外起源研究

学者们主要以"虚无""虚无主义"为起点进行介入。董必荣认为，虚无主义最早产生于哲学，指自古希腊柏拉图以来的形而上学哲学思想，历史虚无主义仅仅是虚无主义的一种类型。① 刘书林认为虚无主义是尼采思想中最早出现的，一般认为这是最早形态的历史虚无主义思潮，历史虚无主义思潮的发展又经历了三个发展阶段，早期是19世纪末20世纪初，兴起于西方的批判资本主义异化现象的一种思潮，是"后现代主义"思潮的源头；第二阶段是流传于苏联，兴起于20世纪末的一股否定苏联和苏共历史的思潮；最后阶段是在苏联解体以后，在20世纪80年代借机中国改革开放而兴起的一股否定中国革命和社会主义制度的一种思潮。② 韩炯认为，虚无主义是19世纪末雅各比在《给费希特的信》中首次使用了这一概念，

---

① 董必荣：《虚幻的构境：历史虚无主义批判》，《毛泽东邓小平理论研究》2013年第3期。
② 刘书林：《历史虚无主义的表现极其思维方法》，《思想理论教育》2014年第11期。

并认为其与 90 年代传入中国的后现代主义理论、二战后兴起的叙事史以及中国社会转型中部分利益集团的政治诉求等不无关系。① 倪剑青认为"虚无主义"有哲学和文学来源，其哲学来源于雅各比对康德哲学所做的批判，其文学来源是通过屠格涅夫的文学作品而流传开来。② 李舫认为，"虚无主义（nihilismus）"命题，是尼采思想中首次出现的，被用来表示形而上学的，即"真理的历史"的全面终结。③ 马闪龙认为，历史虚无主义的历史渊源是德国哲学家弗里德西·H. 雅各比在 1799 年提出的虚无主义的概念，理论渊源是民粹主义和庸俗社会学。④ 于沛认为，20 世纪 70 年代渗透到历史领域的"后现代主义"是历史虚无主义泛起的理论源头之一。⑤ 田心铭认为，历史虚无主义理论前提是历史终结论，并以此为理论支撑点。⑥ 杨军认为，后现代史学思想是历史虚无主义思潮的思想基础。⑦ 乔彦国认为历史虚无主义的根源是私有制，对历史的歪曲和否定是由私有制生产关系所决定的阶级利己主义。⑧

　　虽然学者们对"虚无""虚无主义"在研究的侧重点和着眼点上有所不同，但殊途同归，都认为虚无主义思潮最早出现在资本主义制度中，滥觞于 19 世纪末 20 世纪初资本主义由垄断资本主义阶段进入帝国主义阶段时期，其思想源头是形成于 20 世纪中期后来逐渐影响到史学领域的后现代主义。由于这时期资本主义

---

　　① 韩炯：《历史事实的遮蔽与祛蔽——现时代历史虚无主义理论进路评析》，《毛泽东邓小平理论研究》2013 年第 3 期。

　　② 倪剑青：《试析历史虚无主义的两种类型》，《毛泽东邓小平理论研究》2013 年第 3 期。

　　③ 李舫：《历史虚无主义的文化表征》，《文艺理论与批评》2007 年第 3 期。

　　④ 马闪龙：《历史虚无主义的来龙去脉》，《炎黄春秋》2014 年第 5 期。

　　⑤ 于沛：《历史不容虚无》，《求是》2013 年第 6 期。

　　⑥ 田心铭：《警惕历史虚无主义的新变种》，《红旗文稿》2014 年第 13 期。

　　⑦ 杨军：《历史虚无主义的迷惑性》，《人民论坛》2013 年第 27 期。

　　⑧ 乔彦国：《历史虚无主义的危害及其批判》，《南京政治学报》2013 年第 4 期。

的固有矛盾昭示了产生世界性经济、社会危机的可能性，一些西方学者由对资本主义启蒙运动以来高扬的理性主义的质疑转而颂扬"非理性"在人类生存和历史发展中的重要作用，体现在历史领域这就是历史虚无主义思潮的最早形态。这种发端于哲学领域的虚无主义逐渐渗透到文学和史学领域，最后演变为一种政治思潮，并随着资本主义的殖民侵略由苏联而渗透到我国。

2. 关于历史虚无主义思潮在国内的演变发展研究

历史虚无主义思潮一般形成于社会急剧转型时期。学术界较为一致的认识：国内历史虚无主义思潮最先由西方传入，起源于19世纪20—30年代的后现代主义，是近代以来西方列强侵略中国的后果。但对历史虚无主义思潮在我国国内的发展流变，学者们有各自不同的看法和观点。梁柱、林泰认为，历史虚无主义思潮在国内的演变发展大致经历两个阶段，第一阶段是20世纪30年代以陈序经、胡适①为代表的以民族文化虚无主义为标志的"全盘西化"论的兴起，随着新中国的成立而渐趋沉寂；第二阶段是改革开放以来，作为资产阶级自由化的重要表现形式之一，以"历史考证"为幌子，借否定党史、国史、军史及民族文化来否定社会主义道路而重新泛起。② 同梁柱等学者持基本相同观点的还有靳辉明、王燕文等学者。如靳辉明认为历史虚无主义在中国最早兴起于五四以后，20世纪80年代又重新兴起。③ 王燕文认为，历史虚无主义作为一种兴起于历史转型期的思潮，其发展经历了两波，

---

① 关于胡适是否是"全盘西化"论者，笔者在后文有分析。参见本书第二章第二节。

② 梁柱：《历史虚无主义评析》，社会科学文献出版社2012年版，第3—4页。林泰：《问道——改革开放以来的社会思潮与青年思想政治教育研究》，中国社会科学出版社2013年版，第294—295页。

③ 靳辉明：《关于当前影响我国的四种社会思潮的剖析和思考》，《重庆邮电大学学报（社会科学版）》2009年第2期。

第一波出现于 20 世纪初期，中国一批知识分子主张对资本主义道路的赞同；第二波出现于 20 世纪 80 年代初期，一些人以"纠左"之名行否定社会主义道路之实，一直持续到现在。① 在此基础上，吴仁华认为，20 世纪 70—80 年代后期，出现了一股否定革命领袖和中国革命的"非毛化"思潮和否定民族文化的"《河殇》现象"的历史虚无主义思潮；1989 年之后，历史虚无主义思潮稍稍沉寂了一段时期，之后迅即在史学研究、文艺创作等领域死灰复燃，以"侵略有功论"和"告别革命论"的出笼为标志而在国内全面泛起；21 世纪初，由于东欧剧变和中国改革开放的深入推进，历史虚无主义思潮以"学术反思""理论创新"为幌子，以更加隐蔽、更加新颖的形式重新泛起。②

3. 关于历史虚无主义思潮的表现研究

历史虚无主义在政治领域的表现。刘书林认为，历史虚无主义通过否定领袖，否定党史、国史和中国革命史，最终否定社会主义制度。③ 李殿仁认为，历史虚无主义表现为否定人类社会发展的规律性、集中攻击党的重大事件和领袖人物、披着学术外衣谋求政治诉求。④ 刘仓认为，历史虚无主义是一种通过否定毛泽东和毛泽东思想，来达到否定四项基本原则和走资本主义道路的政治思潮。⑤ 高奇琦、段钢认为，历史虚无主义在政治上表现为"否定革命论""社

---

① 王燕文：《社会思潮怎么看》，江苏人民出版社 2015 年版，第 170—171 页。
② 吴仁华：《社会思潮十讲——青年教师读本》，福建教育出版社 2014 年版，第 141—142 页。
③ 刘书林：《痛批反毛反共的历史虚无主义思潮》，《中国社会科学报》2014—05—23。
④ 李殿仁：《认清历史虚无主义的极大危害性》，《红旗文稿》2014 年第 20 期。
⑤ 刘仓：《意识形态领域的卫国战争——毛泽东研究中的历史虚无主义》，《中国社会科学报》2015—09—26。

会主义歧途论""党史诟病论"。① 龚书铎认为，历史虚无主义根本上是否定中国走社会主义道路的问题。②

历史虚无主义在史学领域的表现。梁柱认为，历史虚无主义是一种采取主观、片面、抛弃阶级分析方法研究历史的唯心史观。③ 田心铭指出，历史虚无主义认为马克思主义也是一种历史"终结"论，是"终结"在虚幻的共产主义，马克思主义也是"历史虚无主义"。④ 郭世佑认为，国际和国内都有一批人用所谓"学术定义"来否定国际社会对日本侵略历史的定论，或者企图否定中共历史和新中国历史乃至中华民族史。⑤ 高奇琦、锻钢认为，历史虚无主义在史学上表现为"侵略有功论""现代化西化论""人物重评论"。⑥ 韦磊指出海外毛泽东研究中历史虚无主义的表现，即运用唯心史观，丑化毛泽东和中共历史，在海内外制造思想混乱。⑦ 张晓红、梅荣政认为，历史虚无主义通过否定党史、革命史和国史乃至民族文化史，制造思想混乱。⑧

历史虚无主义在文学、艺术领域的表现。高奇琦、段钢认为，历史虚无主义在文艺上表现为"宏大解构论""零度写作论""历史消费论"。⑨ 许恒兵认为"历史虚无主义具有'虚无'中国传统文化

---

① 高奇琦、段钢：《对历史的自信是抵制历史虚无主义的基石》，《求是》2013 年第1 期。

② 龚书铎：《历史虚无主义二题》，《高校理论战线》2005 年第 5 期。

③ 梁柱：《历史虚无主义是唯心主义的历史观》，《思想理论教育导刊》2010 年第1 期。

④ 田心铭：《警惕历史虚无主义的新变种》，《红旗文稿》2014 年第 13 期。

⑤ 郭世佑：《历史虚无主义的虚与实》，《炎黄春秋》2014 年第 5 期。

⑥ 高奇琦、段钢：《对历史的自信是抵制历史虚无主义的基石》，《求是》2013 年第1 期。

⑦ 韦磊：《海外毛泽东研究中的历史虚无主义》，《马克思主义研究》2014 年第6 期。

⑧ 张晓红、梅荣政：《历史虚无主义的实质和危害》，《思想理论教育》2009 年第7 期。

⑨ 高奇琦、段钢：《对历史的自信是抵制历史虚无主义的基石》，《求是》2013 年第1 期。

的严重危害"①。马建辉认为，这股思潮通过"抽象化""去社会化"手法，以所谓全人类立场的普世价值观遮蔽甚至否定人民立场的价值观。② 田居俭通过列举"三星堆文化""中华文明西来说"等历史虚无主义在传统文化领域中的种种表现，阐明了其数典忘祖，虚无中华文明起源的本质。③

历史虚无主义思潮浸染高校这个"象牙塔"已是不争的事实。杨军通过调查研究分析了由于社会思想领域中去政治化倾向、当前社会上存在的种种现实问题以及主流意识形态对历史虚无主义思潮的思想斗争范围小、影响力弱等原因导致历史虚无主义思潮得以影响大学生的原因。④ 李松林认为，根据社会调查和课堂调查显示，有相当一部分大学生在历史观上受到了历史虚无主义思潮的影响，不能正确对待中国近现代史上的人物和事件。⑤ 佘双好认为，猎奇性强（"觉得好奇想了解"占28.7%，和"觉得这些理论有道理"占24.6%）与理论现实性强（占29.6%居首位）分别是高校学生接触和接受社会思潮影响的主要原因。⑥

4. 关于历史虚无主义思潮的本质研究

总之，历史虚无主义作为一种系统的、全方位的社会思潮，在政治、历史、文学艺术等领域有诸多表现，但万变不离其宗，这只不过是其为掩盖本质、增强迷惑性而表现出的一些表面形态

① 许恒兵：《历史虚无主义思潮的演进、危害及其批判》，《思想理论教育》2013年第1期。

② 马建辉：《文艺中的价值虚无主义思潮》，《求是》2009年第3期。

③ 田居俭：《历史岂容虚无——评史学研究中的若干历史虚无主义言论》，《高校理论战线》2005年第6期。

④ 杨军：《历史虚无主义思潮影响高校师生现状、原因和对策》，《思想理论教育导刊》2011年第11期。

⑤ 李松林：《简论加强大学生历史观教育》，《思想教育研究》2012年第6期。

⑥ 佘双好：《当代社会思潮对高校学生影响现状的调查分析》，《学校党建与思想教育》2010年第9期。

变化。国内学者从三个不同角度阐述了历史虚无主义思潮的本质：一是从哲学世界观层面来看，历史虚无主义本质上是历史唯心主义，否定实事求是的原则、否定阶级分析的研究方法，是一种唯心史观；二是从哲学方法论层面来看，历史虚无主义的本质坚持形而上学的方法论，以孤立、静止、片面的观点看待历史，根据自身目的将宏大历史进行任意剪裁，有所虚，有所不虚；三是从政治学层面来看，历史虚无主义在本质上不是一种简单的虚无历史的思潮，而是一种带有特殊政治目的的思潮。在我国，这一政治目的表现为否定现实，妄图虚化社会主义革命、建设与改革开放的历史，妄图虚无中国共产党执政的根基，推翻社会主义制度。

5. 关于历史虚无主义思潮的危害研究

历史虚无主义在政治、史学等领域产生了严重危害。梅荣政、杨瑞认为，其通过否定历史达到否定现实社会主义制度和共产党的领导，给其他错误思潮诸如新自由主义和民主社会主义思潮等提供历史思想基础。[1] 李殿仁认为，历史虚无主义是一种思想鸦片，瓦解人们的思想，根本动摇社会主义制度。[2] 杨军认为，历史虚无主义在历史领域的随意拼盘，造成了人们价值观混乱、瓦解了群众对党的信任。[3] 李舫认为，80年代以来，历史虚无主义在市场利益的驱动下，一些文学创作以"重写历史"的名义对文学历史、经典著作颠覆亵渎。[4] 李伦认为，思想文化领域的历史虚无主义思潮通过全盘否定五四以来包括20世纪80至90年代的革命进

---

① 梅荣政、杨瑞：《历史虚无主义思潮的泛起与危害》，《思想理论教育导刊》2010年第1期。
② 李殿仁：《认清历史虚无主义的极大危害性》，《红旗文稿》2014年第20期。
③ 杨军：《历史虚无主义的迷惑性》，《人民论坛》2013年第27期。
④ 李舫：《历史虚无主义的文化表征》，《文艺理论与批评》2007年第3期。

步文学，进而宣称与中国现当代文学"断裂"，严重背离了马克思主义文艺理论观点。① 葛玉良、张晓娜②、张玲③等还从历史虚无主义对高校学生和青年教师的影响方面，研究了历史虚无主义对高校的严重危害。

学者们较为一致地认识到历史虚无主义"虚无"中国传统文化，模糊人们的价值评价标准，否定马克思主义唯物史观，歪曲否定中国共产党的领导和中国革命、建设和改革开放的历史，动摇人民群众对社会主义制度的信念，质疑党和政府的执政合法性，消解人民群众对中国化马克思主义的认同。

6. 关于抵制历史虚无主义思潮的对策研究

龚云认为，抵制历史虚无主义思潮关键在于坚持马克思主义的指导。④ 唐莉认为，应对历史虚无主义思潮，既要坚持历史唯物主义，又要着力做好当前现实问题，体现社会主义制度的优越性。⑤ 曹守亮认为，应在全民范围内加强马克思主义的历史观教育，凝聚时代的民族精神。⑥ 杨军认为，既要从价值层面批判，更要从理论、实践以及批判研究历史虚无主义的最新成果上，帮助社会大众形成正确历史观。⑦ 周振华认为，要运用辩证唯物主义和历史唯物主义的思想武器，在批判历史虚无主义片面、孤立、静止地看问题的同时，

① 李伦：《评近两年的历史虚无主义批评》，《文艺理论与批评》2000 年第 7 期。
② 葛玉良、张晓娜：《历史虚无主义思潮对大学生思想政治教育的影响和对策》，《思想理论教育导刊》2014 年第 6 期。
③ 张玲：《探析历史虚无主义思潮冲击高校马克思主义青年教师队伍的原因与对策》，《文教资料》2014 年第 7 期。
④ 龚云：《中国近现代史研究中历史虚无主义思潮产生的认识根源》，《中国社会科学报》2008—12—18（5）。
⑤ 唐莉：《当代中国历史虚无主义的政治诉求与双重应对》，《思想政治工作研究》2013 年第 7 期。
⑥ 曹守亮：《历史是不能虚无的——读〈警惕历史虚无主义思潮〉》，《高校理论战线》2007 年第 4 期。
⑦ 杨军：《历史虚无主义的迷惑性》，《人民论坛》2013 年第 27 期。

用联系、发展、全面的观点阐明我们党勇于纠错、自我净化的成就。① 梁柱认为，通过弘扬中华优秀传统文化克服历史虚无主义。② 李伦认为，就文艺界来说，要运用马克思主义关于文艺的科学理论抵制和批判各种错误观点。③ 黄腾华④、刘美玲、刘鹄⑤等还从进一步巩固"纲要"课地位和改进教学内容和教学方法等方面，对抵制历史虚无主义进行了研究。此外，吴小晋还从增强网络空间管理等方面应对历史虚无主义展开了研究。⑥

学者们从理论和实践层面进行了深刻剖析，提出了许多抵制历史虚无主义思潮的正确思路和对策，观点虽未尽相同，但就坚持马克思主义指导地位，加强理论界、学术界、文艺界、教育界批判抵制历史虚无主义思潮的自觉性、主动性和自信心，弘扬社会主义核心价值观，深化教学改革，培养党员群众和青年学生用正确的历史观和价值观看待中国革命、建设和改革开放的历史，充分利用新媒体加强网络思想教育的实效性等方面已然成为共识。

此外，国内学术界和理论界还对历史虚无主义思潮产生的背景、根源、传播途径以及与其他错误思潮的异同等方面展开了研究，对充斥在一些影视作品、教材和文学著作中的历史虚无主义言论进行了批驳。

---

① 周振华：《应当十分珍惜党和人民奋斗的历史——兼评历史虚无主义的若干观点》，《求是》2000 年第 16 期。

② 梁柱：《历史虚无主义是对民族精神的消解》，《思想政治工作研究》2013 年第 10 期。

③ 李伦：《评近两年的历史虚无主义批评》，《文艺理论与批评》2000 年第 7 期。

④ 黄腾华：《历史虚无主义对"纲要"课教学的冲击及其应对》，《思想理论教育导刊》2014 年第 8 期。

⑤ 刘美玲、刘鹄：《在"纲要"教学中消解历史虚无主义的思考》，《重庆科技学院学报（社会科学版）》2011 年第 9 期。

⑥ 吴小晋：《网络时代历史虚无主义对青年思想工作的挑战》，《青少年研究与实践》2014 年第 3 期。

（二）国外历史虚无主义思潮的研究现状

陈之骅认为，苏联解体的一个重要原因就是在意识形态领域大搞历史虚无主义，从否定苏联革命和建设的历史到否定苏共历史和社会主义制度，搞乱了人们的思想，从而为西方敌对势力颠覆苏联提供了机会。① 王立新认为，历史虚无主义思潮从赫鲁晓夫全盘否定斯大林入手，进而攻击和诽谤列宁，再进而否定苏共 70 多年的历史，从而为反共反社会主义的势力打开了缺口。② 窦凌认为，苏联的崩溃，正是由于历史虚无主义的泛滥在思想上摧毁了人们的社会主义信仰，为新自由主义从经济层面摧毁苏联提供了前提。③ 朱永在其硕士论文《俄罗斯苏联时期的历史虚无主义运动研究》一文中认为，苏联存在三个叠加的历史虚无主义时期：斯大林个人崇拜的历史虚无主义时期、赫鲁晓夫全面否定斯大林的历史虚无主义时期、戈尔巴乔夫全盘否定苏共和苏联历史的历史虚无主义时期，最终导致苏共垮台苏联解体。④ 吴恩远认为，苏联解体以来，俄罗斯对苏联历史的虚无主义评价已经发生变化，由原来的全盘否定评价走向客观公正评价。⑤

（三）关于历史虚无主义思潮亟须进一步深入研究和探讨的工作

新世纪以来，学术界、理论界关于历史虚无主义思潮在历史渊源、发展演变、价值取向、表现危害、应对举措等方面的研究成果，

---

① 陈之骅：《苏联解体前夕的历史虚无主义》，《高校理论战线》2005 年第 8 期。
② 王立新：《戈尔巴乔夫时期的社会思潮失控与苏联巨变》，《南京社会科学》2015 年第 2 期。
③ 窦凌：《苏联剧变中的历史虚无主义和新自由主义》，《求实》2006 年第 7 期。
④ 朱永：《俄罗斯苏联时期的历史虚无主义运动研究——以意识形态合法性为视角》，中南大学硕士学位论文，2009 年，第 i 页。
⑤ 吴恩远：《历史虚无主义的破产——俄罗斯对苏联历史从全盘否定到公正评价》，《红旗文稿》2009 年第 7 期。

为在理论和实践上抵御历史虚无主义提供了依据和对策。笔者认为，学术界和理论界在巩固现有成果的基础上，还有待进一步深入研究和集中探讨的工作有以下几点。

第一，要加强系统性研究，既要从政治话语层面进行价值批判，更要针对历史虚无主义思潮的实质、表现和危害等方面，注重从学理上发掘其哲学支撑、理论逻辑以及对当下中国产生影响的文化契合点、嬗变路径、社会心理基础等，通过理论阐释、史料分析、文本分析、实证研究等进行全方位透视，克服研究中出现的零散化、碎片化的现象。

第二，要重点研究历史虚无主义思潮对不同群体特别是高校师生、青年官兵等群体的具体影响和应对之策，帮助广大青年了解中国近现代历史的事实，增强广大青年正确辨别社会思潮、抵御错误思潮的能力。

第三，要完善社会思潮实证测评研究体系，要从实证科学的角度和标准，研究历史虚无主义思潮在当代中国产生影响的特点、深度、广度以及抵制历史虚无主义思潮对策的效果。并通过一定的渠道、以生动多样的方法和手段向社会传达对历史虚无主义思潮的批判研究成果，使得理论研究成果能够很好地应用到实践中去，以祛蔽祛惑，把解决理论问题和解决实际问题结合起来，帮助社会大众形成正确的历史观。

第四，要加强对历史虚无主义协同研究，形成马克思主义理论学科、历史学、哲学等学科的学者理论研究的合力，形成更多具有说服力、政治性和学术性统一的成果。

三 主要理论观点

意识形态关乎旗帜、道路和国家政治安全。随着我国经济社会的深刻变革和利益格局的深刻调整，意识形态领域各种思想陈杂，历史虚无主义思潮伺机抬头，妄图挑战马克思主义指导地位，攻击、否定党的领导和我国政治制度、发展道路，极力争夺意识形态话语权。本书针对当前历史虚无主义思潮研究、辨析中的零散化和碎片化现象，坚持以历史的视野、辩证的方法，运用马克思主义特别是习近平新时代中国特色社会主义思想，注重"源头"分析，对这种思潮的形成背景、基本观点、本质表现、现实危害等进行学术性、系统性和全面性的动态考察。通过对这种社会思潮发展的历史进程、历史事实、具体案例等的分析考察，阐明其本质特征及其对中国特色社会主义建设和改革开放实践的危害后果。在辨析与批驳错误思潮的同时，坚定"四个意识"和"四个自信"，将批判、抵制错误思潮与研究实际问题紧密结合，着力解决意识形态领域中存在的重大理论和现实问题，建设具有强大凝聚力和引领力的社会主义意识形态。

四　采取的研究方法

（一）坚持马克思主义历史分析方法

列宁在考察国家问题时曾深刻指出在社会科学问题上有一种最可靠的办法，就是历史分析方法。"在社会科学问题上有一种最可靠的方法，它是真正养成正确分析这个问题的本领而不致淹没在一大堆细节或大量争执意见之中所必需的，对于用科学眼光分析这个问题来说是最重要的，那就是不要忘记基本的历史联系，考察每个问题都要看某种现象在历史上怎样产生、在发展中经过了哪些主要阶段，并根据它的这种发展去考察这一事物现在是怎样的。"[1] 坚持马

---

[1]　《列宁全集》第37卷，人民出版社1986年版，第61页。

克思主义的历史分析方法，具体地考察某种社会思潮产生的历史背景、传播过程及其影响和衰退等，是全面把握和正确对待一种社会思潮所必不可少的。

（二）坚持马克思主义阶级分析方法

阶级分析方法就是运用马克思主义关于阶级和阶级斗争的观点去分析社会历史现象的方法，是矛盾分析方法在社会历史领域中的具体运用。阶级斗争理论和阶级分析方法是马克思主义的基本原则，具有科学性。阶级斗争是阶级社会历史发展的基础和伟大动力，是了解和把握阶级社会发展的钥匙，能使我们在纷繁复杂而又不断变换的社会发展现象中发现规律性。马克思的天才就在于他提出了关于阶级斗争的学说。社会主义初级阶段一定范围内的阶级和阶级斗争的存在是一个客观事实，无论夸大或者缩小，两者都要犯严重错误。同时，社会思潮具有强烈的政治性和社会性，只有坚持阶级分析方法，才能辨别清楚某种思潮背后所代表的一定阶级、阶层和社会集团的要求、利益和愿望，并采取有针对性的对策。因此，在阶级和阶级斗争客观存在的情况下，如果抛弃阶级分析的科学方法，就会是非不清、界限不明，模糊我们的社会主义意识，导致严重后果。当然，马克思关于阶级社会阶级和阶级斗争问题，虽不能乱贴标签，不能简单化，但也不能说没有阶级，没有阶级斗争；可以说有不同的斗争形势，但不能说没有。

（三）其他具体研究方法

综合研究法、比较研究法、文献研究法、逻辑和历史相统一的方法。

第一章

当代社会思潮及其对我国的影响

建设具有强大凝聚力和引领力的社会主义意识形态，是党的一项极端重要的工作。2013 年 8 月 19 日，习近平总书记在全国宣传思想工作会议上强调："能否做好意识形态工作，事关党的前途命运，事关国家长治久安，事关民族凝聚力和向心力。"① 在集中精力进行经济建设的同时，必须一刻也不放松和削弱意识形态工作。要把意识形态工作领导权牢牢掌握在手中，不断巩固马克思主义在意识形态领域的指导地位，不断巩固全党全国人民团结奋斗的共同思想基础。当前，世界正处于大发展大变革大调整时期，世界多极化、经济全球化、社会信息化、文化多样化深入发展，各种思想文化相互激荡更加频繁。纷繁复杂、良莠不齐的社会思潮相互碰撞、相互影响，对我国社会生活和社会发展造成了严重的冲击和影响，使意识形态领域的斗争愈来愈具有复杂性、艰巨性、曲折性和长期性。必须深刻认识到，国际上一些势力骨子里是不希望中国发展壮大的，一直在不遗余力地推进西化、分化战略。他们抓住中国社会转型发展时期利益诉求、矛盾问题交织互联的特点，搞意识形态渗透，妄

---

① 《习近平总书记系列重要讲话读本》，学习日报社、人民出版社 2016 年版，第193 页。

图搞乱人们的思想，瓦解党和人民团结奋斗的共同思想基础。因此，坚持马克思主义的立场观点方法来甄别、统合、引领各种社会思潮，是一项重大课题。

第一节　社会思潮的内涵及其产生的社会历史条件

社会思潮属于社会意识形态范畴，是社会生活的重要内容和影响社会变化的重要因素。一个社会的政治、经济、文化和外部条件的综合作用，是社会思潮产生的社会历史条件。

一　社会思潮的内涵

梁启超关于时代思潮的研究，对我们今天研究社会思潮仍有很大的借鉴价值。1902 年，梁启超在《论时代思潮》一文中指出："今之恒言，曰'时代思潮'。此其语最妙于形容。凡文化发展之国，其国民于一时期中，因环境之变迁，夫于心理之感召，不期之思想之进路，同趋于一方向，于是相与呼应汹涌，如潮然。……凡'思'非皆能成'潮'；能成'潮'者，则其'思'必有相当之价值，而又适合于其时代之要求者也。凡'时代'非皆有'思潮'；有思潮之时代，必文化昂进之时代也。"① 梁启超关于"时代思潮"的经典解释，一般认为跟我们现在所说的社会思潮很相近。从梁启超对时代思潮的阐释中，我们可以看出他强调了思潮与特定时代、社会环境变化、社会心理活动的密切关系，充分肯定了社会思潮对社会的价值和作用。

---

① 梁启超：《清代学术概论》，上海古籍出版社 1998 年版，第 1 页。

社会思潮，由于诸多学者进行研究的学科背景和角度各异，对社会思潮概念所作的界定也见仁见智，各不相同，所以，学界至今仍未有一个公认的定义。比如"思想潮流"说、"思想趋势"说、"社会意识"说、"思想体系"说，等等。综合各种研究成果中关于社会思潮的定义，其焦点主要集中在对社会思潮本身的社会意识结构及其在社会意识结构中的地位这两个方面。对这两个问题的不同看法，构成了当今学界比较具有代表性的两种观点："交融说"与"中介说"。

"交融说"就是通过对社会心理和社会意识相互交融，相互作用的考察，对社会思潮作出界定。1985 年出版的《中国大百科全书·哲学》中，对"社会思潮"条目的解释为："社会思潮有时表现为由一定理论形态的思想作主导，有时又表现为特定环境中人们的社会心理，是社会意识的综合表现形式。""每一种社会思潮一般都是有其代表人物，但它并不是某个个人的创造。一定的社会思潮是在当时的经济政治条件之总和的基础上，从群众的社会心理中自发形成的。社会思潮的根源在于社会的经济生活，它是当时经济发展所引起的社会生活中突出矛盾的反应。"[①] 王锐生指出："社会思潮就其本质来说，是物质的经济关系，人们生存的社会条件以思想观点和情绪等形式在社会一部分人的意识之中的反映。由于人们的经济地位或生存的社会条件大致相同或相似，由此产生的思想观点、情绪等便自然而然地汇合成为一股社会思潮。"[②] 曲洪志认为："社会思潮是指社会上某种思想的流行、某种理论的传播、某种心理的共鸣。以一定范围广泛流行的社会心理为基础，以相应的思想体系为

---

　　① 《中国大百科全书·哲学Ⅱ》，中国大百科全书出版社 1985 年版，第 765—766 页。

　　② 王锐生：《社会思潮初探》，《东岳论丛》1981 年第 3 期。

代表的思想倾向。"① 姜志强则认为："社会思潮是在特定的社会历史背景下，建立在一定的社会心理基础之上、具备某种相应的理论形态并在一定范围内具有相当影响力的带有某种倾向性的思想趋势。"② "交融说"一般都强调社会思潮意识结构中思想观点和社会心理的综合交融性及其不同位次，从根本上很好地把握住了有关社会思潮主要的和基本的理论和心理层面的内容。但是，这些论述和解释中对作为一定理论形态的思想与社会心理在社会思潮的意识结构中彼此所起的主次作用缺乏清楚说明，对思想理论与社会心理在社会思潮中的辩证结合运动强调不够，特别是对作为社会思潮的标志和核心的思想理论强调欠缺，所以，这种见解和解释值得肯定和尊重，但还有待进一步完善和补充。

"中介说"将社会思潮放在整个社会意识系统中进行考察，将复杂的多层次的社会意识按照从低级到高级的次序，分为社会心理、社会思潮和社会意识形态三个基本层次，认为社会思潮是社会意识构成中社会心理与社会意识形态之间的中介，起着承上启下的"桥梁"作用。如学者殷玉平认为，"在社会意识结构中，社会思潮居于特殊的中介地位。一般认为，社会意识是由社会心理和社会意识形态（思想体系）两个层次所构成。而社会心理和社会意识形态（思想体系）的相互转化并非直接进行的，需要有一个中间环节，社会思潮就充当了这一中介角色"③。张澍军认为，社会心理与社会意识形态的中介环节或一般的中介形式就是普通意识，或者说是普通意识在特殊情况下（比如危机、变革时代）的特殊表现。④ 肖锦全认

---

① 曲洪志：《探讨社会思潮的发展规律》，《思想教育研究》1995 年第 2 期。

② 姜志强：《社会思潮内涵探析》，《天府新论》2006 年第 1 期。

③ 殷玉平：《重视对社会思潮的引导与巩固社会主义意识形态》，《山东农业大学学报（社会科学版）》2003 年第 4 期。

④ 张澍军：《社会思潮、普通意识及其相互关系试探》，《哲学研究》1992 年第3 期。

为，之所以社会思潮应处于社会心理和思想体系两者的中介地位，因为"社会思潮比社会心理有较多的理性因素较少的心理因素，而比思想体系则有较少的理性因素较多的心理因素"，"总之，不能把社会思潮简单地归结为社会心理或思想体系，它本身具有相对独立性，有着比社会心理较多的理论意识而比思想体系较多的日常意识。因而社会思潮是社会意识发展链条中的一个环节，是社会意识系统中的一个认识层次"。① 总而言之，"中介说"认为社会思潮就是一种普通意识，是普通意识的一种特殊表现，是社会心理与社会意识形态之间的中介。而实际生活中，社会心理与思想体系是社会意识相对稳定结构中的两个方面，不论人类实践活动领域如何深入扩大，社会意识总是稳定地表现为社会心理与思想体系，它并不需要以社会思潮作为中介。在社会历史实际中，自从人类进入文明社会以来，社会心理和思想体系在任何时代都存在着；而社会思潮却不同，有些时期，社会思潮非常活跃，在另外一些时期，社会思潮却非常沉寂，甚至不存在。可见，社会思潮不是社会意识结构中一个独立的、稳定的层次，它作为社会意识的活动形态，是在社会心理和特定的思想理论这两个层次上活动着，处于经常性的流变之中。它以一定的社会心理为基础，以一定的思想理论为支撑，渗透、贯穿于社会心理和特定的思想理论这两个层次中，是这两种不同层次的社会意识的辩证综合的表现。因此，"中介说"的科学性还有待进一步深入论证。

　　总体说来，两种观点虽然对社会思潮研究的背景和角度不同，但都坚持了马克思主义社会存在决定社会意识的历史唯物主义基本观点。综上所述，我们把社会思潮界定为：某一时期、某一地域内，

---

① 肖锦全：《论社会思潮作为社会意识一个层次的构想》，《现代哲学》1997 年第 1 期。

反映某一阶级、阶层和社会群体的利益诉求、愿望或情感需要，以一定的社会存在（当时的社会经济政治状况）为基础，以特定的思想理论为理论核心、依据或指导，并与某种社会心理相互影响、相互作用、相互渗透，进行广泛传播并对社会生活产生一定影响和作用的思想倾向或思想浪潮。

由此可见，界定社会思潮，应该突出四个方面：一是产生、存在并发生影响的特定历史条件，特别是一定时期的社会经济关系、阶级关系、政治状况和思想文化等。马克思指出："人们自觉地或不自觉地，归根到底总是从他们阶级地位所依据的实际关系中——从他们进行生产和交换的经济关系中，吸取自己的道德观念。"① 二是特定的社会意识形态。一定的社会意识形态，尤其是某种特定的思想理论是社会思潮的核心和理论支撑，决定社会思潮的性质和作用方向，它是社会思潮的标志。不仅如此，一些有重大影响的社会思潮，比如历史虚无主义思潮、文化保守主义思潮、新自由主义思潮等，其历史渊源更长久。三是社会心理和思想理论相互影响、相互制约、相互渗透的关系。没有群体心理基础，比如一定倾向的舆论、民意、民怨，人们共同的情绪、动机、愿望等，社会思潮就不可能流行、传播开来成为思潮，更不可能形成群体社会意识活动。相应地，特定的思想理论则受社会心理的激发、支持、制约，唯有如此，才能符合民众的心理、意愿和时代要求。社会思潮是社会心理和特定的思想理论相互作用、相互制约、相互渗透而形成的思想浪潮。四是实践层面的群体运动。如果一种社会思潮没有群体运动的支撑，那么它只能是一种学术思潮而已。

社会思潮是一种非主流社会意识形态，具有阶级性、政治性、

---

① 《马克思恩格斯选集》第 3 卷，人民出版社 2012 年版，第 470 页。

时代性、理论性、群体性、批判性、传播性、实践性等特征，是社会生活的重要内容和影响社会变化的重要因素。我们对种类繁多的社会思潮进行如下分类：按照社会思潮对社会作用的性质来分，可以分为进步、革命、积极的社会思潮和落后、反动、消极的社会思潮；按照社会思潮所追求的核心内容可以分为政治性社会思潮、经济性社会思潮、文化性社会思潮、民生性社会思潮等；[①] 按照社会思潮的阶级性质来分，可以分为无产阶级的社会思潮、资产阶级的社会思潮、小资产阶级的社会思潮；按照社会思潮对社会的控制程度，可以分为主流社会思潮、非主流社会思潮、反主流社会思潮；按照社会思潮的影响范围大小，可以分为国家（或地区）性社会思潮、国际性社会思潮，等等。

我们认为，社会思潮的划分应该有利于人们对社会思潮的研究、探索，有利于人们对社会思潮发展规律的科学把握，有利于人们从对社会思潮的认识和引领的角度进行分类，而不是面面俱到。应该抓住社会思潮本身及其对社会发生作用和影响的最主要的时代特征来进行分类，这样才更具有针对性和时代特点。

当然，按照以上标准划分的社会思潮不是一成不变的，一种社会思潮我们可以从多个角度对它进行分类，而且随着时代的发展变化，社会思潮的类别也会发生变化或转化。

二　社会思潮产生的社会历史条件

社会思潮的产生需要有经济、政治、思想文化、国际环境等社

---

① 一些学者将其划分为政治思潮、经济思潮、文化思潮等，我们认为这样划分容易使人混淆社会思潮与学术思潮、学术思想的概念。政治思潮与政治思潮是两种不同含义的概念，政治思潮有可能是学者学术圈内的学术思潮，而政治思潮一定是社会群体为追求某种政治性目标而掀起的思想意识运动。

会历史条件。

第一，社会思潮产生的经济条件，主要是指一定社会发展阶段的生产力水平和与此相应的生产关系、经济制度的性质以及人们的日常物质生活状况。

生产力水平是社会思潮产生发展的根本的决定性制约因素。其中生产力的发展水平，决定了人们的生产方式或生产手段、生活方式、生产社会化程度、应用于生产的科技水平等因素，从而也制约着整个社会生活、政治生活、精神生活的全过程，因而也决定了社会思潮的产生和发展过程。一个民族在一定的时代里，接受什么样的社会思潮，常常反映了该民族的思想和理论水平。"如果生产力的发展在社会经济结构中引起了某种本质上的变化，因而在各个社会阶级的相互关系方面也引起了某种本质上的变化，那末这些阶级的心理也会发生变化。同时'时代精神'和'民族性'也就跟着变化。这个变化，表现于新的宗教信仰或新的哲学概念以及新的艺术风尚或新的审美要求的出现之中。"①"阶级的心理""时代精神"等的变化必然引起社会思潮的变化，"新的宗教信仰或新的哲学概念以及新的艺术风尚或新的审美要求"自然也就意味着新的思潮的出现。普列汉诺夫这段话很好地说明了生产力的发展、变化对社会思潮的发生、发展的制约作用。

生产关系对社会思潮的发生和发展的影响比生产力更加直接。生产关系状况（主要是生产资料所有制性质）决定了社会制度尤其是社会基本经济制度的性质，决定了政治、思想等上层建筑的性质和变化发展，同时规定了社会各阶级、阶层的社会地位，制约着他们的经济利益。因此，在阶级社会中，不同的社会思潮代表着不同

---

① 《普列汉诺夫哲学著作选集》第2卷，生活·读书·新知三联书店1961年版，第273页。

的阶级阶层或社会群体对某种生产关系的不同态度。可见，一种生产关系的产生和发展，一种经济制度的确立和发展，都是促成新思潮产生的社会经济条件。值得注意的是，生产关系、经济制度的调整变革时期，往往是社会思潮最为活跃的时期，也是产生新的社会思潮的时期。比如，在新民主主义革命时期，只有推翻帝国主义、封建主义和官僚资本主义的统治，改变根本的生产关系，才能推动生产力的发展，因此，随着革命的发展，各种思潮纷纷涌动。当前，在全面深化改革新的历史时期，随着生产关系的适当调整和经济体制的根本变革，我国的所有制结构发生了很大变化，人民群众的利益格局随之发生了很大变化，国内外不同思潮观念之间交错激荡，整个社会意识形态领域的社会思潮都非常活跃。

人们的日常物质生活状况是生产力和生产关系发展水平等经济条件最直接的反映，与社会思潮产生的关系最为直接。它是人们经济地位的现实表现，由此决定了人们的生活方式、行为方式以及社会心理状况，并由这些社会心理为出发点，对社会的经济关系、经济制度进行判断并形成自己的认识，最终演化为一种社会思潮。

第二，社会思潮产生的政治条件，总体上说，主要包括政治组织、政治团体的形成、活动及解体，一定的政治运动和重大政治事件的发生，国家政权和执政党的作用等。政治条件对社会思潮产生最直接的作用。

一定阶级或集团为了维护特定的利益，构建系统的政治组织，结成政治团体，政党的形成是政治团体的集中体现。新兴政治集团通过自己的组织，尤其是通过政党组织开展一系列的政治活动，有计划地宣传体现自己政治纲领的某种思想，这种思想渗透到社会心理中去，整合众多个体的评价活动，从而推动特定社会思潮的兴起。如五四运动前后，中国无产阶级登上政治舞台，对社会主义思潮和马克思主义思潮的传播起了直接的推动作用。

一定的政治运动和重大政治事件的发生往往与一定的社会思潮相伴随，相互激荡，彼此促进。而大型政治运动和重大政治事件的发生、发展总会在整个社会酝酿一定的政治气候和政治形势，不同阶层的人们从自身利益和需要出发围绕政治运动或政治事件对社会进行深入的认识和思考，这就为社会思潮的产生提供了客观前提。尤其是在社会大变革、大转折时期，人们的社会心理十分动荡、社会意识形态也十分活跃，不同领域的思想家为了变革社会或挽救社会危机，提出了种种思想理论并进行传播，引起广大群众的响应，最后演变成为各种各样的社会思潮。比如，清末的变法维新思潮的兴起是与鸦片战争的大失败、甲午战争的惨败以及随后的一系列政治事件紧密联系在一起的。又如社会主义、马克思主义思潮在中国的传播、发展是与新文化运动、俄国十月革命、巴黎和会上外交失败、五四运动等一系列政治运动和政治事件联系在一起的。

国家政权和执政党对社会思潮的发生发展具有重要影响。"统治阶级的思想在每一时代都是占统治地位的思想。这就是说，一个阶级是社会上占统治地位的物质力量，同时也是社会上占统治地位的精神力量。支配着物质生产资料的阶级，同时也支配着精神生产资料。"① 一般情况下，处于统治地位的阶级及其政党，往往把反映其利益和要求的社会思潮上升为国家意识形态。在现代社会，执政党为了为其政治统治提供合法性依据，也为了为民众认知世界提供特殊性视角，统帅全体民众行为的整体一致性，往往通过国家政权并借助各种思想文化手段，将执政党的政治理念和价值诉求转化为民众普遍认同的社会信仰和价值准则，同时尽力限制、压制异己的社

---

① 《马克思恩格斯选集》第 1 卷，人民出版社 2012 年版，第 178 页。

会思潮。虽然，社会政治力量很难完全压制社会思潮的发展，尤其是很难压制那些代表先进生产力发展要求的进步思潮的发展，但它总会给这些社会思潮的发展之路增添曲折和坎坷。

第三，社会思潮产生的思想文化条件，就是说任何社会思潮的产生都必须依托一定的文化环境，即社会思潮的产生都有其理论渊源，主要包括传统思想文化的影响、既有的思想文化状况、当下思想文化状况、外来思想文化的影响。思想文化条件为社会思潮的产生提供了思想前提。"思想理论的发展如同其他意识形态一样，也有自己的独立性，即是说，它必须凭借先前已有的思想资料才能得以发展。"[①]对传统文化的认同和延续的努力，往往就形成了一些新的社会思潮，有的社会思潮还直接以复活传统文化的形式出现，如当代的"国学热"。既有的思想文化状况是民众社会心理的文化基础，是社会思潮赖以形成的社会心理。当下的思想文化状况直接影响社会思潮的产生和发展。如围绕现存意识形态的斗争，直接影响各种社会思潮的消长；思想文化领域的新动向和新因素，如意识形态斗争的转折、社会舆论的兴起或转向、理论研究的重大突破、自然科学的新发现和新成果等，都为社会思潮的产生提供了土壤、素材和契机。外来思想文化浸染对社会思潮也有重要的影响。我国近代历史上的大多社会思潮在很大程度上均受到西方思想文化的影响，在改革开放的今天，我国与世界各国之间的联系日益紧密，不断受到西方资本主义思潮的冲击和影响，各种思潮和观点的交流和碰撞愈演愈烈，意识形态领域变得异常活跃，呈现出一派错综复杂的局面。

第四，社会思潮产生的国际环境，主要是受国际格局和时代主

---

① 郭汉民：《晚清社会思潮研究》，中国社会科学出版社 2003 年版，第 6 页。

题变化的影响、国家不同发展模式和价值观的影响、国际政治经济文化重大事件的影响、国家之间的战争及外来挑战的影响和国际敌对势力的"和平演变"的影响，等等。当今世界正在发生深刻复杂的变化，但和平与发展仍然是时代主题。世界多极化、经济全球化深入发展。尤其值得注意的是，资本主义道路和社会主义道路、资本主义思想体系和社会主义思想体系是截然对立的，其中围绕社会发展模式和价值观的争论比较复杂，各种思潮交流交融交锋，西方敌对势力对中国意识形态渗透始终存在并且长期而激烈。在对外关系中，西方国家掌握着意识形态的话语权，"西强我弱"的国际格局没有发生根本改变，思想文化领域的斗争更加复杂而隐蔽。在意识形态多元、多样、多变的背景下，社会思潮纷繁变幻，我国社会主义意识形态受到冲击和挑战是不可避免的。如近些年来思想理论领域出现的民主社会主义、新自由主义、历史虚无主义和"普世价值"等错误思潮，对改革开放和社会主义现代化建设、对党的路线方针政策进行歪曲否定和攻击，就是在这样的国际大环境中产生的。

　　总之，社会思潮的产生是一个社会的政治、经济、文化和外部历史条件共同作用的结果，而社会课题和时代课题是将这些条件综合起来共同发挥作用的内在机制和枢纽。每个社会和每个时代都有需要解决的课题，一定社会和一定时代的社会思潮正是围绕如何解决这些社会课题而形成的，是作为对该课题的回应而出现的。每种思潮都代表一种对该课题的把握和解答，都反映出一定阶级、阶层和社会集团的立场和利益。尤其是当社会发生转折和重大变动时期，社会矛盾和危机空前尖锐化，导致长期积累的政治、经济、文化等矛盾和危机大爆发，不同的阶级、阶层在强烈的危机感迫使下，从自己的立场和利益出发，对社会变动给出自己的解释、选择和解决的答案，从而形成形形色色的社会思潮。

第二节　当代中国主要社会思潮

当前，我国经济社会深刻变革、利益格局深刻调整，使意识形态领域局部多元多样多变的趋势日益明显，人们的思想更加活跃，独立性、选择性、多样性、差异性显著增强，各种思想多样陈杂、各种力量竞相发声成为常态。主流意识形态与多样化社会思潮长期并存、相互激荡趋势更加显著。一些错误观点特别是西方"宪政民主""新自由主义"历史虚无主义等仍然伺机冒头，妄图挑战马克思主义地位，攻击否定党和国家政治制度、发展道路，竭力争夺意识形态话语权。意识形态领域形势依然复杂、严峻。

一　当前对我国影响较大的社会思潮

随着我国改革开放和社会主义市场经济体制改革的深入发展，中国特色社会主义进入了新时代，国内各种社会思潮空前活跃，对我国社会生活和社会发展造成了严重冲击和影响。当前，对我国影响较大的社会思潮主要有以下几种类型。

1. 新自由主义

新自由主义是近些年来对我国渗透、影响和危害极其严重的错误思潮之一。新自由主义代表人物主要有凯恩斯、弗里德曼等。新自由主义是相对于亚当·斯密为代表的古典自由主义而言的，是古典自由主义发展的一种极端的表现形式。新自由主义产生于20世纪70年代以后，在西方国家特别是美国陷入经济滞胀，凯恩斯主义陷入危机的基础上产生，以反对和抵制凯恩斯主义为主要特征。20世纪70年代末和80年代初，撒切尔夫人出任英国首相，里根出任美国总统，大力推行新自由主义的经济和政治政策。从此，新自由主义便上升为西方占统治地位的意识形态和对内对外的政策，成为国际垄断资产阶级向社会主义国家和第三世界国家进行思想渗透的重要武器之一。

新自由主义的基本原则是：经济上强调私有制和市场经济对实现个人权利的极端重要性，主张"使经济尽可能最大程度上地自由化""尽可能快地私有化"，并且在财政和金融方面采取强硬措施保证自由化和私有化的事实；政治上主张国家的中立性，反对国家对社会和个人的过多干预，极力鼓吹政治和文化的"一体化"，推行美欧式的多党制、民主化，宣扬政治多元化和文化欧美化，也就是"西化"。

新自由主义对世界已经造成了很大危害，东欧社会主义国家和盲目推行新自由主义改革的拉美国家深受其害。新自由主义不仅是一种影响巨大的社会思潮，而且它也是现实的经济、政治政策，已经给广大不发达国家和地区造成了严重的消极影响。2016 年以来，由于国内经济下行压力加大，实体经济困难，主张新自由主义的学者忽视国际市场对中国经济的影响，借机大肆鼓吹相关主张，把中国经济放缓的原因归结于制度，并或明或暗地提出私有化、自由化、市场化的主张。甚至将十八届三中全会"关于使市场在资源配置中起决定性作用和更好发挥政府作用"的重要论述，片面曲解为"彻底市场化"，否定国家宏观调控，将"发展混合所有制经济"解读为公有制企业"私有化"。此外，社会上还出现了给反对新自由主义思潮的人士扣各种帽子的现象。我们说，产权改革是必要的，但新自由主义主张的产权改革是要对我国公有制为主体的基本经济制度进行修改，这是绝对不允许的。20 世纪 90 年代以来，新自由主义思潮在我国从未偃旗息鼓，严重干扰了我国的社会主义现代化建设，要认清新自由主义的实质和危害，划清其与中国特色社会主义的区别，坚持正确的改革方向。

2. 民主社会主义

民主社会主义或社会民主主义，实质上是一种资产阶级改良主义思潮，试图通过改良主义的方法解决资本主义社会的矛盾和弊病，鼓吹用价值社会主义取代科学社会主义。这种思潮对我国影响深广，主要因为它在当今世界特别是欧美国家有深厚的社会基础和阶级基础。这种社会思潮标榜一种似乎不偏不倚的中立立场，通过逐步改良以根本改变资本主义制度和资本主义的种种弊病，具有极大的煽动性和迷惑性。另外，他们夸大社会主义实践中的一些失误，攻击科学社会主义，甚至用马克思主义为幌子来欺骗和争取群众。

其基本观点："把社会主义看成是一种道德需要、道德抗议，否认其历史必然性；以自由、公正、相助为基本价值，把争取社会主义的斗争局限在资产阶级民主的框架内；以对经济的民主监督取代消灭私有制；用共同参与的经济民主来补充议会民主；普遍主张实行社会保障和社会福利制度。"① 作为同马克思主义有一定联系的民主社会主义（但它绝不是马克思主义，更不是马克思主义的正宗继承者），在对马克思主义的指导地位、社会主义的历史必然性、消灭私有制、民主自由等问题的认识上与科学社会主义有着本质的区别，总体趋向于改良主义，把社会主义理解为不断通过民主和渐进改良，不断促进和实现"自由、公正、相助"的基本价值。

以"资本主义病床边的医生和护士"自居的民主社会主义的理论主张，引起了理论界的广泛争论，并通过互联网的迅速传播和及时评论，成为这几年社会各界广泛关注的理论问题。在我国，有人主张用这种理论指导中国特色社会主义的建设实践，这是对马克思

---

① 徐崇温：《社会民主主义——民主社会主义：历史、理论和现状》，《马克思主义研究》2007 年第 4 期。

主义和中国特色社会主义丧失信心的一种表现。① 面对中国的民主社会主义思潮泛滥，我们应当坚定马克思主义的立场，坚定中国特色社会主义道路的方向，使改革的各项举措同中国的实际相结合，实现广大人民群众利益的最大化。

3. 历史虚无主义

历史虚无主义是一种与马克思主义唯物史观根本对立、以唯心史观为哲学基础的典型的实用主义思潮，是国内外一定经济、政治关系的思想反映，旨在否定马克思主义的指导地位，否定党的领导和社会主义制度。历史虚无主义思潮在近代中国历史上曾有过表演，但真正产生广泛影响却是在 20 世纪 80 年代。改革开放以来，我国理论界在"西强东弱"强势话语冲击下，在与西方后现代思潮（尤其是解构主义思潮）的交融中，"全盘西化"论、"告别革命"论、"重评历史"论、马克思主义"失败"论等论调在理论界应时而起，形成了一股影响日甚的历史虚无主义思潮。这股思潮与改革开放的经济、文化交流交织在一起，具有很强的蛊惑性和欺骗性。在改革开放这一特定历史条件下，历史虚无主义思潮是作为资产阶级自由化的一种表现形式，开始在中国重新泛起。随着时间的推移，借助网络新媒体的传播，历史虚无主义已经逐渐从学术理论领域蔓延渗透到普通民众乃至高校师生的思想领域，一时甚嚣尘上。

历史虚无主义主要表现为，一些人借"重新评价"和"重写历史"之名，打着"学术研究"的幌子，披着"学术自由"的合法外衣，用一些所谓的"历史细节"和敌对势力杜撰的所谓"解密材料"，设置"理论陷阱"，采用"戏说""恶搞"的方式，断章取义，歪曲事实，肆意否定丑化近代中国一切进步、革命的历史，否定中

---

① 谢韬：《民主社会主义模式与中国前途》，《炎黄春秋》2007 年第 2 期。

国共产党的历史、新中国的历史、人民军队的历史，否定马克思主义的指导地位，最终否定中国共产党的执政地位和中国走社会主义道路的历史必然性；他们在否定革命历史的同时，刻意渲染国人的落后性，乃至发展到否定 5000 年中华文明，等等。

历史虚无主义实质是一种反动的政治思潮。目的是造成人们思想的混乱，从根本上否定中国共产党执政的合法性，达到其不可告人的政治目的，具有很大的欺骗性、迷惑性和渗透性，必须高度警惕，坚决抵制。

4. 文化保守主义

文化保守主义是"伴随西方现代化运动的产生而最早在西方出现的一种文化现象"①，其形成基础是经济社会的现代化与历史文化传统之间的矛盾。在西方文化语境中，文化保守主义针对反传统的激进倾向，力图以价值理性来批判以工业化为主导的现代化进程中出现的工具理性的过度膨胀，并进而解决由之带来的价值失落、道德沦丧、人性疏离等一系列现代工业文明所引起的人的异化问题，从而为西方社会提供必要的思想制衡。美国学者艾恺将文化保守主义视为一种世界性的反现代化思潮。

作为与自由主义西化思潮（全盘西化思潮）、马克思主义思潮并列成为中国近代史上三大社会思潮之一的文化保守主义思潮，萌发于19 世纪末 20 世纪初，形成于 20 世纪 20 年代。当西方列强用坚船利炮打开中国封闭的国门之后，文化保守主义在这一历史时期应运而生，它是中国人对于中西文化冲突的一种很重要的回应方式。自此以后，文化保守主义诸派别就传统文化的转型和新文化的构建问题，不断阐发各自的主张，成为近代思想文化发展中一个不绝如缕的支脉。

---

① ［美］艾恺：《世界范围内的反现代化思潮：论文化守成主义》，唐长庚等译，贵州人民出版社 1991 年版，第 76 页。

文化保守主义思潮产生的一系列影响，持续并深刻地影响着近现代中国，并在新世纪进一步滋生蔓延。在现代中国文化保守主义的各种思想流派中，现代新儒学（现代新儒家或当代新儒家）①始终和马克思主义、自由主义西化派形成鼎足之势，保持一贯宗旨，传承不绝。必须指出，中国当代文化保守主义作为一种社会思潮，也有着非常复杂的社会背景，崇儒反马的大陆新儒学是它的极右翼，崇儒反马是大陆新儒家学说和主张的本质特征，其政治和文化主张集中暴露了这种思潮的错误实质，值得引起重视并认真对待。

当代文化保守主义的基本特征：第一，主张中国文化中心论，提出"中体西用说""中西辩证综合说"等，维护中华文化的地位和价值。第二，提倡儒学复兴，认同和回归民族文化传统。第三，主张在体认传统文化现代价值的基础上改造传统文化以适应时代发展，吸纳外来文化以为传统文化的有益补充，重建中华民族的文化系统。第四，对于文化激进主义表示强烈批评和反对。第五，反对现代化，甚至竭力批判现代化理论。第六，强烈的文化优位意识，强调思想文化的改革更重要、更根本，应该优于政治、社会和经济

---

① 大陆新儒学所代表的文化保守主义，本来具有很强的意识形态性，而且有一整套观念体系和政治主张反映这种意识形态，即儒学的封建意识形态和现代新儒学的资产阶级意识形态。在中国近代史研究领域一股一以贯之的反激进倾向和层出不穷的翻案风正是文化保守主义思潮涌动的影响和结果。正如方克立所指出的，当代文化保守主义思潮所关心的主要不是中国传统文化，而是要反思整个中国近代史，"从反思八十年代'文化热'中的激进主义到反省'五四'以来以至整个中国近代思想史中的激进主义，从批判文化激进主义到批判政治激进主义反省、反思整个中国近代史，否定近代以来的历次中国人民革命，认为太平天国革命、辛亥革命和中国共产党领导的人民革命都是政治激进主义的产物，反帝反封建的人民革命阻碍了中国现代化的进程；中国应该走改良和'君主立宪'的道路。"（方克立：《要注意研究九十年代出现的文化保守主义思潮》，《高校理论战线》1996年第2期）从历史上看，现代新儒家的代表人物梁漱溟、牟宗三、李明辉、蒋庆、陈明、康晓光等，旗帜鲜明地攻击马克思主义和中国共产党，其实质是要否定四项基本原则。这与社会主义先进文化的前进方向、与中国特色社会主义道路是背道而驰的，更与中国人民的根本利益相违背，是绝不允许的。

的改革。如此等等。

进入 21 世纪，文化保守主义继续保持高涨势头，尤其是 2004 年，文化保守主义在中国高调抬头，且在学术界和官方均有所显现和表达，以"读经之争"《甲申文化宣言》与《原道》10 周年纪念为三大标志性事件。文化保守主义者还把论证延伸到了互联网，利用互联网来扩大自己的影响，不仅在网上发表大量文章，还建立了许多网站，网络空间中关于文化保守主义的仪式活动更是多种多样，从而促成和推动了时下的读经热、儒学热、国学热、传统文化热，促进了这一思潮的发展。从当代文化保守主义泛起和近 20 年的发展来看，其与马克思主义在相互对立的同时一直存在着不同程度的相互影响和渗透的"互动"关系，但总体来看，二者存在着本质上的差异，是相互对立的。这种对立表现在思想领域的各个方面，最突出的表现在两个方面：一是唯心史观和唯物史观的对立，二是在社会发展道路问题上坚持改良观还是革命观的对立。

5. 民族主义

民族主义既是一种意识形态，也是一种社会实践活动。民族主义在其历史发展进程中，流派纷呈、观点各异，对人类历史进程和国际政治影响极其复杂。20 世纪 90 年代英国著名学者安东尼·史密斯认为民族主义包括以下五种含义：形成和维护民族的一个过程；归属于某个民族以及对民族的安全和繁荣的关注和期待的一种意识；象征某个民族及其角色的一种术语；民族和民族意志的文化思想以及实现国家民族意愿和意志的方法的一种意识形态；为了实现国家和民族意志以及达到民主目标的一种社会和政治运动。[1] 梁启超是中国揭示和宣传近代民族主义的第一人。

————————

① 陈平：《当代西方政治思潮》，安徽大学出版社 2008 年版，第 76 页。

20 世纪 90 年代以后，中国的民族主义问题再次凸显，表现出不同的价值取向和特点：一是重视民族精神塑造，强化爱国意识。当前民族主义思潮的涌现最初就是以爱国主义的名义和面貌出现的。二是反思全球化，警惕全球化的负面影响。民族主义者对全球化充满戒惧和警惕，认为在当前的国际政治经济秩序下，"全球化只是资本的全球化，而非经济福音的全球化"①。三是维护祖国统一，反对民族分裂。民族分裂势力以国际反华势力为背景，是当前中国民族主义思潮中的一股逆流，因此，民族主义思潮对台湾、新疆、西藏出现的民族分裂与独立表现出高度关注。

20 世纪 90 年代民族主义思潮勃兴以来，对当代中国的政治、经济、文化、国际交往等各个领域的影响正在显现。在经济领域中，以保护民族工业、维护民族国家经济利益的经济民族主义开始出现，突出表现就是近年来出现的抵制外货，提倡国货行动。在政治领域中，当前民族精神的提升、民族国家认同的提高，与民族主义思潮的影响关系密切。以民族主义思潮对青少年政治观念的影响为例，调查显示，21 世纪的绝大多数青少年具有爱国主义、社会主义、集体主义感情，对政府及其政策保持很高的认同度。② 在 2015 年世界各国纪念反法西斯战争胜利 70 周年之际，一些国家内部右翼势力上升，对战争的认识和反思截然不同，一些刺耳的杂音和行径在 70 周年纪念活动前后不断刺激饱受战争迫害国家人民的国家意识、民族意识，导致民族主义非常活跃。民族主义对民族问题认识的偏狭，导致了在实践中产生了各种各样的民族主义形式，极端民族主义和民粹主义的合流就是其中一个重要表现，在中下层民众中最有市场。

---

① 房宁、王炳权：《论民族主义思潮》，高等教育出版社 2004 年版，第 133 页。

② 佘双好：《武汉市青少年思想道德现状及建设措施研究报告》，《学校党建与思想教育》2006 年第 2 期。

一些人假借爱国之名，行非理性之实，例如2017年一些人针对韩国部署"萨德"一事盲目抵制韩货的行为，展现了极端民族主义和民粹主义合流的倾向。随着我国综合国力的不断提升，尤其是"一带一路"倡议的推进和"人类命运共同体"理念逐渐深得人心，"西强我弱"的国际话语格局正在被逐渐打破而日渐趋向中西均衡。在这样的大背景下，中国民众开始以相对理性、客观的心态关注中国所处的国际环境、主权问题以及外部世界的复杂性，民族主义思潮正能量有所增加。虽然其中不免伴有一些杂音，但整体趋于克制、平和，大国心态更加彰显。在文化领域中，文化民族主义兴起，强化对本民族文化独特性的认同，积极宣传本民族文化和历史的优越性，因为"民族主义的精髓，是相信自己文化的独特性"①。当前，随着中国特色社会主义进入新时代，国人内心深处的民族自豪感和文化自信心更加明显，国人正以一种自豪的心态看待自己民族的文化传统和发展成就，中国文化、中国价值、中国精神、中国创造日益成为民众共识。民族主义这一价值取向使其与文化保守主义在保护民族文化、反思西方文化霸权等方面保持着相当的通融性。在国际关系和国际交往领域中，民族主义思潮的显著表现与影响就是"敢于向西方说不"的民族自尊心自信心增强和民族忧患意识、自强意识和赶超意识之间的相互交融。一方面，改革开放40年来，中国综合国力的大幅提升和国际影响力不断扩大，中国人的自尊心和自信心增强，敢于向西方说不，表达自己的民族诉求；另一方面，世界局势的动荡不安和国内经济社会发展面临的挑战日益严峻，激发了中国人民的忧患意识，民族凝聚力空前增强。

　　当前，网络民族主义的兴起是民族主义在当代发展的一个重要

---

　　①　王缉思：《文明冲突论的理论基础和现实意义》，《中国社会科学季刊》（香港）春季卷1994年5月，总第7期。

特征和方式。10多年来，[①]它起起伏伏并逐渐成为影响中国社会与中国外交的新因素。总之，民族主义是一把"双刃剑"，健康、理性的民族主义可以促进中国的现代化建设和更好地融入世界，激进、狭隘、偏执的民族主义情绪则引导着民族主义中的潜流与逆流，危及中国社会稳定，破坏中国国际形象。

6. 民粹主义

民粹主义又可译为平民主义，是一种批判性的社会理论，它以人民崇拜为核心理念，主张大众民主，追求道德至上。中国的民粹主义建立在民本主义的基础之上，受俄国民粹主义影响，生成于五四时期，鼎盛于"文革"时期，式微于改革开放以后，但新世纪以来却凭借网络媒介的力量得以兴盛。

作为一种社会思潮，民粹主义的内涵十分复杂模糊，有人说民粹主义是农民社会主义，有人说民粹主义是民主极端主义。不过有一点可以肯定，人们往往将"草根""激进"等词和民粹主义联系起来。"作为一种社会思潮，民粹主义的基本含义是它的极端平民化倾向，即极端强调平民群众的价值和理想，把平民化和大众化作为所有政治运动和政治制度合法性的最终来源，以此评判社会历史的发展。它反对精英主义，忽视或者极端否定政治精英在社会历史发展中的重要作用。"[②]

21世纪以来，伴随着贫富差距的加剧，社会分层的加大，阶层之间隔膜的加深，网络民粹主义尤为活跃。中国社会科学院新闻与传播研究所孟威研究员认为，"在众声嘈杂的中国互联网新媒体舆论

---

① 香港学者邱林川认为，中国最早的网络民族主义可追溯到1997年。参见邱林川：《中国的因特网：中央集权社会中的科技自由》，载［美］曼纽尔·卡斯特《网络社会：跨文化的视角》，周凯译，社会科学文献出版社2009年版，第128页。

② 俞可平：《现代化进程中的民粹主义》，《战略与管理》1997年第1期。

场上，民粹主义这个'像是变色龙一样的东西'，在平民化、草根化、非主流化为特征的亚文化语境下，表现出对峙精英、挑战既有权力结构、极化民意权威、激起群体对立的种种观点，互联网民粹主义影响公民参与行动，加剧了转型期中国社会矛盾关系的复杂化"①。在针对网络民粹主义特点的调查中，有45.6%的受访者认为网络民粹主义"诉诸于'颠覆'和'恶搞'的泛化与纵深，呈现精神迷茫和信仰危机"，有42.5%的受访者认为网络民粹主义"在'爱国主义'、'民族正义'等口号之下，掩盖群体暴力行为的非法性"，有33.8%的受访者认为"'民声'动员之下网络民粹主义侵犯公民权利"②。

尽管网络民粹主义肯定人民大众的首创精神，强调平民大众在社会历史发展中的作用，其对社会矛盾和社会不公正的批判有积极意义的一面。但网络民粹主义的危害性不容小觑，它强化了一些人对民主和政治文明的曲解与误读，在民粹主义情绪下，往往带来无视法律、轻视制度、误导民意的后果，甚至导致社会退步和以暴易暴的恶性循环。因此，应淡化民粹主义思潮的暴力、非理性倾向，提高舆论引导力，确保意识形态安全和社会和谐稳定。

7. 新左派

中国的新左派思潮作为一种批判性的文化存在产生于20世纪90年代后期，它借鉴了老左派思潮同情弱者、强调公平、承袭传统社会主义政治模式等方面的价值理念，但其思想资源来自西方左翼思想及后现代理论。"与老左派不同的是，新左派不再热衷于继承斯大

① 人民论坛问卷调查中心：《2015年值得关注的十大思潮》，《人民论坛》2016年第2期。

② 同上。

林主义的苏联遗产，也很少操弄'计划经济'、'一大二公'、'阶级斗争'、'谁战胜谁'一类话语"，"多的是社会公正和参与政治、民主和人权。新左派批判资本，否定资本主义，反对跨国公司的'统治'，仇恨'市场拜物教'，批评全球化和WTO，嘲讽现代性以及与现代性相关的启蒙和理性精神。部分新左派人物认为中国已经变为资本主义国家，为了抵制资本的'邪恶统治'，有些新左派人物甚至赞赏毛泽东发动的'文化大革命'"①。

作为一个思想阵营，中国新左派思潮虽然有着自身内在的理论基础和实践诉求，但其内部形态不一，观点纷呈。按其思维路径选择、政治立场强弱、价值转型快慢等方面的不同表现形态，可以分为激进左派思潮、温和左派思潮、民粹左派思潮、"文革"左派思潮等。② 其基本观点主要是质疑或反对全球化进程，批评资本主义的全球扩张和对市场的自由放任态度，并援引后现代理论对理性、资本等现代性问题进行批判。在分析中国国情时，与自由主义认为中国应推进现代化进程不同，新左派则以发达资本主义国家的语境来看待中国问题，等等。所以虽然思想前卫，却难免文不对题，总体上看，新左派思潮是缺少建设性的。

以上几种典型社会思潮是对当前中国社会影响较大的社会思潮，其兴起既是深刻而急骤社会转型的结果，又是这一转型过程的真实反映。这里所说的影响较大是一个相对概念，是随着社会的发展变化而变化的。除了上述思潮值得关注外，我们还应关注西方宪政民主、公民社会、"普世价值"、创新马克思主义、宗教思潮等，对其加以科学批判、认真回应并合理引导。

---

① 马立诚：《最近四十年中国社会思潮》，东方出版社2015年版，第71—72页。
② 竟辉：《中国新左派思潮的当代解析》，《探索》2018年第1期。

二　当代中国社会思潮的新特点

不同的社会存在状况决定了社会思潮的不同特点。当下，我国正处在发展的关键时期和改革的攻坚阶段，社会思想文化和价值取向的日益多元化，潮去潮来的相互变动，使新形势下社会思潮呈现出全新的表现形态。

第一，当代中国社会思潮是性质上的一主多元和内容上的多样并存。从社会思潮的性质上看，当代中国社会思潮呈现出多元的格局。2017 年《人民论坛》对当代中国社会思潮进行的调查研究显示，2017 年最受欢迎的社会思潮有民粹主义、民族主义、生态主义、消费主义、泛娱乐主义、激进左派、文化保守主义、历史虚无主义、新自由主义、普世价值论等。[①] 其中既有改革开放以来一直备受关注的新自由主义、历史虚无主义等老思潮，也有当前信息时代下蔓延的消费主义、泛娱乐主义等新思潮。当前社会环境复杂多变，多种多样的社会思潮不断产生，相互交织，正确的和错误的、积极的和消极的社会思潮相互冲突，支持拥护主流意识形态的社会思潮和反对攻击主流意识形态的社会思潮相互激荡，呈现出在马克思主义主流意识形态主导下的一主多元的社会意识形态局面。从社会思潮的内容来看，当代中国社会思潮多样形态共存。各种社会思潮之间既相互排斥相互撞击，又相互吸引相互影响。《人民论坛》杂志每年都会根据专家调查、网络调查、网络文献资料收集统计等形成一个动态的年度最受关注的十大思潮调查结果，也正好说明了这一点。

第二，当代中国各种社会思潮不断寻求与党的政策理论的契合点，在相对稳定中实现新变化。党和国家对政治、经济、文化、社

---

① 人民论坛问卷调查中心：《2017 年值得关注的十大思潮》，《人民论坛》2018 年第 2 期。

会等领域的重要提法和新观点，总是受到各种社会思潮的推崇，不断将其引入自己的思想理论体系，以期论证自己理论的正确性和前瞻性。如关于十八届三中全会提出积极发展国有资本、集体资本、非公有资本等交叉持股、相互融合的混合所有制经济，而新自由主义却把发展混合所有制经济解读成是私营经济"融合"掉国有企业、瓜分国有企业、推行私有化的一个方式，最终实现资本主义化。新自由主义根据这种解读，企图证实私有化道路的可行性。而实际上发展混合所有制是我国基本经济制度的实现形式，目的是增强公有制经济的主体地位、加强国有经济的主导作用，鼓励、支持、引导非公有制经济发展，完善和发展中国特色社会主义。十八届三中全会提出要"让市场在资源配置中起决定性作用"，新自由主义者将"市场起决定作用"视为经济私有化改革的信号，认为这是其在经济体制上的探讨对国家政策起到的影响。其实这是新自由主义片面理解了"市场的决定作用"，而忽视了发挥"市场的决定作用"同时要"更好发挥政府作用"，并不是新自由主义思潮主张的经济私有化的方向。除了新自由主义外，宪政民主思潮也在寻求与党的理论创新的结合点，并据此来实现自己的不可告人目的。2014年的十八届四中全会提出"依法治国首先要坚持依宪治国，依法执政关键是依宪执政"，这是我们党的一贯主张，这是毫无异议的。而宪政民主思潮却把其解读为实行"宪政"，为其理论的正确性张本。但终究还是难掩其借"宪政"之名推行西方多党制、议会民主、三权分立和军队国家化、中立化，要压我们进行他们所期望的"政治改革"的目的。

第三，当代中国各种社会思潮之间既表现为一定的竞争态势，更表现为加强合流之势。一方面，在中国全面深化改革的重要时期，围绕经济社会转型期面临的不同矛盾，各种思潮交织激荡，呈现出既相互竞争，又加强融合之势。当前，社会利益复杂多样，各种深层次矛盾和问题凸显，各种思潮竞相发声，呈现出一定程度的竞争态势。如新自由主义过度推崇的经济私有化、自由化是社会主义市场经济基础的威胁；"普世价值"论过分强调西方民主、自由、平等、宪政等抽象政治理念，企图以"普世价值"影响中国改革发展；历史虚无主义大肆重评历史，质疑中国走社会主义道路的历史必然性，等等。另一方面，为了扩大影响，各种社会思潮在有限度坚持自己特定原则的基础上，开始吸收其他社会思潮对自己有利的思想内容，体现出与其他社会思潮较强的合流之势。比如新左派思潮和民族主义在一些问题上的立场趋于接近，并在某些方面出现融合之势，而新自由主义意识到民族主义在中国有着较为强大的社会基础，也开始讨论关于民族主义的一些问题；在各类舆情事件中，展现出民粹主义和极端民族主义合流的倾向；2018 年我们在迎来改革开放40 周年之际，我们必须警惕历史虚无主义、新自由主义、激进左派等思潮相互裹挟，冲击主流意识形态，侵蚀人们的思想和认知。

第四，当代中国各种社会思潮更加关注现实，在观点表达上更加注重与现实利益问题的结合。据专家问卷调查显示，对于当前一些社会思潮有一定市场的原因，专家选择"现实针对性强，能对社会热点做出解释"的占22.6%，居第二位。同时，人们接受某一社会思潮已经不再仅仅出于纯粹的思想认同，而是掺杂了更多的利益诉求，支持与否很大程度上取决于该思潮是否合乎自身的利益诉求。社会思潮是时代的产物，是观察反映社会现实气候的"晴雨表"。当前中国处于改革发展的关键时期，代表社会一定阶级、阶层和群体利益诉求的社会思潮，都十分关注并直接反映社会现实特别是社会热点问题，十分关注经济、政治、文化、社会及民生等关乎普通民众切身利益诉求的问题，以此争夺话语权扩大社会影响，吸引更多的民众。当前社会整体意识觉醒，对腐败、社会保障、社会公平等问题的关注不断增加。因此，社会思潮通过不同途径，对社会发展和人民普遍关注的腐败、教育公平、住房难、养老难、看病贵、贫富差距过大等各种现实问题，通过大众化、通俗化的传播方式直接给予回应，进而增强社会思潮的影响力。例如新左派强调社会公平，批判贫富差距过大现象，直接回应了下层民众的新声；国内民粹主义者以平民利益为出发点，表现出"仇官""仇富""仇专家"的对立情绪，等等。还有一些社会思潮主张完善社会保障制度，为民众提供更加完善的社会服务体系。当然，我们看待社会思潮要坚持理性的思维去看待，既要看到其表面现象，更要看到其通过表面形式实现争夺话语权、谋求某些精英群体利益的实质，并对其进行批判。

第五，当代中国各种社会思潮的传播方式多媒体化，移动互联网成为各种思潮激荡和传播的新场域。从社会思潮的传播方式来看，当代中国社会思潮的传播更加多媒体化。一方面，继续借助书刊报纸、广播电视、大众讲坛、网络等传统媒体和渠道进行传播，抢占舆论阵地。另一方面，随着移动互联网技术的迅猛发展，移动互联网成为社会思潮生成创造的一个新的孕育场，成为各种社会思潮交流、交融、交锋的主要媒介与载体，对社会思潮的传播和流行产生了不可或缺的独特影响。目前，我国的网民人数越来越多，且网民使用手机上网的比例也在继续提高，截止到 2018 年 8 月 20 日，我国手机网民达到 7.88 亿。① 移动互联网技术的迅猛发展，尤其是其即时性、便捷性、共享性的技术传播特点，全民性传播和个性化传播的话语传播空间特点，自发性传播和深层次传播的情感氛围特点等，使社会思潮的传播与影响更为便利和深远。同时，移动互联网

---

① 据中国互联网信息中心（CNNIC）发布的第 42 次《中国互联网发展状况统计报告》。

传播主体呈现去中心化和平民化的特征，传播受众呈年轻化和底层化的特征，更增加了社会思潮的广泛参与度和强大吸引力，极大地扩展了社会思潮传播的广度和深度。当前各种网络事件风起云涌，应接不暇，无不受到移动互联网的推波助澜。但是，我们在看到移动互联网对社会思潮的传播效果带来的广度和深度的时候，也应该看到由于信息的海量性，民众对这么多信息感到束手无措，无法辨别各种社会思潮的核心要义，从而导致社会思潮无法深入人心。

三 警惕各种社会思潮对我国的负面影响

在当代中国，多样化的社会思潮风起云涌，已是不争的事实。我们对当代中国社会思潮必须予以正确认识，警惕各种社会思潮对我国的负面影响，积极引导，牢牢掌握主流意识形态的话语权。

第一，要以科学的态度对待各种社会思潮。科学对待是正确认识当代中国社会思潮的前提。我们要正确运用马克思主义的立场、观点和方法，深入研究和分析当今各种社会思潮的思想内容、表现形式、产生根源、发展源流、本质特征，既注意政治方向的辨别，又注意理论正误的分析，在此基础上，加强对社会思潮的正确引导，不断增强社会主义主流意识形态对社会生活和人们思想的引导力，巩固和发展社会主义主流意识形态。

第二，正确处理思想政治层面"统一"和"多元"的关系。意识形态领域"统一"和"多元"的关系是国内外同时存在的一种矛盾。党的十九大确立了习近平新时代中国特色社会主义思想为党的指导思想并写进党章，实现了党的指导思想的与时俱进。习近平新时代中国特色社会主义思想，是马克思主义中国化最新成果，是国家政治生活和社会生活的根本指针，是我国意识形态的"一"，必须长期坚持并不断发展。马克思主义经典作家在创立新理论之初就指出："新思潮的优点又恰恰在于我们不想教条地预期未来，而只是想通过批判旧世界发现新世界。"① 面对当前激流暗涌的各种社会思潮，我们要坚持"百花齐放、百家争鸣"的方针，对不触犯社会主义法律前提下的社会思潮，我们应允许其存在并给他们提供表达观点、交流思想的平台。我们要以积极的心态面对各种社会思潮中的合理成分，批判地吸收借鉴，将其与主流意识形态结合，形成社会思想共识；对于那些消极的、倒退的、具有腐蚀性的成分，我们要坚决抵制，以理性的心态进行否定批判。只有这样，才能既确保"多元"基础上的"统一"，又能保证"统一"主导下的"多元"，实现各种社会思潮的相互制衡与发展，促进我国主流意识形态健康发展。

第三，积极化解非理性言论，增强民众抵御负面思潮侵袭的能力。兼听则明，偏信则暗。面对多元社会思潮共存的现状，我们应该坚持尊重差异、包容多样的原则，认真倾听、充分尊重民众合理意见，给予民众相对充分的表达空间。对于非理性言论，我们不应一味消极回避，而应积极澄清事实、化解矛盾，对重大理论和现实问题给予及时的、科学的阐释。面对民众诉求和现实问题，我们不应仅仅局限于宽泛的思想政治和宣传教育，而应更多着眼于实际，正视并解决群众切身利益问题，促进社会公平正义。此外，我们需要不断加强思想意识形态安全建设，培养群众辩证理性的思维能力，提高社会文明程度，增强群众主动抵御负面思潮侵袭的能力，避免陷入错误思潮的陷阱。

---

① 《马克思恩格斯文集》第 10 卷，人民出版社 2009 年版，第 7 页。

第二章

历史虚无主义思潮在我国的
产生及演变

　　虚无主义一词含义混杂、形式多样，对其可以从宗教、政治、历史、民族、文化、法律等不同的方面加以理解和把握。如主张取消一切信仰的宗教虚无主义，彻底否定一切权力的政治虚无主义，强调片面历史而否定历史客观规律的历史虚无主义，以及轻视民族文化、蔑视历史遗产的民族文化虚无主义，等等。

　　虚无主义哲学基础是形而上学。各种虚无主义有一个共同的特征，那就是看待事物和现象以一种绝对否定的态度、观点和思想倾向。中国的传统思想总体来说很难产生虚无主义，但自近代以降中国致力于实现的现代化，对国人的传统思想体系、思维方式以及行为方式产生了极大冲击，西方世界所经历的虚无主义逐渐开始侵蚀中国。尤其是改革开放以来，随着现代化进程的加快，虚无主义问题进一步彰显。

　　历史虚无主义是虚无主义的一种表现形式。通过对虚无主义的历史性考察，有利于我们更好地理解和把握历史虚无主义的本质特征。

第一节　历史虚无主义思潮的历史性考察

对历史虚无主义思潮相关问题进行历史性研究，离不开对虚无主义这一核心概念的考察。通过对虚无主义这一核心概念作历史性的梳理，可以进一步深刻把握历史虚无主义思潮的基本语境。

一　虚无主义

虚无主义对我国社会和思想界来说是一个舶来品，具有浓厚的西方色彩。虚无主义，自古就有。这一概念的使用经历了一个长期的历史演变过程。虚无主义（nihilism）一词源自拉丁词"nihil"，意即"什么都没有"。虚无主义最早产生于哲学，指古希腊柏拉图以来的形而上学哲学思想。各种虚无主义有一个共同的特征，就是以一种绝对否定的态度看待事物和现象。

欧洲近代的虚无主义始于基督教信仰的破灭。在基督教哲学中，虚无主义被用来指在某种意义上将耶稣视为虚无的观点，常常被用来作为一种宗教上的异教徒的指称。如在奥古斯丁那里就曾经把不信仰耶稣者称为"虚无主义者"①，认为宇宙间除了上帝之外，任何存在者都是由上帝那里得到存在，一切存在物都是上帝创造的。

现代意义上的虚无主义始于因外部压力急迫追求现代化的后发国家，当时还是神圣罗马帝国的德国最早产生了现代意义上的虚无主义。18 世纪末 19 世纪初，英国、荷兰、法国等国现代化实践的成功，对当时处于落后的封建邦国林立状态、又想尽快实现现代化的德国带来了较大压力。新的启蒙文化的引进，现代化工程的行将启

---

① 《西方哲学原著选读》（上卷），商务印书馆 1981 年版，第 219 页。

动，使传统社会秩序、文化、价值遭受很大冲击和质疑，引发了坚守这种秩序、文化和价值的人们的深深忧虑。虚无主义就是在这种深深忧虑当中产生的，是这种忧虑思想的反映。据海德格尔考证，虚无主义是十八世纪末（1799 年）德国宗教哲学家弗里德里西·海因希·雅各比《给费希特的信》中在哲学意义上首次使用了现代意义上的虚无主义（Nihilismus）这一概念。雅各比在信中对费希特夸大抽象理性在人的认识中的作用的唯心论哲学进行了批判，并认为费希特的唯心论哲学就是虚无主义，因为这种哲学盲目崇拜理性，将理性视为人类知识的唯一来源。可见，雅各比所指称的虚无主义就是唯心主义。雅各比表达的是这样的担忧：像康德、费希特那样不遗余力地推崇启蒙，用理性精神来质疑一切，必然会把人们心目中那些崇高、神圣的价值消解掉，使人们的内心日益空虚，驱使传统的价值王国面临坍塌。就像恩格斯分析启蒙运动的社会效应时所说："以往的一切社会形式和国家形式、一切传统观念，都被当作不合理性的东西扔到垃圾堆里去了；到现在为止，世界所遵循的只是一些成见；过去的一切只值得怜悯和鄙视。"[1] 与雅各比同时代的《美学入门》一书的作者让·保罗，在其书中用虚无主义一词来刻画浪漫派诗歌，称其为诗歌上的虚无主义。这一立场和雅各比截然相反。[2] 其精神导师雅各比认为，虚无主义不是浪漫主义而是一种彻底的理性主义。此后，德国宗教哲学家弗·巴德尔将虚无主义和启蒙哲学联系起来，认为启蒙哲学就是一种"科学的虚无主义"[3]，因为是启蒙导致了科学与信仰的对立。

---

① 《马克思恩格斯选集》第 3 卷，人民出版社 2012 年版，第 392 页。

② ［德］海德格尔：《尼采》（下卷），孙周兴译，商务印书馆 2008 年版，第 669—670 页。

③ 王俊：《于"无"处的历史深渊——以海德格尔哲学为范例的虚无主义研究》，浙江大学出版社 2009 年版，第 2 页。

19世纪40年代，青年黑格尔派把宗教看作德国落后的主要根源，他们认为上帝、神灵不仅存在于教堂之中，而且隐蔽地存在于社会政治生活、经济生活和日常生活之中，揭穿隐蔽在这些领域中所有形态的上帝、神灵，是推动思想进步和社会进步的必由之路。施蒂纳在1844年《唯一者及其所有物》一书中，批评费尔巴哈用以替代"上帝"的"人"仍然是一个神。施蒂纳把一切物质形态和精神形态的"神灵"都视为阻碍人的自我实现的障碍，而革除所有这些障碍后呈现出来的、每个人自由创造和伸张自己的局面就是他所谓的"无"。把所有形态的神灵都虚化的"无"，被施蒂纳赋予至高无上的地位。虚无主义由此进入马克思的批判视野。在《德意志意识形态》中，马克思、恩格斯用极大的篇幅批判了施蒂纳，他们认为，这个排斥任何社会基础、任凭想象自由驰骋的"无"，是个虚弱无力的东西，是个十足的虚无，实际上就是神的代名词。它实际上正是德国小资产阶级软弱无力的思想体现。

施蒂纳这个否定一切神灵的"无"，后来在尼采那里浓缩为现代虚无主义的经典表达："上帝死了"[1]。尼采是把虚无主义真正作为一个哲学问题看待的始作俑者。尼采率先从价值论的视角洞察到了虚无主义的到来，并将其理解为最高价值的自行废黜。在哲学上，尼采用"上帝死了"这句极为简洁的话对虚无主义进行了本质上的概括。这个"上帝"不仅是指基督教的上帝，而是广义上的一切神灵。尼采认为，虚无主义的到来绝不是偶然的事件，而是一种必然的历史运动和历史过程，它或许还会持续两个世纪的历史。在尼采那里，有积极的虚无主义和消极的虚无主义之分。尼采强调"理性的他者"，强调权力意志和本能统治地位，要求摒弃理性主义的普遍

---

① ［德］尼采：《查拉图斯特拉如是说》，钱春绮译，生活·读书·新知三联书店2014年版，第6页。

性神话。我们经常引用尼采关于消极虚无主义的一段论述理解虚无主义的含义："虚无主义意味着什么？——意味着最高价值的自行贬黜。没有目的。没有对目的的回答……虚无主义是迄今为止对生命价值解释的结果。"①把这种对虚无主义的理解延伸到历史虚无主义的话，历史虚无主义指的是否定历史的崇高和神圣，抽掉人们的历史目标和追求的精神支柱。他还认为"任何信仰，任何自以为真实的行为一定是谬误。因为，根本就没有真实的世界。这就是说，这样的世界乃是源于我们头脑的远景式的假象。……虚无主义否定了真实的世界、存在和神圣的思维方式"②。在此，尼采将虚无主义看作最高价值的逐渐自行贬黜的过程，本质是一种超感性世界的崩塌，是一种价值论的虚无主义，是最为经典的虚无主义形式。后来尼采把否定历史传统和道德原则的现象称为虚无主义。在尼采眼中，由于最高价值的自行贬黜是由隐到显，最终以"上帝之死"达到了顶峰，因此，这也就宣告了传统超验的本体论哲学即形而上学陷入了根本危机。因为这里所说的"上帝"代表的绝不仅仅是基督教的最高信仰载体，而是一种最高价值，其本质代表的是一种最高本体。"上帝死了"意味着人们心目中的最高价值失去了效力，无法对人们构成道德和伦理约束。因此，尼采的"上帝死了"实际宣告的不仅是虚无主义的到来，而且也是形而上学的终结。由此，虚无主义就是指传统价值体系的坍塌，是指以前被认为很崇高、很神圣、很庄严的那些价值，在现代化、世俗化、启蒙文化的背景下，逐渐被认为是虚假的、根基成问题的东西。用法国哲学家德勒兹的话来说，就是"反对超感性价值，否定它们的存在，取消它们的一切有效性"

---

① ［德］尼采：《权力意志——重估一切价值的尝试》，张念东、凌素心译，商务印书馆1998年版，第280页。

② 同上书，第277页。

的虚无主义问题。这种反对和否定"不再是借更高价值的名义来贬低生命，而是对更高价值本身的贬低。这种贬抑不再指生命具有虚无的价值，而是指价值的虚无，指更高价值本身的虚无"①。

由于支撑传统价值体系的基础坍塌了，尼采提出了价值重估的口号。希望通过价值重估，建立一种新的、真正崇高的、真正高贵和健康的价值。价值重估势必导致一种对过去历史的激进否定，认为过去的历史是一种追求虚妄的价值的历史。价值重估也对应另一种历史重估：不断进步的观念是虚构的，必须被永恒轮回的观念所取代。可以看出来，价值虚无主义和历史虚无主义是前后相继、一脉相承的。

由此看来，发生虚无主义的根本原因是形而上学本身，克服虚无主义必须拒斥传统形而上学。这种超验的本体论哲学最大的弊端就是将世界二重化为主观世界和实体世界，并使后者独立化。如在柏拉图主义者那里，现实的世界被视为虚假的，而理念的世界才是真实的绝对的；在基督教信仰体系里，天国世界是永恒的真实世界，而世俗的人间世界却被视作短暂的虚幻世界。由于存在着这种真实世界和虚幻世界的颠倒，人们必将由现实走向虚无。

海德格尔立足于存在和存在者的区分，对虚无主义进行了深刻和准确的考察。他认为虚无主义是欧洲历史的基本运动，它就是西方形而上学的历史。因为既然虚无主义与传统形而上学紧密联系而不可分，那么对传统哲学的思路进行重新清理就是必需的。海德格尔指出，从柏拉图开始的西方哲学，便错误地把存在等同于一切存在者，因此造成了对存在的遮蔽和遗忘。按照海德格尔的思路，无论柏拉图的"理念"，基督教的"天国"，还是康德的"自在之物"，

---

① ［法］德勒兹：《尼采与哲学》，社会科学文献出版社2001年版，第217页。

抑或黑格尔的"绝对精神",其本质都是实体化、独立化了的"存在者",而非存在。基于此,他对存在问题的追问具有了不同凡响之处,即通过追问人这样的"此在",从根本上把握存在的本质。由于海德格尔的"基础存在论"过于强调"此在",即"人"的地位,因此客观上造成了高扬人的主体性,从此陷入了"此在的形而上学"。海德格尔不同于尼采的地方在于提出了以存在论关照虚无主义的新思路。他反对终极预设,谈论人的本真存在。把这种虚无主义的理解延伸到历史虚无主义,指的是否定历史的规律性和进步性。海德格尔后期的思想发生了转变,但其略带东方神秘主义色彩的"道说""天地人神"等学说,非但没有走出形而上学进而克服虚无主义,反而加剧了虚无主义的发生。

海德格尔之后,犹太裔美国政治学家列奥·施特劳斯(1899—1973)对虚无主义的认识有着自己的独到见解,他在1941年在题为《德意志虚无主义》的演讲稿中指出,"虚无主义的意思也许就是:velle nihil,意欲虚无、包括自身在内的万物的毁灭,因此,首先使自身毁灭的意志","但我相信,这并非德国虚无主义的最终动机"[1]。施特劳斯还认为,德国纳粹运动"意欲现代文明毁灭"的"这种渴求之所以是虚无主义的,因为它为了达到目的而不择手段,这样就毁灭了对于任何高尚、理智的人而言使生活有价值的东西"[2]。

虚无主义在俄国的形成和发展,是俄国一定时期社会历史条件下的产物。虚无主义在德国主要是思想家们以哲学理论的形式进行的,如从雅各比、费希特、黑格尔、施蒂纳、马克思、尼采到海德格尔,

---

[1] [美]列奥·施特劳斯:《德意志虚无主义》,刘小枫编,丁耘等译,《苏格拉底问题与现代性——斯特劳斯演讲与论文集》(卷二),华夏出版社2008年版,第104页。

[2] 同上书,第123页。

虚无主义在俄国所采取的形式却主要是文学，并且经常诉诸政治实践。俄罗斯屠格涅夫在其小说《父与子》中首先使用该词，之后虚无主义作为一个独立概念在俄国广泛流行。与尼采对虚无主义基本上是哲学化的"理性阐释"不同，在屠格涅夫1862年发表的代表作《父与子》中，小说主人公巴扎罗夫就被人称作"гигинист"，即"虚无主义者"。在屠格涅夫笔下，此公否定一切，不仅否定哲学，否定美学和艺术，甚至也否定爱情；他迷恋于解剖青蛙，只相信自然科学和技术。在小说《父与子》中，一个否定一切只相信科学的虚无主义者，通过屠格涅夫现实主义笔法的文学描绘，跃然纸上。在小说中，屠格涅夫力图表达这样的一种观点："惟有在我们的感官感知中可获得的、亦即被我们亲身经验到的存在者，才是现实的和存在着的，此外一切皆虚无。"这种观点"否定了所有建立在传统、权威亦即其他任何特定的有效价值基础上的东西。……人们通常用'实证主义'（Positivismus）这个名称来表示这种世界观"①。在此，虚无主义被用来揭示一种信仰丧失状态下的生存状况。虽然屠格涅夫在这里表达的只是一种在资产阶级知识分子身上体现出来的、令人忧虑的现象，即否定传统，通过激进贯彻科学主义而否定艺术、宗教和一切非科学价值，但是，虚无主义思潮在俄国几经分化和演变，其内涵意蕴发生了诸多变化。它一度超出文学和思想范围，介入政治领域，与无政府主义、恐怖主义、革命等联系起来。

我国先秦时期的道家哲学中也包含有作为某种观念的虚无主义。但就其本质而言，道家关于"无"的学说充其量不过是一种艺术体验，还未达到虚无主义的高度，和西方的虚无主义还有本质的差异。

---

① ［德］海德格尔：《尼采》（下卷），孙周兴译，商务印书馆2008年版，第669—670页。

如道家的代表人物老子所说，"天下万物生于有，有生于无"①；道家的另一位代表人物庄子希望社会退回到无知识无目的、"小国寡民"的原始社会状态，这是道家对原始生活极端美化的空想。虽然卢梭等18世纪的浪漫派都喜欢夸大和歌颂自然，认为回到自然状态才是恢复和或者解放人性，已经非常显著地含有虚无主义的观念②。比起西方从卢梭到浪漫派都喜欢美化和夸张自然来说，庄子应该算是最早最彻底的一位。《现代汉语词典》认为，"虚无主义是一种否定人类历史文化遗产、否定民族文化，甚至否定一切的思想"③。而在拉丁文普及之前的文献资料中便有表达虚无主义观念的句子，如旧约圣经《传道书》中便有"虚空的虚空，虚空的虚空，凡是都是虚空"④，这是基督教的虚无主义观念的体现。

　　虚无主义这一概念的使用经历了一个长期的演变过程。总体来说，与集质疑理性、质疑宏大叙事、颠覆传统等思想文化于一身的虚无主义思潮相伴出现的，是自由主义、解构主义、相对主义等各种西方社会思潮。现代西方社会的虚无主义思潮从否定上帝及神圣意志，到对某种事物甚至一切对象绝对否定，进而对生命、社会乃至人类存在的意义、信仰、价值和目的的瓦解和否定，实现其对现代社会的破坏，使人们的精神世界陷于纷争和混乱不已的状态，并最终崩溃。在虚无主义影响下，一些人从自己的主观喜好和价值标

---

　　①　老子思想中的"无"，并不完全等同于本文所说的"虚无"：老子所说的"无"主要是从与"有"相对的意义上界定的"无"，本文所说的"无"更多地意指一种本体论意义上的"无"。

　　②　李泽厚：《历史本体论·己卯五说》，生活·读书·新知三联书店2008年版，第217页。

　　③　中国社会科学院语言研究所词典编辑室编：《现代汉语词典》（2002年增补本），商务印书馆2002年版，第1420页。

　　④　《圣经》，中国基督教三自爱国运动委员会、中国基督教协会2007年版，第643页。

准出发，质疑核心价值的认定，反对任何统一化、普遍性的企图，解构传统精神价值和现代社会价值。它背离了唯物辩证法对立统一规律，割裂了矛盾双方统一性和对立性的关系，不是在对立面的统一中把握对立，而是夸大对立性，割裂统一性。

二 历史虚无主义的基本语境

目前学界较为一致的观点，大家普遍认为历史虚无主义这种社会思潮起源于西方资本主义制度，是西方文化传统之现代流变的产物。19 世纪末 20 世纪初的资本主义社会，在经历了资本积累的快速发展期之后，逐渐进入了帝国主义阶段，经济危机、社会问题也初现端倪。工业化以及资本主义时代的到来，加剧了历史与时代之间的断裂。面对这些问题，资本主义社会"把虚无主义与西方现代性的终结相联系，将西方现代主义价值观的没落，将晚期资本主义文化观的颓废，泛化为整个世界存在意义和人类基本价值的消弭与否定"①，体现在历史领域就是历史虚无主义的产生。之后，随着西方国家近代的殖民扩张，虚无主义也随之在全球范围内蔓延。受这种扩张渗透影响较大的就是苏联，自苏共二十大赫鲁晓夫否定斯大林开始一直到苏联解体，历史虚无主义就一直在其中推波助澜。在近代中国，历史虚无主义起初是作为同"全盘西化"论相呼应而出现的一种思潮，表现为民族文化虚无主义。进入新的历史时期，历史虚无主义又作为资产阶级自由化的一种表现形式，开始在中国泛起。改革开放 40 年来，历史虚无主义思潮或强或弱、或隐或现，但从未停息。

第一，历史虚无主义是一种虚无主义。从思想史的发展角度来

---

① 程馨颖，卢黎歌：《近年来国内关于历史虚无主义研究综述》，《思想理论教育导刊》2014 年第 7 期。

看，德国哲学家雅各比首次使用这一术语，而虚无主义真正作为一个哲学问题为人们所关注，始于尼采。尼采将虚无主义理解为最高价值的自行贬黜，是一种价值论的虚无主义。海德格尔不同于尼采，由价值转到存在，进而在存在论的意义上洞察虚无主义。把这种对虚无主义的基本理解延伸到历史虚无主义，也表现为两个方面：一是从价值论的意义上，历史虚无主义指的是否定历史的崇高和神圣，抽掉人们的历史目标和追求的精神支柱；二是从存在论意义上，历史虚无主义指的是否定历史的规律性和进步性。

第二，历史虚无主义是虚无"历史"本身，而不是虚无"某一种历史"。[①] 从本体论意义上，历史虚无主义命题中的"历史"概念，不是某一个国家、某一个民族的某一段历史，而是整个历史本身，否则就会陷入逻辑矛盾。而我们这本书里所要讨论的国内通常意义上的（包括苏联时期）历史虚无主义思潮则不是全然否定历史本身，它仅仅是刻意对某一个国家、某一段历史的虚无化，而不是历史本身的虚无化。它避而不谈历史观的根本问题，反对宏大叙事，而是陷入局部的、片段的、碎片化的所谓"历史事实"。历史虚无主义是通过各种方式重新解读历史，否定马克思主义的指导地位和中国走向社会主义道路的历史必然性，进而否定中国共产党执政合法地位的一种社会思潮。在对中国共产党的历史和地位虚化的同时，它们却对西方的历史、文化大加褒扬。从政治性和意识形态的角度来看，历史虚无主义常常沦为政治斗争的工具。具体而言，在政治上，历史虚无主义竭力否定我们党领导的革命、建设和改革开放的功绩，丑诋革命领袖和革命英烈，否定我们党带领人民选择社会主义道路的历史必然性，推崇西方的政治制度、思想意识和价值观念；

---

① 张有奎：《历史虚无主义的两个理论误区》，《社会主义主流意识形态与当今中国社会思潮》2013 年第 6 期。

经济上，竭力主张用私有化取代公有制的主体地位，消灭社会主义制度的经济基础；文化上，竭力否定、解构中华民族创造的博大精深的 5000 年的中华文化、共同培育的民族精神和共同坚守的理想信念，推崇西方文化。

第三，历史虚无主义常常是民族虚无主义和文化虚无主义。文化积淀着民族最深层的精神追求，代表着民族独特的精神标识，为民族生生不息、发展壮大提供了丰厚滋养。文化自信，是更基础、更广泛、更深厚的自信，是更基本、更深沉、更持久的力量。否定一个民族的历史，不仅是否定它的必然性和进步意义，否定这个民族的杰出人物和重大历史事件的历史意义，而是否定它的文化及其价值，抽掉这个民族的精神支柱，摧毁这个民族赖以生存的精神家园，使得这个民族丧失自信心和自尊心，丧失凝聚力。和文化复古主义思潮截然相反，历史虚无主义在虚无民族文化的同时，他们常常对西方的历史和文化大加赞赏，有的甚至走上了颂扬侵略者、颂扬殖民地化的道路上去。

第二节　历史虚无主义思潮在我国的演进轨迹

社会思潮作为一种重要的社会意识现象，一般形成于一定社会的政治、经济结构急剧转型时期。近代以来，历史虚无主义思潮主要出现在三个历史转型时期，一是 20 世纪初期，以陈序经等为主要代表的"全盘西化"派，竭力主张中国应走西方资本主义的道路，认为现代化的基本框架就是西方化，用西方性否定中国本土性，必然导致历史虚无主义，而当代西方文化的历史虚无主义趋向同样也侵入了近现代中国文化；二是 20 世纪 60 至 70 年代的"十年文化大革命"时期，以否定中国历史和文化传统为倾向和征候，其在本质上属于文化虚无主义的样态；三是新时期以来，历史虚无主义借纠"左"为名，这股错误思潮从否定"文化大革命"到否定毛泽东，从否定改革开放到否定社会主义建设，在我国社会和思想领域又重新泛起。特别是在 20 世纪末达到了高潮，上演了一场苏联版本的历史虚无主义悲剧。中国在这场考验中虽然也经历了曲折，但最终经受住了考验，风景这边独好。这三波历史虚无主义思潮出现在不同的历史时期，第一波以"全盘西化"为其理论基础和核心诉求，第二波以民族文化虚无主义为表征，第三波以用西方资源或是某种改头换面的传统资源对已经成为历史传统的马克思主义及唯物史观的否定为核心，同样导致了历史虚无主义。当前，随着我国改革开放的深入推进和利益格局的深刻调整，国际上各种思想文化交锋日趋激烈，历史虚无主义思潮的再度泛滥，严重干扰人们的思想，不利于社会主义现代化建设的顺利进行。

一　20 世纪初的"全盘西化"思潮

历史虚无主义在我国第一次集中表现，是在 20 世纪 20—30 年代以留美归国博士陈序经为代表的全盘西化的思潮中。近代的中西文化关系，是在一个特殊的背景下展开的。鸦片战争前，尤其是明清之际的东西文化交流是在和平的环境中进行的，虽然此时中国的实力较之从前有所下降，但生产力总体依然较强于尚未进行工业革命的西方，这可以从西方对中国的几次军事侵略均以失败告终的事实得以证明。鸦片战争以后，外国侵略者用坚船利炮扣开了中国的大门，中西文化交流演变为西方资产阶级凭借先进的军事武器为其进行文化侵略开道，使中国传统文化被动地面对着西方文化的猛烈冲击，中西文化交流主要成了西方文化以武力相裹挟的文化侵略。在当时的历史背景下，如何处理抵抗侵略与"向西方学习"的关系，是中国先进的知识分子面对西方文化冲击在思想中激起的最大文化回应，成了中国近代先进分子的一种矛盾心理。这种矛盾使他们在走向世界的时候，内心不断经历痛苦的自省和超越。向西方学习的每一步深化，都要求在爱国主义的基础上在中西文化之间架设一座新的桥梁。通过这一座座桥梁，几代志士仁人将沉睡的中华民族逐步引向了世界。在上述过程中，难免会有认识失当之处，因而导致保守的或是偏激的结论。30年代的"全盘西化"论便是对当时中西关系的一种激进思想认识，历史就是这样把"全盘西化"论推上了文化斗争的前台。

自近代以来直至中国共产党成立，中国先进分子对西方文化的认识从懵懂无知到逐渐了解再到热烈拥抱，知识分子的心态也或急或慢地从傲慢抗拒到无可奈何再到心悦诚服，中国知识分子对西方文化的认识过程曾经经历了器物、制度、思想文化三个阶段。20世纪20年代，由于第一次世界大战的爆发和俄国十月革命的胜利，促使这一认识发生了飞跃。人们眼中过去浑然一片的西方文化，分裂为欧美和苏俄性质截然不同的两种文化。与此相关，先进分子因欧美社会暴露出大量的弊病和中国走西方道路屡遭失败的教训，而对其失去了兴趣，转而将目光投向了苏俄。这一飞跃标志着马克思主义指导下的新民主主义取代自由资本主义而成为中国历史的方向，中国近代的时代课题发生了转换。从此，形形色色的自由资本主义的理论主张尽管因其反对封建买办资本主义的内容而保持着一定的进步意义，但已担负不了指导革命实践的重任，越来越远离历史的主航道，成为一种空疏之见。

大革命失败以后，以蒋介石为首的国民党统治集团为了适应政治统治的需要，在思想文化领域掀起了"尊孔读经"恶浪，力图论证国民党法西斯统治符合"道统"。1934年2月，蒋介石首倡"新生活运动"，以"礼义廉耻"为生活准则，更是借助政治势力力图把儒家的伦理道德规定为全体国民的生活准则。7月，国民党政府决定每年8月27日孔子诞辰为"国定纪念日"，通令全国各机关学校遵照规定举行纪念活动。11月，国民党中央常务会又特别通过了"尊孔祀圣"的决议。1934年10月，国民党要员戴季陶、陈立夫相继发表谈话和文章，从理论上论证"复古"的合理性，如戴季陶强调："经书为我国一切文明之胚胎，其政治哲学较之现在一般新学说均为充实"，"希望全国人士从速研究以发扬光大吾国之国有文化"①。陈立夫在《中国文化建设论》中则盛赞中国传统文化"光芒万丈、无与伦比"，认为近代以来国势衰败原因在于传统文化精神的衰落，因此，中华民族面临的首要任务是建设文化，而"要建设文化，须先恢复固有的至大至刚至中至正的民族特性，再加以礼义廉耻的精神，以形成坚强的组织和纪律，……则民族之复兴，当在最近的将来"②。一时间，各地军阀等南北呼应，竞相演出"尊孔"闹剧。以陶圣希为代表的国民党御用文人也粉墨登场，他们直接受命于国民党统治集团，大肆宣言复古思潮，为国民党法西斯统治摇旗呐喊。历史是向前发展的，一切逆历史潮流而动的主张和行为都只能以失败而告终。这股复古逆流遭到全国进步人士的抵制。艾思奇、胡绳等党的白区文化工作者和柳亚子、叶圣陶、李公朴等进步知识分子团结其他爱国人士共148人，以及文学社等17个进步文艺团体，联合发表《我们对文化运动的意见》，指出在当前民族危机日益严重的紧急关头，复古思潮对于民族前途命运绝对没有起死回生的功效。与此同时，自由资产阶级分子也加入了对复古思潮的批判，

---

① 李新等：《中国新民主主义革命时期通史》第2卷，人民出版社1962年版，第241页。

② 陈立夫：《中国文化建设论》，《文化月刊》创刊号，文化月报社1932年版。

在批判中抬出欧美资本主义制度的救国方案。

"全盘西化"的思想是在 20 世纪 30 年代"本位文化"与"全盘西化"大论战中出炉的，陈序经等人正是在上述历史背景下提出"全盘西化"论的。1934 年 1 月广州《民国日报》副刊《现代青年》专栏发表岭南大学教授陈序经于 1933 年年底在中山大学的演讲：《中国文化之出路》，并由此在广州思想文化界引发了一场规模不小的文化争论。1935 年 1 月 10 日，王新命、何炳松等 10 位来自上海、南京、北平的知名教授在 1935 年 1 月 16 日出版的《文化建设》月刊第 1 卷第 4 期上联名发表《中国本位的文化建设宣言》，声言当前中华民族的任务是以"中国本位的文化建设"支持蒋介石的"国家"建设，引发了 30 年代文化大论战。论战在以 10 位教授为代表的"文化本位"派和以陈序经为主要代表的西化派之间展开。陈序经主张西化就是"全盘西化"思想，他在《中国文化之出路》中，将中国文化的出路归结为三条：一是复古，二是折衷，三是全盘西化，经过比较分析，他得出结论："现在世界的趋势，既不容许我们复返古代的文化，也不容许我们应用折衷调和的办法；那么，今后中国文化的出路，唯有努力去跑彻底西化的路径。上面我已经解释了第一条（复古派）和第二条（折衷派）都不能跑的通；惟有第三条路（西洋派）才是我们当行或必行的途径。"[①] 他的理由有两点：一是西洋文化，的确比我们进步得多；二是西洋现代文化，无论我们喜欢不喜欢去接受，它毕竟是现在世界的趋势。

坚持全盘西化的陈序经从三个方面进一步阐述了西洋文化比中国文化进步所在：一是从世界整个现代文化发展的趋势等方面来看，西洋文化的确比我们进步的多，西洋文化是优于我们中国文化的，

---

① 陈序经：《中国文化之出路》（节录），载罗荣渠主编《从"西化"到现代化》，北京大学出版社 1990 年版，第 371 页。

中国要走出闭塞落后的现实困境，无论我们喜欢不喜欢去接受西洋文化，全盘西化是现在世界的大势所趋。"西方文化无论在思想上，艺术上，政治上，教育上，宗教上，哲学上，文化上，都比中国好。就是在衣、食、住、行的生活上，我们也不及西洋人的讲究。"① 二是从理论方面来说，西洋文化，是现代的一种趋势。在西洋文化里面，也可以找到中国的好处；反之，在中国的文化里未必能找出西洋的好处。"精神方面，孔子所说的仁义道德，未必高过柏拉图的正义公道。十三世纪，中国的火药印刷指南针数种，却为西洋人所接纳而加改良；物质方面的好处，也可以在西洋文化里找到。至若民治和科学，中国都没有。""物质方面，精神方面，理论上和事实上，都无一而非趋于西洋化。从空间看去如此；从时间看来也是如此。"② 三是从比较上看来，中国的道德，不及西洋，教育亦的确落后，法律的观念薄弱，哲学也不及西洋的思想，物质方面更不用说，等等。

至于在全盘西化中出现的问题，陈序经认为还需要通过进一步的努力西化才能弥补，最后归结到中国文化的出路，他的基本认识是传统文化不适应现代生活，要实现现代化，实现中国由传统农业社会向现代工业社会的转变，就必须全盘接受西方文化，也就是现代化即西方化。陈序经认为西方文化是不断创新与发展的，而成为现代化和世界化，既然比我们的好，我们为什么不全盘彻底采纳呢？"西洋文化，较之我们的文化高。为什么见了他人高于我们的文化，而不去接纳，诸君，请不要以为兄弟说得过火。我们若以为帝国主义是西洋文化的产物，我们若想打倒可恶的帝国主义，绝不能以王

---

① 陈序经：《中国文化之出路》（节录），载罗荣渠主编《从"西化"到现代化》，北京大学出版社 1990 年版，第 371—372 页。

② 同上书，第 372 页。

道来打倒它，却反过来要用帝国主义来打倒帝国主义。因为无论在理论上，或是实际上，非此便无法为中国的文化找到一条出路。"①

这种彻底割裂民族文化历史进程和历史连续性的"全盘西化"论的民族文化虚无主义，对西方资本主义历史高度赞同，完全丑化了中国封建社会的历史，同近代中国历史的发展方向相违背，因此，在其提出之后广受批评和抵制。这种形而上学的思维方式说到底是世界观、方法论的问题，其实质是关于中国走什么发展道路的问题。这次论战最终在国民党实行党化运动的形势下不了了之。而"全盘西化"派在与"本位文化"派的论争中，也逐渐意识到自身理论的缺陷，后来也避免提及。在一个相当长的时期内，这种思潮随着中日民族矛盾上升为主要矛盾和马克思主义的广泛传播而趋向沉寂。

关于中国近代史上的"全盘西化论"，因胡适主张"充分现代化"作为中国文化的出路，时人有指胡适为"全盘西化"始作俑者，值得商榷。1992年，胡适为英文《基督教年鉴》写的题为《今日中国的文化冲突》一文，确曾使用了"Wholesale westernization"，即"全盘西化"一词。但是如果我们从文章中分析其理论主张而不是仅仅注目于名词概念的话，可以看出其不属于"全盘西化论"阵营。原因一，胡适在《今日中国的文化冲突》一文中还使用了另一词"Wholehearted moderenization"，即"全力或充分的现代化"来表达反对"折衷论"的同一意思，并且认为，这应该就是中国文化的根本出路，说明他心目中并无明确的"全盘西化论"概念。原因二，陈序经本人从来没有把胡适归入全盘西化论派，"三个月前，我曾说过，胡适之先生'整个'思想不能列为全盘西化派，而乃折衷派中之一支流。""最近胡适之先生发表一篇'充分世界化与全盘西化'。

---

① 陈序经：《中国文化之出路》（节录），载罗荣渠主编《从"西化"到现代化》，北京大学出版社1990年版，第373页。

（大公报6月23日星期论文）里面虽然还说他'没有折衷调和的存心'，但是因为他感觉到'全盘西化这个名词，的确不免有一些语病'，因而提议以'充分世界化'这个名词，来代替'全盘西化'这个名词"①。并且，从胡适本人关于中国文化出路之主张的前后变化中，我们也可以看出他从来没有在理论上真正理解和接受"全盘西化"论。他初次看到陈序经"全盘西化论"的观点后，颇觉新奇，急忙表示"完全赞成陈序经先生的全盘西化论"，这一点在陈序经的《全盘西化论》一文中有记载。②继而，胡适在1935年6月发表的《充分世界化与全盘西化》一文中，明确宣布放弃"全盘西化"的主张，改而标举"充分的现代化"，说明自己赞成陈序经先生的"全盘西化"的"全盘"原意不过是"充分""尽量"而已，并明确提出与其说"全盘西化"不如说"充分的现代化"。"我赞成'全盘西化'，原意只是因为这个口号最近于我十几年来'充分'世界化的主张；我一时忘了潘光旦先生在几年前指出我用字的疏忽，所以我不曾特别声明'全盘'的意义不过是'充分'而已，不应该拘泥作百分之百的数量的解释。"③胡适在《充分世界化与全盘西化》一文最后指出："我们不能不承认，数量上的严格'全盘西化'是不容易成立的。文化只是人民生活的方式，处处都不能不受人民的经济状况和历史习惯的限制，这就是我从前说过的文化的惰性。你尽管相信'西菜较合卫生'，但事实上决不能希望人人都吃西菜，都改用刀叉。况且西洋文化却有不少的历史因袭的成分，我们不但理智上不愿采取，事实上也绝不会全盘采取。你尽管说基督教比我

---

① 陈序经：《全盘西化的辩护》，载罗荣渠主编《从"西化"到现代化》，北京大学出版社1990年版，第558页。

② 同上。

③ 胡适：《充分世界化与全盘西化》，载罗荣渠主编《从"西化"到现代化》，北京大学出版社1990年版，第553页。

们的道佛教高明的多多，但事实上基督教有一两百个宗派，他们自己就互相诋毁，我们要的是哪一派？若说：'我们不妨采取其宗教的精神'，那也就不是'全盘'了。这些问题，说'全盘西化'则都成争论的问题，说'充分世界化'则都可以不成问题了。"① 原因三，胡适从来没有系统阐述过"全盘西化"论的思想，这也是最根本的。纵观胡适一生，其文化主张不属于"全盘西化"论的营垒。

可以说，"全盘西化"的思想萌芽在五四时期已露端倪。全盘西化思想的萌芽，是在东西文化的比较中自然而然地产生的。辛亥革命失败后，一些人在开始反思中国向何处去的过程中逐渐认识到，以往寻求救国出路的努力之所以都归于失败，就在于那些救国的主张和措施都仅仅是在做表面文章，而没有触及人们的道德和内心精神世界，而后者才是问题的本质所在。陈独秀是"五四"时期西化思潮的主要代表人物之一，他指出："继今以往，国人所怀疑莫决着，当为伦理问题。此而不能觉悟，则前之所谓觉悟者，非彻底之觉悟，盖犹在惝恍迷离之境。吾敢断言：伦理的觉悟，为吾人最后觉悟之觉悟。"② 在这一方面，陈独秀流露出比较明显的全盘西化思想，他认为西方民族思想在各个方面都强于中国，中国要全面向西方学习。③ 他曾说过："若是决计革新，一切都应该采用西洋的法子，不必拿什么国粹，什么国情的鬼话来捣乱。譬如既然想改用立宪共和制度，就应该尊重民权，法治，平等的精神；什么大权政治，什么天神，什么圣王，都应该抛弃……若相信科学是发明真理的指南针，像那和科学相反的鬼神，灵魂，炼丹，符咒，算命，卜卦，

---

① 胡适：《充分世界化与全盘西化》，载罗荣渠主编《从"西化"到现代化》，北京大学出版社 1990 年版，第 554 页。

② 陈独秀：《青年杂志》第 1 卷第 6 号，1916 年 2 月 15 日。

③ 陈独秀：《东西民族根本思想之差异》，1915 年 12 月 15 日《青年杂志》第 1 卷第 4 号。

扶乩，风水，阴阳五行，都是一派妖言胡说，万万不足相信的……"
他说："我敢说：守旧与革新的国是，倘不早早决定，政治上社会上
的矛盾，紊乱，退化，终久不可挽回。"① 在陈独秀等人看来，要救
国就必须向西方学习，就必须对传统文化展开一场批判运动，用新
的伦理道德取代旧的伦理道德，用新文化取代旧文化。这样新文化
运动的主要倡导者陈独秀被后人划为"全盘西化"的代言者。不过，
后来陈独秀逐步接受了马克思主义，他的全盘西化同陈序经、胡适
等人向英美国家学习的主张是截然不同的。

　　鲁迅也说过同陈独秀同样内容的话。鲁迅在五四期间是积极主
张现代化，反对守旧思想的。鲁迅对当时"保存国粹"这一时髦的
口号作了极简练的评价："什么叫'国粹'？照字面来看，必是一国
独有，他国所无的事物了……譬如一个人，脸上长了个瘤，额上肿
出一颗疮，的确是与众不同，显出特别的样子，可以算他的'粹'。
然而照我看来，还不如将这'粹'割去了，同别人一样的好。"因
为，如果说"国粹"好，"何以现在糟到如此情形"？如果说因为丢
了"国粹"，何以以前全国都是"国粹"的时候，也是战乱不休？
他引用一位朋友的话说："要我们保存国粹，也需国粹能保存我
们。"② 他认为"保古"与"保存国粹"不能影响中国的改革与进
步，"保存国粹"更不能是主张继续用传统思想统治中国。中国当务
之急是革新，"不能革新的人种，也不能保古的"。"不革新，是生
存也为难的，而况保古。"鲁迅因此说道："我们当下的当务之急是：
一要生存，二要温饱，三要发展。苟有阻碍这前途者，无论是古是
今，是《三坟》《五典》，百宋千元，天球河图，金人玉佛，祖传丸

① 陈独秀：《今日中国之政治问题》，1918 年 7 月 15 日《新青年》第 5 卷第 1 号。
② 鲁迅：《随感录三十五》，1918 年 10 月 15 日《新青年》第 5 卷第 5 号。

散，秘制膏丹，全都踏倒它。"① 但鲁迅在金石考古和古籍研究方面很有成绩，这说明他并不是民族虚无主义者，而是真正地为保存中国文化作出贡献的人。在鲁迅身上我们可以认识到，一个真正为中国着想的人应该如何对待思想进步与保存传统文化二者之间的关系。

在五四时期曾经发生过的东西文化异同之争论，其根本则是如何学习西方和如何对待传统文化的问题。这是由传统社会进入现代社会所必经之路。是传统文化与现代文化的冲突与协调过程中的一环。这个争论到今日还未结束。事实上，五四时期"西化"思潮的主流意识是输入西方的民主与科学精神，而不是全部的西方文化；同样地，它的"反传统"反对的是以儒学、孔教为中心的传统文化。与辛亥革命后袁世凯之流假借尊孔大搞复辟帝制不同，新文化运动只是在手段上采用了激进的文化革命形式，以期彻底改造中国文化，实现中国文艺复兴。所以，这一时期的"西化"还不是完全意义上的"全盘西化"。

总体来看，"全盘西化"论作为特定历史时期的理论主张，表明中国知识界对中国发展道路的思想认识在逐渐深化，具有某些积极的意义。"全盘西化论"是对复古思潮的抗衡，自由资产阶级成为复古思潮在文化思想上的主要对手。"全盘西化论"在理论上针对"中国本位文化论"肯定封建传统的倾向，尖锐地指出："中国文化的本位，……与'中学为体西学为用'的话，实只五十步与百步之差"②，而这没有实质性的区别，一针见血地指出了"中国本位文化"论的真实面目。在东西文化的论争中，"全盘西化"论基于人类社会历史发展进程的必然规律，自觉论证"中国本位文化"落后

---

① 鲁迅：《忽然想到·六》，1925 年 4 月 22 日《京报副刊》。

② 陈序经：《全盘西化言论三集》，上海书店（民国丛书第 3 编 039）1991 年版，第26 页。

于西方文化的客观事实，对以"中国本位文化论"为主要表现的复古逆流在一定程度上起到了遏制作用。在实践上，"全盘西化"论针对国民党集团统治区的"尊孔读经"旧文化运动，旗帜鲜明提倡西化，使其超越了纯粹的理论藩篱而涂抹上了一层积极的政治色彩。可以说，"全盘西化论"与我们党的民主革命任务在大方向上是基本一致的。20世纪30年代，在马克思主义指导下，中国工人阶级队伍逐渐成长壮大，成为近代中国最进步的阶级，成为中国革命的领导阶级。无产阶级领导的反帝反封建的新民主主义革命反映了中国革命的基本规律，代表了中国历史的前进方向，成为这一时代的主题。在这一主题中，自由资产阶级及其思想主张虽然已经退出了革命的领导地位，但其仍旧是革命的力量之一，其所主张的"全盘西化论"仍然是对民主革命的一种支持。虽然20世纪30年代属于自由资产阶级思想理论体系的"全盘西化论"主张，对国民党一党专制的独裁统治和其代表的封建腐朽文化进行了否定和批判，契合了民族民主革命任务的新民主主义大方向，但其毕竟无力推动当时的历史前进，越来越偏离历史的主航道，根本原因在于其落后于时代课题的非科学的理论主张。

二　"十年文化大革命"时期的文化虚无主义

新中国成立后17年间（从1949年至1966年），源于我国当时的社会经济政治状况发生了变化，我们党开展了几次思想文化批判运动，比如展开的对《武训传》《红楼梦研究》的思想文化批判运动等。通过这些思想文化批判运动，一方面，坚持了中国先进文化的前进方向；另一方面，由于受到"左"的干扰，将学术问题作政治定性，存在一定的历史虚无主义倾向，但还未成为当时历史研究的主流。总体来看，这一时期的史学界主流普遍以马克思主义唯物史观为指导，逐渐打破了剥削阶级唯心史观统治史学的局面，坚持唯物史观和中国历史实际相结合，在通史、断代史和专门史研究方面取得了一系列成果，在史学理论和大规模文献整理方面取得了重大成就，并开拓了经济史、民族史、史学史等新的研究领域，虽然前进道路上出现了一些偏差，但总的来说成绩是主要的。

"文化大革命"时期，由于受"左"的思潮和实用主义史学思想的影响，出现了对中国历史和传统文化全面的、有组织的歪曲和篡改，出现了"最高价值的自行贬黜"。一些人为了政治需要，全盘否定建国以来党领导的革命文艺的巨大成就，炮制、鼓吹新中国成立17年来在文艺乃至公检法和党政军等各条战线上是被一条"反党反社会主义的黑线专了我们的政"[1]，不加分析地对新中国成立17年来在史学、文学、教育和文艺等许多社会科学领域取得的研究成果肆意批判否定，乃至对我党20世纪30年代在国统区领导的发生巨大影响的进步文艺运动进行否定。在"文化大革命"期间，"四人帮"为了大树特树"革命样板戏"，突出他们自己，炮制出了虚妄无知的"空白论""新纪元论"，大肆否定无产阶级文艺运动的辉煌成果。张春桥说："从《国际歌》到革命样板戏，这中间一百多年是一个空白。"[2]江青1976年1月21日对中国艺术团的讲话中也说："无产阶级从巴黎公社以来，都没有解决自己文艺的方向问题。自从六四年我们搞了样板戏，这个问题才解决了。""四人帮"的御用写作班子初澜、江天、梁效也反复吹嘘什么"过去的十年，可以说是无产阶级文艺的创业期"，革命新文艺"是从革命样板戏开始的"，等等。[3] 同时，

---

① 胡绳：《中国共产党的七十年》，中共党史出版社1991年版，第424页。

② 谢铁骊、钱江、谢逢松：《四人帮是摧残革命文艺的刽子手》，《人民日报》1976年11月10日。

③ 初澜：《京剧革命十年》，《红旗》1974年第4期。

也出现了规模空前的"经典"重评的运动，其结果是几乎任何"经典"都被"颠覆"，剩下的就是正在创造的文艺"样板"。一些高校学生甚至完全撇开教师，急躁、粗暴地重编历史教材，进而否定建国 17 年来的社会主义革命和建设的历史；一些人打着"革命"的旗号，他们在否定一切，打倒一切的不正常社会氛围下，在批判封建主义和资本主义腐朽文化的同时，却把一些本来与封建主义、资本主义没有多大关系的优秀历史文化遗产也贴上了封建主义和资本主义的标签，对中国传统文化和西方文化采取极端化的否定一切的态度，肆意批判否定，直至发展到将北京的"张自忠路""赵登禹路""佟麟阁路"等改名，将"全聚德""荣宝斋""东来顺"等商业老字号一概斥为"四旧"，加以横扫，并导致许多文物古迹的毁损灭失，历史虚无主义泛滥一时。据百度百科，"文化大革命"时期焚烧和捣毁、查抄到的中外古典名著、珍贵字画文物不计其数。全国各地的许多古代庙宇、祠堂、牌坊等著名建筑和历史文化遗产悉遭破坏，如北京市 1958 年确定保护的 6800 多处文物古迹中，被破坏的近 5000 处。甚至被列为全国重点保护文物的许多古迹，如山东曲阜有 2000 多年的孔庙和孔林也在劫难逃。这时期林彪、"四人帮"两个反革命集团的历史虚无主义表现比较典型。"文化大革命"时期，林彪及其党羽为了塑造林彪的权威，肆意篡改中国革命历史，将原来课本上《朱德的扁担》变成了《林彪的扁担》，把井冈山会师中的"朱毛会师"篡改成"林毛会师"。林彪事件以后，"四人帮"反革命集团为了达到其政治目的，把"批林整风""批林批孔"和"批周"联系起来，大搞"影射史学"，硬说历史上的一切反动势力都是"尊孔"的，批所谓"现代的儒""党内的大儒"，露骨地影射攻击周恩来 1972 年以来进行的调整工作是"复辟倒退""右倾回潮"……"四人帮"的这种倒行逆施，搅乱了政治，伤害了历史，破坏了文化，造成社会伦理道德方面的混乱。这种"左"的历史虚无主义把马克思主义经典作家的某些论断当作教条，以教条主义的态度对待马克思主义，根据现实政治需要，从自身的主观愿望出发，用现实刻意裁剪历史，生搬硬套，否认马克思主义是一种需要根据实践发展不断发展的科学学说。这种对历史采用实用主义态度的做法，表面上看也是在谈马克思主义，实际上是把马克思主义庸俗化和实用化，极大地损害了马克思主义在人民群众中的良好形象。这是"文化大革命"时期历史虚无主义主要表现的本质所在。

三 改革开放以来历史虚无主义思潮的发展演进

20 世纪 80 年代后期以来，历史虚无主义思潮的重新泛起，有着国际国内的重要因素。国际上，20 世纪 70—80 年代，"西强东弱"的总体态势没有改变，随着东欧剧变、苏共垮台和苏联解体，历史"终结论"、共产主义"渺茫论"、社会主义"失败论"等论调甚嚣尘上。这种现象反映到西方史学界，掀起了一股否定一切革命、鼓吹改良的历史相对主义思潮。西方汉学家对中国革命历史的研究也发生了由"革命史观范式"转换到"现代化史观范式"的变化，逐渐由肯定性评价转向否定性评价。20 世纪末世界社会主义运动出现严重曲折，以美国为首的西方国家借中国改革开放之机，利用各种手段大肆传播西方自由主义思想和意识形态，以达到"和平演变"中国的战略图谋。在国内，随着"文化大革命"结束和十一届三中全会的召开，我们党完成了指导思想上的拨乱反正，迎来了社会主义现代化建设和改革开放新的历史时期，中西交往对比中形成的巨大反差，引起了人们对中国历史和未来发展的思考和争论。

这一时期的历史虚无主义思潮集中表现为，拨乱反正工作全面开始后，社会上极少数人借"反思"历史的名义，虚无民族历史文化，主张"全盘西化"，妄图否定党的领导，否定社会主义制度。这些人极力贬低革命的重要作用，极力颂扬改良的种种好处，转而对中国历史上一切反动统治者、形形色色的汉奸叛徒和侵略者极力美化，百般赞美。与此同时，党内也有极少数人思想发生了动摇，在一些地方出现了少数人的闹事现象。在北京，形成了一个自由论坛——西单"民主墙"，鼓吹资产阶级民主。历史上看，历史虚无主义和"全盘西化"论，二者往往如影随形，表现为民族虚无主义的样态。他们在否定革命历史的同时，诅咒虚无中华民族文化。如20世纪80年代末的"《河殇——中华文化反思录》现象"，借助"反思黄河文明"的幌子来否定中华民族传统文化，鼓吹"全盘西化"，宣扬民族历史文化虚无主义的思想。再如一些人主张实行西方资本主义国家的"民主""自由"，否定社会主义，在中国搞资产阶级自由化，其中最具有代表性的事件就是《河殇》一书的出版，代表人物就是方励之、刘晓波等人。《河殇——中华文化反思录》标榜"全面反思"中国文明和"彻底批判"民族文化，但反思批判的结果却是对民族文化的彻底否定，中国的历史被论断为"周期性毁灭的历史"，结果"总是一次又一次地把生产力的积累无情地摧毁掉"，历来被认为具有进步作用和革命意义的农民起义、农民战争，其实"它只表现出惊人的破坏力和残酷性"①。中华民族被诅咒为是一个故步自封、缺乏创造力的具有"盲目民族感情"的民族，中华文明被诅咒为是一种衰落的文明，中国人被诅咒为愚昧、丑陋、只有奴性没有社会性的人。通过对中华传统"黄土文明"的反思和批判，指出中国要实现现代化，就是要逐步引入西方"蔚蓝色文明"，也即

---

① 龚书铎：《民族文化虚无主义评析》，中国人民大学出版社1990年版，第138页。

实行西方民主文明的社会制度。其宣传资产阶级自由化、历史虚无主义的本质暴露无遗。这种否定中国传统文化、颂扬西方文明，乃至主张"全盘西化"和民族虚无主义的思潮，经《河殇》的渲染达到高潮。与《河殇——中华文化反思录》相比，当时号称"文坛黑马"的刘晓波更是疯狂无耻地鼓吹民族虚无主义，"对传统文化我全面否定。我认为中国传统文化早该后继无人"①。更让人瞠目结舌的是，他竟然否定中国人的人种，推崇世界上最反动的理论之一——种族主义，胡说中国民族文化的危机"不仅是民族性的问题，我甚至感到是与人种不无关系。因此，走出危机之路是十分的艰巨"②。他甚至赤裸裸地提出"三百年殖民地"，这样在中国才有可能实现一次真正意义上的历史变革。在对待西方的社会制度、文化和生活方式的态度上，刘晓波则截然相反。"西方与中国制度的区别就是人与非人的区别，换言之，要过人的生活就要选择全盘西化，没有和稀泥及调和的余地。"③ 在他眼里，西方是伊甸园、是"真正的人"的生活，而中国是地狱、是"非人"的生活，这种完全歪曲历史现实的"全盘西化"的反传统谬论，完全是一种是非的颠倒，其否定传统的目的在于否定现实，为了反现实而反传统。主张资产阶级自由化的方励之曾反复讲自己是欣赏、主张全盘西化的，他解释说，自己理解的全盘西化即是全盘的、全方位的开放，因为我们的整体文化比世界的先进文化要落后。面对这种状态，我们应当全方位开放，要让整个先进文化来冲击我们整个落后文化的方方面面，包括政治、经济、文化、科技、教育等所有领域。在这个冲击下，好的东西会留下来，坏的东西会被全部荡涤掉。在开放、冲击之前，说坚持什

---

① 《与李泽厚对话——感性·个人·我的选择》，《中国》1986 年第 10 期。
② 龚书铎：《民族文化虚无主义评析》，中国人民大学出版社 1990 年版，第 195 页。
③ 金钟：《文坛"黑马"刘晓波》，香港《解放日报》1988 年 12 月号。

么是没有根据的。① 不同于 30 年代"全盘西化"思潮，80 年代"全盘西化"思潮的突出特点是借口全方位开放，促使社会主义中国走西方资本主义道路。这一时期的"全盘西化"已经不仅仅局限于文化领域，而已扩展到社会制度、社会发展道路等领域。不难看出，民族虚无主义政治思潮的本质，就是资产阶级自由化与四项基本原则的斗争，是要不坚持党的领导和社会主义道路的斗争。这种思潮在当时被称为资产阶级自由化，邓小平指出，资产阶级自由化是全盘西化的主要表现，就是鼓吹中国走资本主义道路。"自由化本身就是对我们现行政策、现行制度的对抗，或者叫反对，或者叫修改。实际情况是，搞自由化就是要把我们引导到资本主义道路上去，所以我们用反对资产阶级自由化这个提法。"②

　　20 世纪 90 年代以后，作为资产阶级自由化思潮泛滥重要表现的历史虚无主义在马克思主义意识形态宣传领域中受到重点批判，在国内理论界和舆论界曾经沉寂了一段时间。随着我国经济社会快速转型和新自由主义思潮的思想渗透，西方话语霸权随即成为全球化的"西方冲击"范式。历史虚无主义在这一特定的社会历史条件下，以"解放思想"的虚名，开始在史学研究、文艺创作等领域，尤其是在中国近现代史、中共党史的学术研究和大众传播等领域沉渣泛起，并开始从历史领域向政治领域扩展。这一时期有关信仰危机、道德滑坡的评论以及"告别革命"论的出笼，都表明历史虚无主义已经在人们社会生活的不同层面全面泛起。其中，"告别革命"论、颂扬改良等系列观点成为这一时期浓缩历史虚无主义思潮的核心论调。实践证明，革命是贯穿 20 世纪中国历史的主旋律和人们追求的

---

　　①　张秉南、邵汉明：《中国新时期学术思想》（文化卷），吉林教育出版社 1996 年版，第 134 页。

　　②　《邓小平文选》第 3 卷，人民出版社 1993 年版，第 182 页。

崇高理想。然而，从 20 世纪 90 年代以后，有人在以总结"历史经验教训"的名义下公然提出"告别革命"的主张，就是把革命与改良完全对立起来，开了对马克思主义革命观批判与拒斥的先河，对近代以来的民主革命和社会主义革命运动都给予一种负面的与否定性的评价，把这些革命称为"革命崇拜症"。在他们片面看来，革命就是使用暴力制造社会动荡，破坏社会生产力与社会秩序的代名词，丝毫没有任何建设意义。这种对革命片面性的理解与歪曲，没有看到革命是破与立、否定与肯定的统一。与此相反，则对历史上的社会改良运动大加赞赏，推崇备至。正可谓"有所虚，有所不虚"。革命与改良相比，是残酷的、流血的，是一个阶级推翻另一个阶级的暴力行动。但是，当改良走不通时，革命就成为必要的和不二选择。历史事实也是如此。比如抗日战争胜利以后，毛泽东等共产党赴重庆和国民党谈判，就是想走一条和平改良的道路，但是，国民党不愿意，率先挑起了内战。以上种种表现归结到一点，就是要通过"告别革命"，蓄意扭曲和颠倒是非，为已经被中国历史发展所证明的一切历史结论"翻案"，诋毁中国共产党领导的革命和建设的历史是一系列错误的延伸，否定和掩盖中国共产党领导中国人民进行革命的本质和主流。

21 世纪以来，历史虚无主义思潮再次滥觞的一个显著特征，主要以"学术创新""理论反思"的隐蔽样态表现出来，大做翻案文章，政治意图愈益明显。这次思潮泛起，首先利用学术刊物、学术著作和学术研讨会，借"学术创新"的旗号来"重评历史"，达到"篡改历史"的目的，就是把我们党领导的中国革命、建设和改革开放的伟大历史事业颠覆成"灰色历史""朦胧历史"乃至"阴谋历史"，故意抹黑历史的本来面目，借以表现其虚无主义观点。其次，它还以"理论反思"的形式，利用历史影视作品及文艺作品等载体，隐蔽地渗透和传播其核心观点。例如，在《找寻真实的蒋介石——蒋介石日记解读》著作中，作者颠倒历史，竟为已经被钉在历史耻辱柱上的大地主、大资产阶级的代表人物蒋介石大作"翻案""重评"文章，以还其"清白"，表现其"伟大人格"，洗刷其"民族败类""千古罪人"的罪名。这种有所虚有所不虚的手法表现，正是历史虚无主义问题的要害。更为荒谬的是，按照这位专家的说法，甚至连毛主席在抗战期间写下的指导中国人民抗战的著名理论文章《论持久战》《论反对日本帝国主义的策略》都是"来自"蒋介石的。更有甚者，在"饿死三千万"的谣言专著《墓碑》中，一些学者，缺乏宏观把握历史的能力，不是全面、客观地分析三年"困难时期"我国部分地区发生的非正常死亡事件，不是对造成这个重大悲剧的原因及教训进行实事求是的评述，而是以偏概全，以点带面，选择性地歪曲历史真相，极力夸大我们党在社会主义建设中经历的曲折，实质上就是要否定我们党领导的社会主义革命和建设的成就，乃至否定改革开放前 30 年的历史成就。我们说，学术研究无禁区，但一定要以全面翔实的史料为基础，要尊重史料，这是研究历史、保持历史研究客观公正性的前提和基础。而不是根据历史研究者的偏见，有选择地取舍史料，更不能把自己的主观臆测当作史料。近几年来，在革命历史题材的文学创作中，描写革命主旋律的作品少之又少，其中很大一部分专以解构经典、颠覆崇高为目的。从民族英雄林则徐虎门销烟到抗美援朝，只要是能增强民族自信心和自豪感的历史人物和历史事件，一概颠覆。利用多种形式对艺术创作进行创新，本无可厚非。但一些人为片面追求经济效益或吸引观众眼球等，对革命小说、历史剧等"红色经典"进行去英雄化、去神圣化改编，代之以庸俗化、桃色化，尤其是近年来在网络上对革命英雄人物进行恶搞、调侃等。如果不是出于无知，一定是有意。例如在由样板戏改编的小说《沙家浜》中，革命抗战主题被恶搞为"一个女人和三个男人"之间的风流故事，对革命历史的敬畏之心荡然无存。抗日英雄阿庆嫂被塑造成了周旋于胡传魁和刁德一之间的"潘金莲"式的风流女性，机智勇敢的我们党的代表人物郭建光被描写成了一个胆小怕事的窝囊废，草包汉奸胡传魁则被打造成"有一股义气在，还有一股豪气在"① 的英雄好汉，民族集体记忆中的革命英雄人物形象完全被解构颠覆。就连国民党抗战时期的军统女特工，因为暗杀汉奸丁默邨失败的事情，也硬是被导演李安借助电影《色戒》，颠覆成一个色情狂了。再例如，近期网上流行的调侃董存瑞炸碉堡是"因为手被排长事先偷偷抹了强力胶"；开涮"邱少云趴在火堆里一动不动为半面熟，还是赖宁的烤肉较好"；戏谑"喜儿一旦嫁给黄总，就会过上民主自由的幸福生活"；甚至央视某主持人在一段视频中公然辱骂开国领袖和诋毁革命历史；等等。这种颠倒历史事实和混淆历史是非，没有道德标准和法律底线，单纯追求感官刺激和商业利益的形形色色的"新理论""新观点"，挑战社会主义国家的政治底线、道德底线甚至国家法律底线，造成人们历史观的混乱，丧失对历史的鉴别力和对历史的敬畏感，产生对党的光辉历史和对社会主义道路的质疑，最终达到瓦解中国共产党执政的历史必然性的政治意图。

---

① 陶东风、和磊：《中国新时期文学 30 年：1978—2008》，中国社会科学出版社 2008 年版，第 40—41 页。

第三章

历史虚无主义思潮 21 世纪
重新泛起的背景

马克思主义认为，一定的社会意识是社会存在的反映。社会思潮是一定的经济、政治、思想文化等社会历史条件的产物，任何社会思潮都有其产生的"特定环境"，也就是现实的必然性。当前，"我国已进入改革发展的关键时期，经济体制深刻变革，社会结构深刻变动，利益格局深刻调整，思想观念深刻变化"[①]。在当今国际国内背景下，各国之间的思想文化交流日益频繁，国内的某种思潮都能在国际上找到根源或者得到呼应。

第一节　历史虚无主义思潮泛起的国际因素

从国际上看，东欧剧变使世界社会主义运动处于暂时低潮；"资"强"社"弱的总体格局没有改变，社会主义和资本主义两种制度在全球范围内既合作又充满竞争，"和平演变"与反和平演变的斗争更加激烈；反对马克思主义、否定社会主义的错误思潮将长期

---

① 《十七大以来重要文献选编》（上），中央文献出版社 2009 年版，第 110 页。

存在。这些是历史虚无主义泛起的主要国际背景。

一　世界社会主义运动总体处于低潮

20世纪80年代末90年代初，以东欧剧变、苏联解体为标志，国际共产主义运动遭受重大挫折，暂时处于低潮。历史虚无主义思潮的重新泛起，正是在这样的国际背景下发生的，进而影响了当时人们的思想走向。1956年苏共二十大上，赫鲁晓夫在《个人崇拜及其严重后果》的秘密报告中全盘否定了斯大林领导的苏联革命、建设所取得伟大成就和历史贡献，报告在国内外引起了巨大反响，导致了苏联人民极大的思想混乱，引起了世界范围内反共反苏的浪潮。苏共领导人的权威形象顷刻崩塌，社会主义和共产主义的主流意识形态和价值体系遭受重创。苏共领导集团开始走上了一条自我丑化、自我否定的机会主义路线。20世纪80年代中期，被称为苏共"二十大的产儿"的戈尔巴乔夫"改革"，通过全盘否定革命领袖及其功绩，进而否定社会主义制度和共产主义远大目标，最终达到否定苏共执政地位的企图，按照西方模式重新创立的所谓民主社会主义制度取而代之。苏共垮台、苏联解体的事件，使国内外一些反苏反共人士弹冠相庆。一时间，社会主义"失败了"、马克思主义"过时了"、共产主义"渺茫"论等论调甚嚣尘上，一些人更因为社会主义实践暂时遭受困难和挫折而悲观失望，理想信念动摇，企图另寻他路。

在世界社会主义运动陷入低潮的国际大背景下，一些人利用我国改革开放不断深化这一历史契机，以"解放思想"的名义，蓄意歪曲我们党领导革命和建设的历史，妄图摧毁共产党执政的历史根基，试图把中国的发展纳入西方资本主义体系，使我国的改革"改向"。历史虚无主义正是在这样的国际背景下重新泛起。

二 西方国家推行"和平演变"战略

自20世纪50年代美国国务卿杜勒斯提出"和平演变"社会主义国家战略以来，西方反共势力对待社会主义制度和社会主义国家，公开一贯的做法是坚持"两手"打击策略。一是保持武力威慑；二是在武力威慑不能奏效的情况下，转而采取一种"超越遏制战略"，加强意识形态领域的思想文化渗透，通过对社会主义国家内部势力的和平演变，达到不战而胜颠覆社会主义国家制度的险恶目的。

自从第一个社会主义国家苏联建立以后，西方敌对势力一刻也没停止过对社会主义国家的"和平演变"，企图将它扼杀在萌芽状态。但在列宁和斯大林的英明领导下，俄共带领各族人民顽强奋斗，克服重重困难，取得了革命和建设的胜利，巩固了新生的苏维埃政权。西方反共势力看到武力的一手对苏联已失去作用，便转而采用"和平演变"战略，主要是思想文化渗透，瓦解人们对苏联社会主义革命和建设的历史、苏共英勇斗争史的正确的历史认识，否定马克思主义在意识形态领域的指导地位，摧毁人们对坚持苏共领导和苏联社会主义制度的信仰，为社会主义国家的历史虚无主义思潮高唱赞歌。尼克松则赤裸裸地表达了这种企图，他说："要进行争取世界人民'民心'的竞赛。""随着一代一代往下传，我们将开始看到和平演变的进程在东方集团中扎下根来。""它播下的不满的种子，有一天将开出和平演变的花朵。"① 而苏联的领导集团正好迎合了西方国家"和平演变"这一战略企图，最终造成党内外思想混乱和社会政局动荡。从赫鲁晓夫时期否定斯大林开始造成人们思想混乱，在世界范围掀起反共反苏的浪潮开始，到戈尔巴乔夫在20世纪80年

---

① ［美］尼克松：《真正的和平》，世界知识出版社1984年版，第94、95、92页。

代推行的所谓"人道的民主的社会主义"改革，意识形态领域推行指导思想多元化，否定马克思列宁主义作为党的指导思想，而改用别的思想或者理论作为指导，导致意识形态领域的全面失控，使改革中的苏联顿时思想混乱和价值观迷茫。特别是戈尔巴乔夫掀起的所谓"公开性"批判浪潮中，从史学界扩大到文学理论界，从对斯大林的批判扩大到对斯大林时期社会主义政治体制的批判，从对苏联社会主义 70 年历史的批判扩大到对苏联思想文化领域的历史全盘否定的思潮。在这一轮否定社会主义制度、否定共产主义目标，抹煞苏联社会主义历史成就的历史虚无主义思潮的冲击下，使苏联不少知识分子和党员干部理想信念发生动摇，开始迷恋西方道路和生活方式，最终在西方"和平演变"的强大战略攻势下，不战而败。

东欧剧变以后，西方反华反共势力借机中国改革开放，在保持强大军事威慑的同时，更加侧重从意识形态和政治制度上"和平演变"中国，大力推销其价值观念和政治制度，试图借助历史虚无主义思潮分化中国民众的思想，瓦解破坏中国主流意识形态的影响力和凝聚力。他们甚至认为，向中国青年一代灌输西方的基本价值观念，比传授科学知识更为重要，甚至认为这是西方在中国培养训练"代理人阶层"的重大举措。正如美国共和党参议员赫尔姆斯 1987 年在美国国会会议上赤裸裸地所说："现在是告诉中华人民共和国当局的时候了：这里没有免费的午餐（资助中国留学生）。慈善固然是一个因素，但绝不是首要因素。我们是怀有明确的外交政策目的的。我们的目标是让在美国的外国留学生接受作为美国立国之本的自由、民主原则的熏陶。"[1] 再比如近年来，美国对"藏独""疆独""台独""港独"等民族分裂势力虚无中国历史行为、歪曲中国民族历

---

① 刘洪潮：《西方和平演变社会主义国家的战略策略手法》，湖北人民出版社 1982 年版，第 101—102 页。

史的错误言论的支持；美国一些机构还在中国赞助、拉拢具有自由主义"理论素养"的学术团体、学者和反动分子，通过对其刻意包装和粉饰，将其推到传播历史虚无主义的国际舞台前沿，支持其"向过去告别"。……可以说，历史虚无主义在中国的泛起离不开西方国家的支持。

三 西方后现代主义史学思潮的渗透

随着经济全球化和我国对外开放力度的加大，发端于西方的后现代主义史学思潮传入我国。后现代主义史学坚持历史相对主义态度，主张客观历史是不可知的，这种历史不可知论对我国思想领域中居主导地位的唯物史观产生了较大冲击。

后现代主义史学思潮是20世纪70年代发轫于西方的一种唯心主义史学思潮。这种思潮以历史事件的单一性、历史事件的不可预测性、历史认识的相对性、历史选择性等来否认历史的客观性及人类社会历史发展的客观规律。它片面强调人的主体性、人的理性和自由意志是社会历史发展的动力，反对马克思主义的历史决定论。正如后现代主义史学思潮的代表人物美国学者怀特·海登认为："任何历史事实都不可能超越表达这些历史事实的话语形式，历史学家和哲学家所写的著作没有什么不同，历史学家在写历史的时候，与其说是追求真理，不如说是追求语言的修辞成果。历史语言与文学语言没有什么区别，它并不享有可以讲述真理的特权，它与文学话语一样，都是书写表达某种愿望的'虚构故事'，是人们想象的产物。"[1] 这样，夸大了历史叙述者用自己的情感、价值观和意识形态"构想""历史事实"的比例和作用，在历史认识论上否定了历史的

---

[1] 杨共乐：《后现代主义史学评述》，《高校理论战线》2003年第6期。

客观性、科学性和整体性。历史虚无主义就是以这种历史观为基础的。当20世纪80年代国际上出现"资强社弱"的总体形势时，在欧美史学界则出现一股否定革命、鼓吹改良的历史相对主义思潮。一段时期以来，英美史学界出版了大量以攻击、否定革命为主要内容的书籍和论文，一些历史学家借否定英法资产阶级革命而猛烈攻击十月社会主义革命的历史贡献，提出对以前"革命"的历史定位错误，现在要重新评估、重新定位的叫嚣。国外史学家对于中国史的研究，也是这样。美国杜克大学德里克教授对此有深刻研究，他在《革命之后的史学——中国近现代史研究中的当代危机》一书中指出，在20世纪60—70年代，欧美汉学界对中国近代史的研究，基本范式一直是以对革命的正面评价为主导。"革命给中国引进了一种新型政治，使远比此前为多的人们得以参与政治，使无权言政的人们得以发言，它将人们从过去的被压迫状态中解放出来，并使他们摆脱了传统的思想奴役。革命使中国摆脱了帝国主义，并转变为一个现代主权国家。革命还清除了或由历史形成的、或由近代帝国主义导致的种种发展障碍，解决了发展问题。"[①] 但是，到了20世纪80年代，由于受到后现代唯心史观的影响，欧美"汉学界"由对革命的正面评价开始转为对革命的否定性评价，并对我国的当代史学研究产生了恶劣影响。与此相呼应，国内一些学者盲目崇拜甚至照搬西方史学理论，刻意渲染革命对社会历史发展的破坏作用，极力吹捧历史上的改良运动，竭力进行颠覆历史的活动。如有人打着"回望二十世纪"的旗号，主张用"告别革命论"，"解构"20世纪的革命理论和正统意识形态。在"告别革命论"者那里，辛亥革命被认为是受到激进思想影响的产物，辛亥革命的发生阻碍了中国现

---

① 梅荣政、杨军：《理论是非辨——用社会主义核心价值体系引领多样化社会思潮》，中国社会科学出版社2013年版，第330页。

代化的进程，其大可不必发生。"清朝的确是已经腐朽的王朝，但是这个形式存在仍有很大意义，宁可慢慢来，通过当时立宪派所主张的改良来逼着它迈上现代化和'救亡'的道路；而一下子痛快地把它搞掉，反而糟了，必然军阀混战。"[1] 并煞有介事地说"如果本世纪没有那么多革命，社会各方面无人管理、无序混乱、传统毁弃、动荡不安而带来的各种破坏和损失一定要小得多"[2]。该主张从唯心史观出发，无视革命发生的客观历史条件，想当然地认为革命可以招之即来，挥之即去，可以随心所欲地制造。实质上是要告别马克思主义，告别社会主义。可以看出，国内20世纪80年泛起的这股否定革命、特别是否定社会主义革命的历史虚无主义思潮，正好契合了国际上兴起的后现代主义唯心史观思潮，并且以其为理论基础和理论依据，以主观臆测代替对客观历史的研究，根据假设来臧否历史事件和人物，丝毫不顾客观历史实际，仅凭自己的主观意愿随意评人论史。

第二节　历史虚无主义思潮泛起的国内因素

一方面，我国公有制为主体多种所有制经济共同发展的基本经济制度决定了马克思主义作为主流意识形态的同时，不可避免地存在某些非马克思甚至反马克思主义的社会思潮。另一方面，我国的开放政策也不断向纵深推进，其深度、广度都是前所未有的，这个时期中西文化的碰撞也是最激烈的。而在"资强社弱"的总体形势下，西方文化的强大优势极易得到一些人特别是广大青少年的认同，

---

[1]　李泽厚、王德胜：《关于文化现状、道德重建的对话》1994年第5、6期。

[2]　李泽厚：《告别革命——回望二十世纪中国》，香港天地图书有限公司2004年版，第290页。

因此与"全盘西化论"接近的历史虚无主义思潮再次登上社会的舞台。还有一个不容忽视的因素，就是改革开放以来我国思想政治教育成效的弱化，给历史虚无主义思潮的泛起提供了条件。十一届三中全会以来，在以经济建设为中心的基本路线指引下，我们出现了"一手硬，一手软"状况，轻视和忽视了精神文明建设。国内外敌对势力利用资本主义和封建主义腐朽的思想文化进行渗透，腐蚀人们的灵魂，动摇人们对社会主义和共产主义的理想信念，企图从思想上俘房广大的人民群众。在市场经济利益的诱导下，一些新闻传播媒介如报纸和网站等，以解放思想之名行颠覆历史之实，刻意造成人们对历史的误解。只有让马克思主义为指导的社会主义思想文化占领我们的阵地，才能抵制历史虚无主义的侵蚀。

一　历史虚无主义思潮泛起的复杂社会基础

历史虚无主义思潮的泛起是我国改革开放和社会主义现代化建设这一特定历史时期逆流而动的一股社会思潮，是中国经济社会发展的产物。改革开放40年来，历史虚无主义思潮如影随行，潮落潮起，特别是在国际形势发生重大变化，我国社会急剧转型时期，它就会以极端尖锐的形式表现出来。20世纪80年代，随着我国改革开放的起步，资产阶级自由化泛滥，出现了一股以反对近代以来的一切革命，为帝国主义侵华史大唱赞歌，为封建主义招魂的历史虚无主义思潮。他们以批判"文化大革命"和否定革命领袖为名，反对近代以来的一切革命包括我们党领导的革命和建设的历史，乃至否定5000年中华文明史，等等。资产阶级自由化和四项基本原则是根本对立的。"搞资产阶级自由化，就是走资本主义道路。"[①] 针对党

---

① 《邓小平文选》第3卷，人民出版社1993年版，第124页。

内外出现的资产阶级自由化思潮，邓小平多次强调改革开放过程中要旗帜鲜明地反对资产阶级自由化，坚持"两手抓""两手都要硬"，必须把反对资产阶级自由化的斗争当成一项常抓不懈的政治任务。邓小平同志在1992年视察南方讲话时指出："在整个改革开放的过程中，必须始终注意坚持四项基本原则。十二届六中全会我提出反对资产阶级自由化还要搞二十年，现在看起来还不止二十年。资产阶级自由化泛滥，后果极其严重。"① 进入21世纪以来，国际环境波谲云诡，中国改革开放深入发展，社会结构深刻变动，观念碰撞尖锐激烈，各阶层的利益关系发生了重大调整，由此也带来了一系列社会问题，主要是贫富差距扩大、社会阶层分化问题凸显、各种深层次矛盾逐渐显现、贪污腐败屡禁不止，人民内部矛盾和多种利益关系日益复杂，人们思想上的困惑需要及时予以解答，这些为历史虚无主义思潮的生存和发展提供了现实机会，使得反对历史虚无主义思潮的斗争更为艰巨、复杂。因此，党内极个别党员以及腐败变质分子、个别私营企业主、资本控制下的媒体、部分在校大学生成为历史虚无主义思潮泛起的社会基础。

党内极个别党员以及腐败变质分子带头散布历史虚无主义错误观点，成为历史虚无主义思潮的社会基础。改革开放以来尤其是近年来历史虚无主义思潮沉渣泛起，一些人颠倒历史事实，搅乱历史是非，制造思想混乱，瓦解人民群众对党的信任，在社会上造成了极其恶劣的影响。值得注意的是，一个时期以来，极个别党员丧失党的理想信念宗旨，无视党的纪律，视组织为各取所需、自行其是的"私人俱乐部"，利用纪念活动、网络论坛、报刊等平台或者在学术研究中公然发表丑化党史、军史和国史的谬论，极尽诋毁丑化革

---

① 《邓小平文选》第3卷，人民出版社1993年版，第379页。

命领袖、革命英烈之能事，起到了极其恶劣的作用。如某著名央视主持人，肆无忌惮诋毁革命领袖的视频一经公布，立即在社会上产生了极坏的影响，招致人民群众的强烈抵制和反对。在对外开放和发展社会主义市场经济条件下，产生了新的资产阶级分子和腐败分子、蜕化变质分子，也成为历史虚无主义思潮在党内的社会基础。①党内极个别人丑化党史、国史的言论和行为，玷污了共产党员的形象，败坏了党的政治纪律，社会影响恶劣，对这种害群之马，必须清除出党员队伍。

作为资本人格化身的一部分非公经济企业主（包括国际资本集团），随着其阶级意识的逐渐萌生，他们会本能地推崇资本主义制度而厌弃社会主义制度，这些人也成为历史虚无主义泛起的社会基础。作为意识形态表现形式的历史虚无主义根源于社会的经济基础之中，代表的就是这些国内利益集团和外国资本的利益。历史虚无主义就是为资本利益集团服务的一种错误思潮。随着我国改革开放的进一步深化，国际垄断资本作为社会主义市场经济的重要组成部分，对中国的影响越来越大，外国资本为了长期在中国攫取巨额利益，必须在中国寻找代理人，宣扬代表其利益的意识形态。非公经济作为社会主义市场经济的重要组成部分，在推动我国经济发展、解决民生中发挥了重要作用。但是，这些都是有条件的。当公有制的主体地位巩固时，非公经济包括进入中国的国际资本，可以说是中国特色社会主义市场经济的重要组成部分；反之，非公经济（包括国际资本）的性质就会发生变化，动摇公有制经济基础地位。鼓吹私有化和历史虚无主义本质上是一致的。他们通过支持一些鼓吹私有化的经济学家，以"学术"的名义，大搞历史虚无主义，就是要表达

---

① 龚云：《反对历史虚无主义思潮》，《乌有网刊》2014—05—27.

他们的政治、经济利益诉求，就是要跟共产党分庭抗礼，甚至取而代之。

资本势力控制的媒体集团和网络舆论平台，是历史虚无主义泛起的网络社会基础。近年来，由于资本集团渗透了几乎全部的网络媒体资源和部分有影响力的传统主流媒体资源，他们利用自己控制的媒体平台，操纵政治议题和社会话题，占领舆论阵地。比如发生在 2016 年 7 月的"赵薇戴立忍"事件，爱国网友议题集中在两个方面，一个是"抵制台独演员"，另一个是"资本控制舆论"，这两个议题直接触碰了国内分裂势力、亲美势力和国际资本势力的议题红线，长期被舆论压制，被"看不见的手"删帖，就算在共青团中央等被删又恢复的微博上已经几十万次，也根本上不了资本媒体的议题热搜。国内外反共势力利用"赵薇戴立忍"事件的传播力与影响力，策划了一起惊天舆论操纵，利用该事件来完成丑化"爱国主义"的战略目的，消解国内爱国主义力量，使国内外的爱国主义力量和社会主义力量处于污名化、边缘化状态，从而培养"和平演变"中国的群众基础和环境。当《小时代》公开为赤裸裸的物欲呼喊的时候，当《色戒》堂而皇之为汉奸正名的时候，当雷锋的英雄事迹被以"还原真实"的名义任意涂抹丑化的时候，当狼牙山五壮士的英雄事迹被以所谓"历史考据"的形式践踏污蔑的时候，社会主义国家、社会主义文化中对人民、对劳动、对烈士的所有赞美尊崇被一点点荡涤剥蚀，而偶像明星、资本大鳄的笑脸越发光彩照人……直至有一天我们猛然觉醒，这是一场通过娱乐形式的去意识形态化的渗透，是一场无处不在的革命，它重新塑造了我们的价值观念、思维方式、话语表达，这是一场在思想领域中改天换地、有可能政权易手的革命！可见，在这样的网络环境中，坚持社会主义、坚持马克思主义的声音被禁声，而那些大搞历史虚无主义，重写历史、党史、抗战史、内战史、抗美援朝史的议题或文章却大行其道，就见怪不怪了。这些历史虚无主义的舆论不是基于常理，甚至不是从基本事实出发，更没有解决问题的愿望，却导致了网民和群众对党和国家的误解和敌意。

大学生是历史虚无主义思潮侵蚀的主要对象和重要社会基础。近年来，历史虚无主义思潮在国内泛起并四处蔓延，当前已经渗透到高校校园，成为影响高校大学生的主要社会思潮之一。作为社会思潮风云际会的高校，自然成为历史虚无主义错误思潮"抢滩登陆"的桥头堡和前沿阵地，西方敌对势力把高校大学生作为西化、分化的重点目标和重点争夺对象。研究表明，历史虚无主义思潮对大学生的影响客观存在，一部分学生已经被模糊了政治信仰，扭曲了价值取向。大学生受其影响的原因是结构性的。首先，社会转型时期经济成分和经济利益的分化，必然导致价值观念的多元化，大学生通常容易受到不良社会思想的诱惑，这成为历史虚无主义影响当代大学生的深刻社会背景。其次，青年大学生对历史知识的"碎片化"认识和非理性思维，导致他们无法对自己关注的历史问题有一个全面的、整体的理解，使他们对历史虚无主义所宣传的看似"新颖"的历史观点缺乏理性鉴别、判断和思考，进而给历史虚无主义思潮的影响、渗透提供了主体性动因。最后，历史虚无主义以所谓揭露"历史真相"为名，以潜移默化的方式，把高校大学生作为重点影响对象，片面放大党史、国史以及革命领袖的错误，全面否定党领导人民建设社会主义的成就，以图削弱人民群众对党的信任，弱化党的领导的政治目的。历史虚无主义这种传播的隐蔽性、明确的现实指向性、长远的战略目标性等特征，从大学生的年龄和知识特征来看，是最好的传播对象。这成为历史虚无主义影响大学生的外部因素。

二　历史虚无主义思潮泛起的认识根源

历史虚无主义思潮的泛起与人们世界观和人生观的认识根源紧密相关。作为一种政治思潮的历史虚无主义的泛起和盛行，需要某些政治势力来响应和推动。说到底，其思想认识根源就是唯心史观和极端个人主义的人生观。在这种唯心史观的指导下，一些人以自己的价值尺度为尺度来臧否历史事实和历史人物，正好契合了敌对势力"和平演变"的需要。同时，一些人受资产阶级极端个人主义的人生观影响，违背历史事实，急功近利，沽名钓誉，满足自己当前的欲望和个人的目的。因此，这些成为推动历史虚无主义泛起的认识根源。

一些人质疑并淡化马克思主义唯物史观的指导，忽视历史发展的客观规律和阶级斗争在历史发展中的重要作用，不懂得一定的思想动机最终决定于一定阶级的物质利益的客观规律，往往夸大个人偶然性因素在历史发展中的作用。如有人在《告别革命——回望二十世纪》中曾指出的："个人的偶然因素可以在历史上起很大的作用，并不一定是必然的结果，也不是必然规律能预计的"，"现在历史已经全部否定了必然规律"。[1] 有学者在历史研究中以"价值中立"自我标榜，忽视其意识形态属性和政治性，丧失历史是非感和政治责任感。他们站在貌似"客观"公允的立场上为近代历史上的一切反动势力进行狡辩，同时却贬低洪秀全、孙中山等革命者。如一些人在"学术创新"的名义下，根据现实的需要随意解释、裁剪历史，由此提出了"新"观点，颠倒前人运用唯物史观得出的正确结论。他们否定太平天国运动是一场反帝反封建的革命运动的性质，

---

[1]　李泽厚：《告别革命——回望二十世纪中国》，香港天地图书有限公司2004年版，第9页。

而称其是一个没有任何进步意义可言的"笑话"。说"辛亥革命搞糟了","完全是近代中国特殊历史条件下革命志士鼓吹、争取的结果","给社会造成的破坏大于建设"。还说五四运动打断了中华民族文化的连续性,是中国一切政治灾难的肇始。如一些人面对浩如烟海的历史资料,抛弃马克思主义唯物史观,生搬硬套西方史学理论,沉迷于历史细节研究之中而不能自拔,因而不能把握历史的本质和规律。他们宣扬近代西方国家对中国发动的侵略战争是在帮助中国发展,中国近现代历史上一切抵抗战争包括抗日战争都是多余的。推测如果让清政府慢慢搞新政,中国也能实现现代化。再如一些人不做任何学术上的考证与甄别,任意歪曲、戏说历史,将历史变成商业化的消费品。他们极尽对革命领袖和革命先烈的侮辱诋毁之能事,其中,尤以网上流传的央视某主持人侮辱毛泽东和革命历史的一段视频为甚。如此种种,他们就像恩格斯批判的资产阶级那样:"资产阶级把一切变成商品,因而也把历史变成商品。由于资产阶级的本性,由于它的生存条件,它必然要伪造一切商品,它也伪造历史。因为在伪造历史方面最符合资产阶级利益的文章,赚钱也最多。"①

一些形而上学者脱离历史事实发生的客观具体条件,脱离历史运动的联系发展过程来进行分析。列宁指出:"在分析任何一个社会问题时,马克思主义理论的绝对要求,就是要把历史问题提到一定的历史范围之内。"② 这正是形而上学者们忽视或者刻意回避的问题所在。如一些人割裂历史联系的整体过程,把改革开放前后两个30年完全对立起来。要么认为我国改革开放后30多年来经济社会文化

---

① 《马克思恩格斯文库》俄文版第10卷,第104页,转引自刘大年《中国近代史问题》,人民出版社1978年版,第36页。

② 《列宁全集》第25卷,人民出版社1988年版,第229页。

建设取得了巨大成就，而改革开放前30年却出现了诸如"文化大革命"那样颠覆性的错误，因而用后30年否定前30年；要么认为我国改革开放后30年造成了一系列社会问题和矛盾，是在走中国特色的资本主义道路，因而用前30年否定后30年。用这种非此即彼的形而上学观点看待我们党发展历程中这两个不可分割的历史时期，必然不能全面客观地把握我们党带领人民进行社会主义革命和建设、进行改革开放的全貌，更遑论得出这两个不同时期都是我们党团结带领人民进行社会主义实践探索的本质特征了。胡锦涛在党的十八大上指出："在探索过程中，虽然经历了严重曲折，但党在社会主义建设中取得的独创性理论成果和巨大成就，为新的历史时期开创中国特色社会主义提供了宝贵经验、理论准备、物质基础。"① 这种辩证的分析完全符合历史实际。还有人割裂五四运动和我们党选择马克思主义、选择社会主义道路的历史必然性，甚至荒唐地认为国民党的溃败是最后的"突然腐败"导致的，等等，这种形而上学的分析历史问题的逻辑何其荒谬。还是列宁说得好："在社会现象领域，……如果不是从整体上、不是从联系中去掌握事实，如果事实是零碎的和随便挑出来的，那么它们就只能是一种儿戏，或者甚至连儿戏也不如。"②

　　一些人从个人的爱憎好恶出发，不能超越个人情感，难以保持客观的态度，必然会影响其对历史人物和重大史实的客观评价。如一些人对毛泽东的评价在很大程度上就是难以超越个人感情而作出客观的评价。一方面，在国内，绝大多数干部和群众对毛泽东和他开创的社会主义事业怀有深深的崇敬和热爱，他们深深感受到社会主义制度的优越性，他们有意淡化或者掩饰毛泽东晚年的错误给党

---

① 《十八大以来重要文献选编》（上），中央文献出版社2014年版，第8页。
② 《列宁全集》第28卷，人民出版社1990年版，第364页。

和国家造成的灾难这一客观事实，甚至有些人希望"文化大革命"再来一次。另一方面，一些"文化大革命"中遭受冲击或迫害的人，则以极端情绪化的态度对待毛泽东，他们夸大毛泽东晚年所犯错误并把其完全归结为所谓个人"品质"问题，极尽各种污蔑造谣之能事，编造各种不实之词，向毛泽东大肆泼污，一幅历史大揭秘的不平之态，目的就是希望中国放弃毛泽东开辟的社会主义道路，改旗易帜走上资本主义道路。超越个人情感客观看待历史事件和历史人物，梁漱溟为我们作出了范例。他在新中国成立初期与毛泽东那场著名冲突人所共知，根据梁漱溟在事后所受到的不公正待遇来看，在对毛泽东的评价上他最容易受感情因素的左右。但是，他晚年在被问及如何评价毛泽东的问题时却认为是自己伤害了毛泽东的感情，毛泽东不愧为中国历史上最伟大的人物，"没有毛泽东不能有共产党，没有共产党没有新中国，这个是百分之百的事实，百分之百的事实"①。

一些人对中国当下的时代特征缺乏正确的体会和认识，只见支流，不见主流。中国共产党在领导中国革命、建设和改革开放的实践基础上，开创了一条使国家繁荣昌盛、欣欣向荣的中国特色社会主义道路，走上了实现国家现代化的强国之路，使中国发生了翻天覆地的变化。这是党的历史的本质和主流。尽管我们曾经犯过一些错误，经历过一些曲折，但绝不能将错误无限扩大，借以否定中国共产党领导中国人民取得的革命、建设和改革开放的伟大成就。新世纪新阶段，我们又站在了新的历史起点上，吹响了实现中国梦的新号角，指明了深化改革开放的方向，我们比历史上任何时期都更有信心、更有能力接近中华民族伟大复兴的目标。胡锦涛在党的十

---

① ［美］艾恺采访：《这个世界会好吗：梁漱溟晚年口述》，东方出版社 2006 年版，第 126 页。

八大报告中指出："在改革开放三十多年一以贯之的接力探索中，我们坚定不移高举中国特色社会主义旗帜，既不走封闭僵化老路，也不走改旗易帜邪路。中国特色社会主义道路，中国特色社会主义理论体系，中国特色社会主义制度，是党和人民九十多年奋斗、创造、积累的根本成就，必须倍加珍惜、始终坚持、不断发展。"① 与此相反，一些人错读当下的中国，没有看到当下中国的改革开放是社会主义制度的自我完善与发展，而不是改旗易帜走资本主义邪路。

历史虚无主义有其存在的深刻社会基础和认识根源。因此，正确认识和对待历史虚无主义思潮，必须以马克思主义为指导，坚持和发展中国特色社会主义，大力打击党内腐败变质分子，用法律规范和引导非公经济的发展，高度警惕资本势力对网络舆论平台的掌控、垄断，坚决抵制历史虚无主义对大学生的侵蚀，以马克思主义的态度反对非马克思主义错误思潮。

---

① 《十八大以来重要文献选编》（上），中央文献出版社 2014 年版，第 9 页。

第四章

21 世纪初期历史虚无主义
思潮的新动态

近年来，历史虚无主义思潮不断发展蔓延，以否定革命历史为特征，在我国史学界、理论界和文化传播等领域泛起。历史虚无主义在发展蔓延中日益呈现多种表现形态且不同表现形态之间相互呼应，互为犄角，形成其发展的新动态。

第一节　历史虚无主义思潮的主要表现

历史虚无主义近年来成为国内有重要影响力的一种错误思潮，并在史学理论、文学艺术等领域呈现不断发展蔓延的势头，其核心是对"五四"以来，特别是我党成立以后的党史、国史、民族文化史等，借"历史考证"之名，颠覆人们的历史观、文化观和政治观，为实行资本主义道路寻找历史依据。

一　违背实事求是原则，否定和颠覆中国革命的历史贡献

近代中国面临的两大根本历史任务是争取民族独立、人民解放和实现国家繁荣富强，这就决定了近代以来中国历史的主题，即

为实现这两大根本性任务而进行革命斗争。中国共产党领导全国各族人民经历艰难曲折的革命斗争，赢得了民族独立和人民解放，开辟了中国通向现代化的道路，并且经过社会主义革命、建设和改革开放的光辉历程，在人类发展史上谱写了壮丽的社会主义新篇章。历史虚无主义认为中国在20世纪选择的革命形式，没有任何建设性意义，只对社会生产力起到大规模破坏作用，是幼稚和疯狂的表现，是一种负能量的积累，而改良则是一种正能量的累积。按照这种逻辑，中国近代109年中无数仁人志士和人民群众英勇奋斗的革命历史都是错误的，都应该从根本上予以否定。其中，"告别革命"论认为，五四运动把救亡推向新的高潮，把启蒙运动推进到以马克思主义为主流的阶段的实际结果是"救亡压倒了启蒙"，是走上了背离了人类文明的"歧途"，造成了中国历史的断裂，破坏了中国"正常的"历史进程，选择俄国的社会主义道路偏离了以英美为标准的资本主义发展道路，阻碍了社会生产力的发展。这种过早勉强建立起来的社会主义制度，也不过是小资产阶级的空想社会主义而已。他们由这种解构中国现代史的方法得出结论：中国当前最主要的是"补资本主义的课"，中国的改革开放就是改旗易帜，是对资本主义制度的趋归。一些人竭力贬损我们党领导的革命历史是一系列错误的累积，严重影响了中国现代化的进程，照此推演，必然得出否定党的领导正当性的谬论。历史虚无主义否定新中国成立后在马克思主义唯物史观指导下我国史学研究取得的巨大成就，主张用历史选择论取而代之，其实质是否定马克思主义在我国意识形态领域的指导地位。有的人竭力贬损和丑化毛泽东在中国革命中的地位和作用，妄图用"权谋论"取代客观历史事实。透过以上种种错误观点不难看出，历史虚无主义的目的就是妄图通过否定中国近现代历史，特别是否定我们党领导的革命和建设历史，进而否定四项基本原则，最终要使我国走向资本主义道路。

二 用所谓"现代化史观"取代"革命史观"，将革命和现代化对立起来

近代中国面临民族民主两大任务，即革命和现代化。这两个任务是一脉相承、相互促进的，只有完成民族独立和人民解放的民族革命任务，推翻帝国主义、封建主义和官僚资本主义的统治，才能为国家富强人民富裕的现代化建设开辟道路和提供保障。持所谓"现代化史观"取代"革命史观"论者以竭力否定争取民族独立和人民解放这一近代中国主旋律为前提，这就从根本上违背了近代中国的历史实际和首要的历史前提。经过上述"历史研究范式"的转换，现代化就成为近代中国发展的唯一要求和唯一主题，而革命则成了制造社会动荡、破坏社会稳定、阻碍中国现代化的消极力量。毛泽东指出："革命是干什么呢？就是要冲破这个压力，解放中国人民的生产力，解放中国人民，使他们得到自由。所以，首先就应该求得国家的独立，其次是民主。没有这两个东西，中国是不能统一和不能富强的。"[1] 在这种"现代化史观"研究范式指导下，有人质疑当前的中学历史教科书中关于反帝爱国的义和团运动的论述，根本不是在弘扬爱国壮举，而是在逆世界文明潮流而动。这种所谓的"现代化史观"，极力为帝国主义列强侵略中国翻案，严重违背历史事实，把革命和现代化对立起来，造成了人们思想的混乱和恶劣的社会影响，目的就是为了否定中国近现代历史上的革命斗争。对此我们必须引起高度重视和警惕。

---

① 《毛泽东文集》第3卷，人民出版社1996年版，第432页。

三 虚无阶级分析方法，为已被历史淘汰的旧势力做翻案文章

阶级分析方法是运用唯物史观研究历史的基本方法。列宁指出："必须牢牢把握住社会划分为阶级的事实，阶级统治改变的事实，把它作为基本的指导线索，并用这个观点去分析一切社会问题，即经济、政治、精神和宗教等等问题。"[1] 历史虚无主义者反对这一阶级分析方法，主张用"超阶级""超党派"取而代之。近些年来，部分学者公然抛弃阶级分析方法，认为《蒋介石日记》中所记载的才是真实的蒋介石，历史记载和影视屏幕上的蒋介石都不是真实的蒋介石，是需要我们去重新考证的，进而提出"改写中国近代史"，为大地主、大资产阶级利益代表的蒋介石翻案；一些人美化帝国主义的侵略历史，为封建买办势力和官僚资产阶级鸣冤叫屈，把军阀混战饱受欺凌的旧中国回忆成了充满温情的美好时代，而把那些阻碍中国历史进步的封建势力的代表人物如慈禧、袁世凯之流称为是推动历史进步的英雄人物，胡说他们的主张和行为是顺应历史潮流、推动历史前进的力量，这种虚无主义历史观在电视剧《走向共和》中表现得淋漓尽致。其实质，就是以所谓的"客观"姿态，以否定人的社会性和阶级性的抽象人性论的唯心史观取代唯物主义历史观，颠覆和篡改历史。

四 "戏说""恶搞"历史，为娱乐、消费历史提供条件

随着互联网上微博、微信等自媒体的崛起，加上影视制作门槛降低，一批影视作品、通俗小说"任性"地"戏说""恶搞"中国近现代史。于是，历史虚无主义思潮借助娱乐化方式渗入世俗生活，

---

[1] 《列宁专题文集：辩证唯物主义和历史唯物主义》，人民出版社2009年版，第287页。

娱乐消费英雄及其事迹，其政治企图就是要颠覆人们正确的历史认知。例如个别抗日"神剧"，以戏谑历史的方式编造出"裤裆藏雷""手撕鬼子"等荒唐离奇的情节；再比如《沙家浜》被改编成"一个女人和三个男人"之间的情色故事，阿庆嫂被塑造成"潘金莲"式的人物，郭建光被描写成胆小鬼，而胡传魁则成了民族英雄……历史本身是庄严的，中国近现代史是一部中国人民反抗外族侵略，历经艰难险阻获得民族独立、人民解放，现在正日益走向伟大复兴的历史。历史虚无主义思潮用戏说、恶搞消费历史，用荒诞不经遮蔽历史真相，用虚无颓废亵渎崇高悲壮，必然破坏人民大众特别是青少年对中国近现代历史的正确认知，破坏民族精神的传承和社会主义核心价值观的培育。

五 推崇唯心史观，用历史假设颠覆历史

邓小平指出："已经客观存在着的历史，除了不断地加深对于它的认识、理解之外，是谁也改变不了的。"[①] 历史不能想当然。历史虚无主义凭借主观臆断，对历史进行任意的假设和随意的选择，是一种典型的唯心史观。只有把大量的历史资料和历史事实放在总的历史发展过程中去把握，找出这些事实和资料之间的相互联系，才能真正把握历史的发展规律和脉搏。而一些人却从自己的主观愿望出发，随意挑选一些历史事实进行拼接装扮，脱离客观的历史进程总趋势，任意进行各种假设，认为中国如果不发生武昌起义那样的辛亥革命，清政府如果实行改良的话，中国的未来则会如何的进步和美好，等等。在他们眼中，历史从来没有必然性的问题，而是可以随意假设的东西。例如，在关于近代以来中国革命道路的选择上、

---

① 《邓小平年谱》（下），中央文献出版社 2004 年版，第 714 页。

革命还是改良的方式选择上，历史虚无主义任意夸大主体的选择性而否定历史发展的客观规律性，荒谬地认为中国近代以来一次次地丧失了走资本主义道路发展工业文明的机会，从而让社会主义钻了历史的空子。我们认为，历史的前进是有多种可能性的，处在一定历史条件下的人们有"选择"的自由，但是，抽象地谈论"中国"的"两种选择"是没有什么意义的。历史认识的正确思维方向，不是去假设发生了的事情没有发生，而是剖析那发生了的事情何以发生，这才把握住了运用唯物史观分析历史的真谛。

第二节　历史虚无主义思潮的新动态

在意识形态领域里对历史虚无主义展开批判，是当前一场重要的政治斗争，我们要做好打持久战的准备。历史虚无主义在中国重新泛起近40年的历史过程中，理论学术界围绕其反对共产党领导、反对社会主义制度的本质，旗帜鲜明地从多个角度、多个层面向这一错误思潮展开了坚决的理论斗争，取得了一定成果，一定程度上遏制了其泛滥蔓延。党的十八大以来，以习近平同志为核心的党中央，对意识形态工作和党的历史总结运用工作高度重视，为我们在新时代坚持唯物史观抵制历史虚无主义指明了方向。需要注意的是，随着斗争的深入，近年来，历史虚无主义思潮在发展蔓延中出现了一些新动态，表现出一些新特征，这需要引起我们的高度关注。

一　由学术性研究转化为公开化的政治诉求

学术研究是历史虚无主义思潮的一个基本表现形态。历史虚无主义学术研究打着"学术反思""理性思考"的幌子，贩卖私货，从根本上否定唯物史观，反对马克思主义的阶级分析方法和历史辩证法，用历史片段或碎片化的事实来否定历史发展规律，建立起一套既解构历史又重构历史的新话语体系，把历史当成了任人打扮的小姑娘。例如，宣扬中国共产党的历史是一部"权力斗争史""阴谋史"，中国共产党及其领袖"罪孽深重"，新中国的历史是"苦难史"，等等，转而对阻碍历史前进且早已有历史定论的反动势力、反面人物歌功颂德，把推动历史前进的革命领袖和革命群众边缘化甚至丑化，继而把改革开放前后两个 30 年完全割裂开来，甚至有国内某知名大学教授公然宣称中国走向现代化的道路只能效仿英美"第一级"，而不是"朝着相反的方向走"。按照这种荒谬的逻辑推演，必然导致对中国特色社会主义道路和我们国家现实的政治制度的否定和质疑，颠覆历史已经作出的正确选择，搞乱人们的思想意识。其实质是试图动摇中国共产党的执政地位和中国走社会主义道路的必然性，其学术外衣的伪装逐渐褪去，现实性的政治诉求逐渐凸显。

在当今的社会思想舆论场上，历史虚无主义思潮从历史观、方法论到具体研究路径，已经从学术研究转到现实的政治诉求，其集中表现：一是错误地认为中国特色社会主义是"中国特色资本主义"，是人类历史的倒退，从而彻底否定中国特色社会主义的社会主义性质；二是借虚无党的历史和新中国的历史来虚无当下，从历史依据上抽掉中国走社会主义道路的历史必然性，彻底否定中国特色社会主义的历史进步性；三是故意无限放大我国现代化建设和改革开放实践中发生的一些诸如腐败、道德、民生、生态等矛盾和问题，把支流当主流，对中国特色社会主义大肆污名化，试图使我国改旗易帜，走向资本主义道路体系。

二 以反批判的形式争夺意识形态领域的话语权

近年来，学术理论界一直保持着对历史虚无主义的猛烈批判。

在主流的马克思主义学科视域中，学者们对历史虚无主义的本质、起源演变、现实表现和社会影响等方面已经形成共识：普遍认为其本质是通过否定党史、国史、军史而否定党执政地位和中国走社会主义道路必然性的一种政治思潮。其思想起源可以追溯到 20 世纪 20—30 年代的全盘西化论，20 世纪 70—80 年代，随着我国拨乱反正和进行改革开放和现代化建设这一特定历史时期重新泛起，20 世纪 90 年代至今是其发展的最新阶段，波及范围涉及历史学研究、历史题材的文艺作品及教育等领域。其现实表现为否定革命、侵略有功、否定新中国的成就、否定中华文明、妖魔化党的领袖等。其社会影响是搞乱了人们的思想，消解了党执政的合法性，迎合了西方国家策动"颜色革命"的战略图谋等。

历史虚无主义针对马克思主义理论学说对其展开的猛烈的批判展开了反批判，随着斗争的深入，有人接过了反对历史虚无主义的口号，对这一概念做出另一种解释。其典型手法是：其一，"反污"我们党的指导思想马克思主义及其指导下的历史认识体系是教条主义的历史虚无主义，这种教条主义历史观最终"走向极端的历史虚无主义"①，进而以更加彻底的形式否定党和新中国的历史；其二，攻击中国共产党"虚无了 20 世纪中国历史"，否定 20 世纪中国历史进程及其客观发展规律；其三，利用各种资本控制的种种媒体特别是互联网新媒体，在网络空间对历史虚无主义的批判者展开围攻。例如 2015 年第 7 期《红旗文稿》刊发北京大学原副校长梁柱同志题为《怎样才能做到真正的历史清醒》的文章，该文标题被恶意篡改擅加为《盲目追求真相不讲立场就是历史虚无主义》后，在网络上引发不少大 V 的疯狂转发，并被广大不明真相的网友大肆谩骂和恶

---

① 尹保云：《要警惕什么样的历史虚无主义》，《炎黄春秋》2014 年第 5 期。

意人身攻击。

历史虚无主义思潮是我们党在十三届四中全会以后，作为资产阶级自由化的一种表征而提出来的一个特定政治概念，有其特定的内涵、实质及其理论表现形态。然而历史虚无主义为了把水搅浑，倒打一耙，篡改历史虚无主义概念，抢夺舆论宣传的制高点和话语权，为历史虚无主义其他错误理论的传播蔓延打通道路，这标志着我们与历史虚无主义的斗争进入了一个新阶段。

三 利用网络新媒体塑造社会舆论和社会心理

随着网络新媒体的飞速发展，各种论坛贴吧、博客、微博、微信等新媒体平台被历史虚无主义进行传播广泛利用，网络新媒体正日益成为各种历史虚无主义观点抢占的舆论主阵地。

近年来，历史虚无主义变换姿态，在网络新媒体中的集中表现，就是用所谓的"控诉""曝光""鞭挞"之类的言论，以讲故事、编段子的生动形式，极尽其丑化虚无革命领袖、英雄人物的革命事实之能事，显示出强烈的政治干预性、煽动性。例如，近年来对邱少云、黄继光、董存瑞、罗盛教、刘胡兰、狼牙山五壮士等革命英烈以及雷锋、赖宁等新中国道德楷模的"系列英雄诋毁说"，他们站在以所谓的"常识""客观"的角度和立场上，质疑英雄事迹的真实性，而潜台词是英雄的事迹都是"伪造"，我们是被政治包装的所谓英雄"事迹"蒙骗了，中国政府毫无可信而言，等等。这种现象在网络新媒体里并不少见。2013年9月1日，网名为［IN汉中］的网友转发了一条微博图片，是街头一个卖豆腐的摊点，广告牌上面挂的是伟大领袖毛泽东同志的画像，配有"香飘千里，遗臭万年"字样。遗憾的是，这条微博在网上迅速蹿红，不但没有人制止竟还有不少人点赞！这种刻意调侃、恶搞革命领袖的历史虚无主义做法，实际上是对党史、国史和革命领袖的藐视和亵渎。究其根源，是其妄图通过网络新媒体散布谎言，制造舆论和政治混乱，对社会舆论和社会心理进行塑造，以达到消解社会主义主流意识形态的舆论氛围，根本否定党的领导和社会主义制度的政治目的。

四　质疑改革开放和中国特色社会主义道路

2018 年以来，一些人受西方"普世价值"和自由主义思想的影响，通过割裂改革开放前后两个历史时期的相互关系，达到对中国革命、建设和改革开放历史的否定。他们认为改革开放前 30 年的历史实践，也没能让人民富裕起来，而是一系列灾难的延续。改革开放后的 30 年，人民生活虽然有所改善，但是带来的问题要比成就大。历史虚无主义者认为，正是由于改革开放，导致腐败蔓延、两极分化、社会道德滑坡、生态灾难频发等等，而对改革开放以来我们国家经济总量的持续增长、党和政府治理腐败的决心和策略、精神文明建设和美丽中国建设等事实和伟大成就则采取刻意回避和极力否定的态度。实际上，历史虚无主义者正是为了迎合西方国家颠覆、分化中国的图谋，丧失民族和国家尊严，通过否定改革开放的伟大成就来否定中国特色社会主义道路和共产党执政的历史必然性。

对此，我们必须立足于中国特色社会主义理论和实践，必须从理论和实践上对其进行严肃批判，明确社会主义建设和改革开放对当代中国社会进步和发展所作出的重大历史功绩，揭穿少数人借用所谓的西方自由主义思想和"普世价值"理论来攻击中国政府的种种图谋，捍卫中国政府和共产党执政的合法性。

五　加紧对青年大学生群体渗透

历史虚无主义通过歪曲历史来否定共产党的领导和社会主义制

度，借用互联网新媒体渠道，采用神圣历史妖魔化、黑暗历史漂白化、沉重历史娱乐化等方式加紧对青年大学生群体渗透，已是不争的事实。大学生由于自身缺乏社会经验，对错误思想理论的是非鉴别能力不强，再加上青年人敏感好奇的心理，极易被历史虚无主义者精心包装的所谓"新观点""新理论"等渗透侵蚀，往往来不及分析辨别就全盘接受。调查显示，在各种错误思潮中，大学生更倾向于受历史虚无主义思潮的影响是客观存在的，并且在青年大学生中已有一定市场。武汉大学有关课题调查表明，在被调查者中，有占 20.48% 学生认为五四运动是激进思想的产物，有占 13.21% 的学生认为 20 世纪的革命方式给中国带来了深重灾难；有占 14% 的学生赞同中国现代化要走英美资本主义道路；有占 8.89% 的学生认为中国选择社会主义道路是一种脱离英美道路的错误选择。甚至有占 4.76% 学生认为西方国家的侵略实际是帮助了中国发展。① 虽然大学生对这些错误观点认同度不是很高，这一定程度上说明我们在党史、国史教育方面确是取得了效果，但是，另一方面也说明历史虚无主义对高校大学生渗透不容小觑。历史虚无主义在高校大学生中的传播渗透，造成他们历史观的紊乱和理想信仰的迷失，造成他们对民族意识的曲解和价值判断标准的混乱，甚至威胁到社会的和谐稳定。在网络新媒体环境下，思想领域的争锋、较量更加复杂、激烈、尖锐、隐蔽。意识形态斗争复杂化和社会思潮多样化叠加，历史虚无主义错误思潮急于在高校"抢滩登陆"，企图影响青年知识分子和争夺青年大学生。对于中国共产党而言，执政的一大优势是赢得青年，执政的风险则是失去青年。如何有效应对历史虚无主义思潮这一新动态，是当前高校意识形态安全建设中的一个严峻挑战。

---

① 冯刚：《高校马克思主义大众化研究报告》（2010），光明日报出版社 2010 年版，第 21—22 页。

历史虚无主义思潮的种种新动态表明，其已经在社会不同层面、不同领域产生了强大的能动性和影响力，正在对人们的历史观念、价值取向和国家民族情感方面产生着强大的改造作用。因此，应根据历史虚无主义的新动态，对其打出"组合拳"。既要加强正面宣传、引导和阐释，使主流意识形态深入人心，为人民群众所理解、认同和掌握，又要及时分析其新动态，掌握主动权，打好主动仗；既要敢于运用马克思主义唯物史观批判当前历史知识社会化中的错误倾向，为马克思主义史学的发展做出积极有益的贡献，又要向社会展现我们批判历史虚无主义思潮的研究成果，使大众认识到这一思潮的危害；既要充分利用网络舆论的强大正向功能，占领互联网宣传思想主阵地，又要加强对互联网新媒体和影视文艺出版作品等的科学管理；既要鼓励支持理论界专家学者冲锋在前，敢于发声、亮剑，又要保护引导民间组织正能量作用的发挥。

第三节　历史虚无主义思潮的实质及危害

历史虚无主义是唯心主义的历史观，它通过反历史、反科学的研究方法，表现出它的唯心主义历史观。在改革开放和社会主义现代化建设的历史进程中，历史虚无主义思潮重新泛起，这种错误思潮具有很大的欺骗性、迷惑性和渗透性。

一　历史虚无主义思潮的实质

历史虚无主义，是我们党在反对资产阶级自由化过程中提出来的一个特定政治性概念。在邓小平理论著作中没有出现过历史虚无主义的概念，但其思想精髓中始终贯穿着反对历史虚无主义的深刻思考。"文化大革命"结束以后，随着我们国家改革开放的进一步深化发展，在国内外气候的双重作用下，作为历史虚主义必然产物的资产阶级自由化思潮全方位蔓延。对此，邓小平给予坚决抵制。邓小平指出："搞资产阶级自由化，就是走资本主义道路。"① 1979 年 3 月，邓小平在党的理论工作务虚会上提出了"坚持四项基本原则"的要求。他要求"用巨大的努力"同这个思潮"作坚决的斗争"。针对一个时期以来社会上出现的"非毛化"错误观点，他强调指出毛泽东思想的旗帜不能丢，丢了就等于实际上否定了我们党的光辉历史，那就要犯历史性的错误。其后，我们经历一波又一波反对资产阶级自由化的斗争，斗争的核心事关党史、国史和革命史的评价问题，1989 年的那场迟早要来的政治风波就是这场斗争的全面爆发。因此，党的十三届四中全会以后，党中央在回顾总结这场严峻的政治斗争时，在党的文件中首次明确使用了"历史虚无主义"这个概念，把"历史虚无主义的滋长"列为"一个时期以来，资产阶级自由化思潮的泛滥"② 的表现。

改革开放 40 年来，历史领域仍然是意识形态斗争的重要战场，围绕着对历史的评价的斗争一直没有停止。这是因为"敌对势力要搞乱一个社会、颠覆一个政权，往往总是先从意识形态领域打开突破口，先从搞乱人们的思想下手"③。新的历史时期，历史虚无主义虽然表现出各种各样的新变化、新动态，它作为资产阶级自由化的重要表现之一，本质始终没有变。习近平总书记深刻揭示了围绕历史问题斗争的政治性质和历史虚无主义的实质，他尖锐地指出："古人说：'灭人之国，必先去其史。'国内外敌对势力往往拿中国革命史、新中国历史来做文章，竭尽攻击、丑化、污蔑之能事，根本目

---

① 《邓小平文选》第 3 卷，人民出版社 1993 年版，第 124 页。
② 《江泽民文选》第 1 卷，人民出版社 2006 年版，第 94 页。
③ 《十六大以来重要文献选编》（中），中央文献出版社 2006 年版，第 318 页。

的就是要搞乱人心，煽动推翻中国共产党的领导和我国社会主义制度。"①

历史虚无主义是一种唯心主义的历史观，否定历史的规律和意义，解构整体的历史观，通过精心挑选的"历史事实"，根据政治需要进行"选择性虚无"的一种政治思潮。其实质是否定党的领导和社会主义制度。这表明，历史虚无主义是在西方各种以唯心主义历史观为哲学基础的错误思潮的影响下，适应西方敌对势力对我国实施和平演变战略的政治需要和国内反社会主义势力的策略变化而重新泛起的一股政治思潮。它脱离客观历史事实，以自己的主观价值尺度为尺度，尤其是以政治价值尺度为尺度对历史进行剪裁、重塑，背离了最起码的客观标准，是实用主义在历史领域的典型表现，与马克思主义唯物史观根本对立。它所反映的不仅是文化问题，更是政治问题；不仅是对待历史的态度，更是对待现实的态度。这种"选择性虚无"表明，一方面，他们选择对党史、国史、军史以及领袖和民族英雄进行虚无，另一方面，对于已被历史定论的反动势力和反动人物等开历史的倒车者，非但不加否定反而一味美化。这种对历史"选择性虚无"的政治实质，就是妄图从历史领域打开缺口，通过对历史的否定来达到对现实的否定，取消马克思主义的指导地位，抽掉共产党执政和走社会主义道路的历史依据。

从世界观看，历史虚无主义是否定唯物史观的基本立场和观点，坚持以实用主义哲学为基础的主观主义的唯心史观。历史虚无主义借口历史事件和历史人物出现的偶然性，慨叹历史的无常和无奈，视历史为不可捉摸的神秘过程，否定历史发展的客观规律性与人们的自觉能动性的统一性，否定历史的物质动因和规律性。马克思明

---

① 《十八大以来重要文献选编》（上），中央文献出版社2014年版，第113页。

确地表述了自己的唯物史观："这种历史观就在于：从直接生活的物质生产出发阐述现实的生产过程，把同这种生产方式相联系的、它所产生的交往形式即各个不同阶段上的市民社会理解为整个历史的基础，从市民社会作为国家的活动描述市民社会，同时从市民社会出发阐明意识的所有各种不同的理论产物和形式，如宗教、哲学、道德等等，而且追溯它们产生的过程。"① 唯物史观认为，人对自然的关系不在历史发展客观规律之外，从而历史就不是偶然的重大历史事件和历史人物的历史，不是历史之外抽象原则宰制的历史，更不是宗教和一般理论斗争的历史，而是人民群众的物质生产活动创造的过程，它通过具体的历史事件和历史人物开辟道路，而且会因为偶然的事件和人物而影响进程和道路，但不会改变历史发展的前进方向和趋势。

历史虚无主义的唯心史观不同于客观主义的唯心史观。客观主义的唯心史观并不否定历史发展的客观规律性，并不否定人类活动的意义（比如神学历史观并不否定人类活动的意义，只是把这种意义置于永恒的上帝存在），只是把这种规律性和客观性以及人类活动的意义视为来自某种神秘的客观精神的支配（如上帝、公共意志、绝对精神等）。在客观唯心主义者看来，人对自然的关系是外在历史规律的，仅仅是历史规律的外在体现者和被动接受者，除了接受神秘的命运和规律安排以外，别无选择。二者的根本区别在于，历史虚无主义不承认整体的历史观，反对历史的宏大叙事和意义，反对一切固定的意义的存在，反对一切形而上的终极价值和追求，消解判定历史的客观标准和一切历史地形成的尊严，使历史的厚重感蜕变为"生命不能承受之轻"。

---

① 《马克思恩格斯选集》第 1 卷，人民出版社 2012 年版，第 171 页。

历史虚无主义是主观主义的唯心史观，但又区别于英雄史观。主观主义唯心史观根本点在于，它看不到历史发展的本质和规律性，把历史的动因归结为由少数英雄人物的主观情感和意志决定的，或者归结为纯粹的偶然历史事件。英雄史观是历史上长期占据主导地位的主观主义的唯心史观，它肯定英雄人物的情感意志决定历史的进程，并且夸大这种力量和影响；历史虚无主义淡化英雄人物的积极作用，虚无一切历史人物和历史事件的历史意义，取消历史价值本身。可以说，历史虚无主义和英雄史观行走在主观主义的唯心史观的两个极端。

从方法论上看，历史虚无主义肢解历史的整体性并形而上学地对待历史，常常采取否定一切的态度，彻底否定历史的积极意义。这也是历史虚无主义陷入主观主义的唯心史观的主要原因。历史虚无主义割裂必然性与偶然性的辩证关系，看不到偶然性的历史事件和历史人物出现所体现的必然性，造成历史似乎完全是偶然性的表现。马克思主义唯物辩证法认为，必然性通过大量的历史偶然性表现出来，并为自己开辟道路。把某一历史事件的发生看作完全偶然因素作用的结果，而看不到其背后的必然性动因，这是一种形而上学的思维方式。这并不是忽视历史主体的主观能动性，而是反对把这种能动性看作一种随意的创造，强调制约历史主体的客观历史条件，强调历史发展的客观进程。历史虚无主义抛弃唯物辩证法，搞形而上学，必然反对马克思主义的历史辩证法。正如恩格斯所说："唯物主义历史观及其在现代的无产阶级和资产阶级之间的阶级斗争上的特别应用，只有借助于辩证法才有可能。"① 比如十月革命的胜利、中国共产党领导的资产阶级民主革命的胜利、新中国的成立等

---

① 《马克思恩格斯选集》第 3 卷，人民出版社 2012 年版，第 746—747 页。

重大历史事件，并不是偶然发生的，它是国内外各种复杂矛盾相互作用的必然结果，也是人类现代化进程中符合各国自己国情的必然选择，而不是某些人所说的是"制造"出来的。那种不顾历史大背景的假设和想象，最多只是黑格尔所说的"批评的历史"，这种历史观"以主观的幻想来代替历史的记录，幻想愈是大胆，根基愈是薄弱，愈是与确定的史实背道而驰，然而他们却认为逾是有价值"①。再如，历史虚无主义对毛泽东的评价，其片面性、绝对化达到了极端，中外史上罕见。他们从诋毁毛泽东和毛泽东思想的需要出发，无视近代中国的社会性质和主要矛盾，无视以毛泽东为核心的党的第一代中央领导集体自觉顺应历史发展潮流的要求，带领中国人民实现民族独立人民解放，进而实现国家繁荣人民富裕（现代化）的奋斗目标并奠定重要基础的伟大贡献，而是不顾当时的具体社会历史环境影响以及错误产生的多方面原因，处心积虑地挖掘毛泽东的错误，甚至从毛泽东的婚姻情感、政治恶意和心理性格等主观因素出发，进行道德绑架和评判，甚至不惜杜撰所谓"史实"。完全无视无产阶级杰出领袖所处的具体历史条件，完全无视人类历史进程归根结底取决于客观社会经济条件的唯物史观的基本规律，全盘否定毛泽东。这种抛弃唯物辩证法的历史观，是注定无法得出全面、客观的结论的，更别提最大程度接近客观的历史事实了。然而问题在于，历史虚无主义选择历史事实的理论前提没有摆脱黑格尔提及的"仆从们"的心理学视角②，没有认识到伟大人物的历史意义不在于他们是否犯过错误，不在于他们的个性、品德、情感、意志力方面

---

① ［德］黑格尔：《历史哲学》，王造时译，上海书店出版社1999年版，第7页。

② 在黑格尔看来，"仆从眼里无英雄"，根源在于精通人情的仆从们虽然知道英雄的诸多细节，但根本不懂英雄的伟大所在，因而常把英雄拉低到和他们同样的道德水准，这"不是因为英雄不是英雄，而是因为仆从们只是仆从"（黑格尔：《历史哲学》，王造时译，上海书店出版社1999年版，第33页）。

是否完美无缺，而在于他们的伟大行为及其后果是否符合历史规律和趋势，也不在于他们搜集到的历史材料的真伪，而在于他们评价这些材料的视角和方法。也就是说，历史虚无主义不能全面地、客观地、历史地评价历史人物，仅从伟人的生活琐事和曾经犯过的错误出发，试图把伟人降到"仆从们"的水平，甚至全面抹杀伟人的历史贡献，这是以偏概全的形而上学做法。恩格斯指出，形而上学一旦跨入对人类社会及其历史的认识领域，"它就会变成片面的、狭隘的、抽象的，并且陷入无法解决的矛盾，因为它看到一个一个的事物，忘记它们互相间的联系；看到它们的存在，忘记它们的生成和消逝；看到它们的静止，忘记它们的运动"①。

总之，这种摒弃马克思主义唯物史观，违背历史辩证法，坚持形而上学方法论的历史虚无主义，就从根本上脱离了历史研究的科学性和客观性，不可能得出真正的符合客观实际的历史结论，其在理论上和实践上都具有极大的危害性。反映在历史研究中，必然从自己的主观愿望和政治需要出发，其结果只能是虚无历史，构建自己臆造的"历史图景"，把历史当成自娱自乐的活动。

二 历史虚无主义思潮的危害

第一，要认清历史虚无主义思潮的严重危害，必须重视认真研究当代中国主要社会思潮相互之间相互影响相互制约的关系。仅仅研究某种思潮各自的特点，固然重要，但远远不够。必须把历史虚无主义思潮和当下各种社会主要思潮联系起来综合研究，才能全面认识和把握我国意识形态的整体形势。当前在我国意识形态领域，历史虚无主义作为一种反马克思主义的思潮，其否定革命、否定进

---

① 《马克思恩格斯选集》第3卷，人民出版社2012年版，第396页。

步的性质，受到了对我国改革开放和社会主义现代化建设干扰比较大的两股错误思潮即民主社会主义和新自由主义思潮的青睐并成为二者之基础，三者表现出相互结合、相互补充、相互作用的特点。三股思潮沆瀣一气地反对共产党、反对社会主义、反对马克思主义，这是其政治上的共同之处。而历史虚无主义又妄图从文化和历史领域理论深层毁灭唯物史观关于历史发展规律、中国走社会主义道路的历史必然性的观点，又正好弥补了民主社会主义和新自由主义两种错误思潮侧重于从现实角度和经济政治领域反对马克思主义和社会主义的不足，所以，民主社会主义和新自由主义两种错误思潮也乐意和历史虚无主义联姻。反之，历史虚无主义也欣然愿意充当其帮凶，因为它要虚无中国革命、建设和改革开放的历史也需要民主社会主义和新自由主义的理论支撑。因此，我们只有从总体上对当前影响和干扰我国改革开放和现代化建设事业的主要社会思潮之间的相互联系、相互转化关系进行综合分析，才能把握各种社会思潮运动变化的规律，掌握意识形态领域的主导权和话语权。20 世纪 80 年代末 90 年代初东欧剧变、苏联解体中，这种联系所起到的破坏作用我们一定要引以为戒。

第二，我们要清醒地认识到历史虚无主义思潮的腐蚀性、渗透性和危害性，其目的是要从根本上否定马克思主义、党的领导和中国特色社会主义道路的历史必然性。任何一种错误思潮要确立自己的主张，必然要破除以前的历史，这是社会历史发展的规律性现象，正如晚晴著名思想家龚自珍所说："灭人之国，必先去其史；隳人之枋，败人之纲纪，必先去其史；绝人之才，湮塞人之教，必先去其史。"[1] 历史虚无主义思潮常常以"反思历史"的面貌出现，以支流

---

① 《龚自珍全集》，上海人民出版社 1975 年版，第 22 页。

代替主流，以局部代替整体，片面引用甚至歪曲编造史料、肆意诠释历史，或以文学、艺术特别是历史题材的影视作品影响社会舆论，诱使人们改变对重大历史事件或重要历史人物的科学结论，达到篡改、歪曲历史的政治目的。这些特点从1988年播出的电视系列专题片《河殇——中华文化反思录》，20世纪90年代的《告别革命》以及近年来的大型历史剧如《走进共和》《大国崛起》等都可以看得很清楚。这充分表明历史虚无主义思潮是一种腐蚀性、渗透性和危害性极大的社会思潮，对此不可掉以轻心。总之，这是一股明确无误的、旨在否定共产党的领导和社会主义制度的政治思潮。当前，意识形态领域同历史虚无主义的斗争，是一场严肃的政治斗争，是事关国家政权的问题，这是斗争的实质所在。

第三，历史虚无主义思潮适应了西方敌对势力对社会主义中国"西化""分化"的战略图谋。他们不放过一切时机，加紧对社会主义国家从经济、政治、文化、思想领域等各个方面进行渗透和颠覆，诱使社会主义国家内部发生政变，进而达到颠覆社会主义国家政权的目的。近年来在我国思想界蔓延泛滥的历史虚无主义思潮，正是适应国内外敌对势力反对共产党、反对社会主义的政治需要而泛起的一股政治思潮。今天在经济全球化的条件下，它已成为西方垄断资产阶级向社会主义国家和第三世界国家进行思想意识形态渗透、实施和平演变战略的理论武器。20世纪90年代初的东欧剧变中，这种思潮起到了攻心战的作用。对此，我们必须保持高度警惕。习近平用搞历史虚无主义来概括、总结苏联解体和苏共垮台的惨痛教训时指出："苏联为什么解体？苏共为什么垮台？一个重要原因就是意识形态领域的斗争十分激烈，全面否定苏联历史、苏共历史，否定列宁，否定斯大林，搞历史虚无主义，思想搞乱了，各级党组织几乎没任何作用了，军队都不在党的领导之下了。"他感叹说："苏联共产党偌大一个党就作鸟兽散了，苏联偌大一个社会主义国家就分崩离析了。这是前车之鉴啊！"① 习近平总书记的这段精辟分析和肺腑之言，深刻道出了历史虚无主义思潮的巨大危害。

第四节　实现中国梦必须汲取苏联历史虚无主义思潮泛滥的惨痛教训

20 多年前历史虚无主义在苏联的泛滥，导致苏联解体的惨剧言犹在耳，一些历史虚无主义者幻想用相同的手段，希望通过对中国革命史、中共党史和新中国历史的虚无，达到其推翻共产党领导和颠覆社会主义制度的目的。对此，我们必须对现实中历史虚无主义的各种表现保持高度警惕，防止苏联悲剧再现。

一　大搞历史虚无主义，是苏联解体的催化剂

苏联解体前夕，在意识形态领域出现了一股否定苏共领袖、苏联革命和建设历史的虚无主义思潮，它以"重新评价"历史为名，给人们的思想造成极大混乱，给西方反苏反社会主义势力以可乘之机，最终导致苏共垮台和苏联解体。

历史虚无主义在苏联至少可以追溯到 1956 年举行的苏共二十大。苏联历史虚无主义者将批判的矛头首先指向斯大林。1956 年，赫鲁晓夫在苏共二十大上作了反斯大林的"秘密报告"。在这个长篇报告中，从根本上否定了斯大林及其领导的反法西斯战争及社会主义建设的历程，而且给他罗织了大量罪名，其中不乏刻意夸张和不符合历史事实之处，由此打开了苏联历史虚无主义的潘多拉魔盒。

---

① 《十八大以来重要文献选编》（上），中央文献出版社 2014 年版，第 113 页。

一时间，一些历史虚无主义者紧跟着发表了大量攻击、丑化斯大林的文章和各种题材的作品，而对这一时期为保家卫国作出贡献的英雄人物如卓娅、马特洛索夫等则进行否定和嘲讽，致使苏联思想界乌烟瘴气，人民群众在思想上出现很大的混乱和迷茫。当 1956 年赫鲁晓夫全盘否定斯大林的时候，毛泽东同志就敏锐地看到了它可能导致的严重后果，在他看来，这绝不是一个历史人物的评价问题，而是涉及如何看待斯大林领导的近 30 年苏联社会主义历史的重大问题。如果历史被否定了，现实的社会制度就失去了存在的根基。他说，我看有两把刀子：一把是列宁，一把是斯大林。现在斯大林这把刀子，俄国人丢了。这把刀子不是借出去的，是丢出去的。列宁这把刀子现在是不是也被苏联一些领导人丢掉一些呢？我看也丢掉相当多了。十月革命灵不灵？还可不可以作为各国的模范？赫鲁晓夫的错误做法，实际上把列宁丢得差不多了。① 后来的事实，证明了毛泽东同志的历史预见性。赫鲁晓夫下台以后，由于领导上及时进行了疏导和监管，同时适度调整了一些政策，历史虚无主义思潮没能得到进一步发展，未能形成明显的政治气候。

戈尔巴乔夫集团执政时期，历史虚无主义思潮又死灰复燃。苏联解体前夕的历史虚无主义思潮来势如此之凶，危害如此之烈，是因为这场运动是以戈尔巴乔夫为代表的苏共领导集团亲自倡导和发动的，是戈尔巴乔夫在意识形态领域搞资产阶级自由化的一个重要方面，目的是为他的"人道的民主的社会主义"意识形态多元论制造舆论，为根本改造经济基础和上层建筑，为社会主义的改旗易帜鸣锣开道。这一次无论是在规模上还是在涉及问题的广度深度上，都大大超过了赫鲁晓夫。如果说赫鲁晓夫时期批判和否定的主要是斯大林个人及其推

① 《在中国共产党第八届中央委员会第二次全体会议上的讲话》，1956 年 11 月 15 日。

行的方针政策的话，那么，到戈尔巴乔夫后期，尤其是 1988 年以后，已经发展到批判和否定斯大林时期建成的苏联社会主义基本制度和社会主义建设的巨大成就，以及苏联共产党的领导地位和马克思主义在意识形态领域的指导地位，并进而否定列宁和十月革命，乃至整个苏联历史了。时任苏联中宣部部长雅科夫列夫甚至公然蔑称列宁是"德国间谍"，列宁在苏联各地的塑像统统被推倒。在否定无产阶级革命领袖及其革命伟业、虚无马克思主义的同时，过去沙皇时代的大臣、将军和白军首领则被美化和赞扬为传奇式的英雄人物。此外，已被革命抛弃的孟什维克和社会革命党人的大量资料也被公开发表，一些人便利用它来诋毁布尔什维克的理论与实践。这一时期的苏联历史虚无主义思潮从史学领域延伸到文学领域，又从文学领域延伸到新闻媒体和出版界，意识形态领域全面失控，造成党内外思想的混乱和社会政局的动荡，苏共执政的思想文化基础在被一次次掏空后轰然倒塌。对此，戈尔巴乔夫自己也曾有所"忏悔"。2016 年 5 月 22 日，英国《星期日泰晤士报》网站报道：戈尔巴乔夫说，"我很感到遗憾，一个拥有无限可能和丰富资源的国家不复存在了。俄罗斯人大多像我一样……对于这个国家的解体也深感惋惜"。

今天，苏联已不复存在，但历史虚无主义亡党灭国的教训不能忘记。以普京总统为代表的俄国领导人，清醒地看到了它的危害，明确表示反对在苏联问题上的历史虚无主义态度，他认为否定了苏联历史会使整个民族"数典忘祖"。为了治理历史虚无主义的危害，俄罗斯采取了包括改进历史教学（2007—2008 年，俄罗斯先后新出版了具有俄罗斯官方背景、俄罗斯学术界权威机构认可和具有广泛群众基础的历史教学参考书《俄罗斯现代史 1945—2006 年》《俄罗斯历史 1900—1945 年》）在内的各种措施，以弘扬俄国各民族的优秀文化传统，恢复对祖国历史上一切美好事物的记忆，增强全体人民，特别是年轻一代的爱国主义情怀、民族自豪感和历史自信心。

20 世纪末期的苏联解体，是世界社会主义运动所遭受的重大挫折。长期以来，人们一直对苏联解体的原因从不同方面和角度进行剖析和反思。苏联解体的原因很多，意识形态领域全面失控和崩溃，是造成这一结果的重要肇端。从意识形态领域来看，历史虚无主义思潮的泛滥成了苏联解体众多原因中的一剂催化剂。造成了苏联党内外严重的思想混乱，动摇了苏共执政的合理性，瓦解了社会主义在苏联人民心目中的地位，导致人们失去对社会主义的信仰和信心而开始向往资本主义，在很大程度上为敌对势力西化、分化提供了有利土壤，为苏联的最终解体铺平了道路。其中的深刻教训值得我们认真汲取和反思。

二　实现中华民族伟大复兴的中国梦，必须高度警惕历史虚无主义

历史虚无主义是通过虚无历史而否定现实的一种唯心史观。今天，在中华民族走向伟大复兴之际，我们要充分汲取苏联解体中历史虚无主义乱史灭国的教训，积极防范历史虚无主义思潮的泛滥，为实现中华民族伟大复兴而凝聚中国力量。

必须高度警惕历史虚无主义否定中国革命、建设和改革开放的历史，否定中国道路。正如苏联历史虚无主义从否定革命领袖到否定苏共历史再到否定整个苏联社会主义制度一样，当前我国历史虚无主义的发展演变，也是从否定革命领袖开始到否定中共历史再到否定整个社会主义制度。例如，相比较北洋军阀和国民党统治时期时人哀叹"生不如死"① 的现实状况而言，真正完成民族独立、人

---

① 《远生遗著》卷 4，台北文海出版社 1962 年版，第 45 页。

民解放和国家统一，实现经济社会持续发展、人民生活水平得到大幅提高的，还是中国共产党及其领导的新中国。而作为新中国主要缔造者的毛泽东在其中起到了关键作用。一些人却从毛泽东晚年所犯错误而全盘否定毛泽东的历史地位及第一代领导集体在中国革命、建设中所作的卓越贡献和历史意义，进而否定改革开放以及中国特色社会主义道路。一生致力于中国问题研究的英国著名汉学家杰克·格雷晚年在其"遗嘱"性学术笔记《正确评价毛泽东》中，提出了研究毛泽东、研究中国的"三维度"法："在中国，任何事件都有三个维度：中国文化史，社会主义，以及欠发达的农业国脱贫的努力。""不将以上三个维度都考虑进去，就无法正确理解'大跃进'或者'无产阶级文化大革命'。"格雷系统批驳了西方社会对毛泽东的四种攻击，即"意识形态狂""唯意志论""仅注重意识形态的纯洁性而不注重发展经济""斯大林主义者"，并给毛泽东作出了这样一个政治评价：毛泽东绝不像西方人所说的那样是斯大林，更不是希特勒。如果一定要把毛泽东和欧洲历史上的政治人物作一比较的话，那么，毛泽东就是"奥利弗·克伦威尔：天性喜欢民主，但却因为环境的关系，不得不扮演暴君的角色，以便捍卫其民主价值"①。再比如，历史虚无主义否定革命的观点就极其荒谬。中国近代史自有革命起，就有反对革命的声浪起。本来革命与现代化并非对立的，而在虚无主义历史观看来，本来就不该革命，而应"告别革命"，再造若干个殖民地式的香港，由中国的资产阶级掌权，不要搞什么社会主义，直接采取西方发达资本主义国家走过的道路，这样搞，中国的现代化早就实现了。这不是在研究历史，而是在假设历史，而且是在用被历史发展过程早已抛弃了的历史假设来取代真

---

① Jack Gray, "Mao in Perspective", *China Quarterly*, No. 187, September, 2006, pp. 659 – 679.

实的历史。中国要改变近代以来落后挨打的局面，必须走现代化道路，这是近代以来提出的一项历史任务。问题在于究竟实行什么样的道路，采取什么样的主义，才能使中国走上现代化的道路。可以说，无论是西方还是中国的，只要是严肃的关于中国近代史的著作，都把人民革命运动视为中国近现代史的主旋律。如美国研究中国问题的著名学者费正清在《观察中国》这部书中曾经指出，中国近代史的"基调"是革命。[①]"基调是革命"确实讲到了中国近代史的点子上。这些著作以翔实的历史资料为依据，证明自义和团运动始，经辛亥革命至五四运动，到中国共产党诞生后的北伐战争、土地革命、抗日战争、解放战争，再到中华人民共和国成立后的抗美援朝战争、生产资料私有制的社会主义改造、建立社会主义制度等革命，都是基于某种社会的必然要求而发生的。正是由于人民的革命运动，才阻止了帝国主义瓜分中国、把中国变为殖民地的图谋，才从根本上改变了旧中国的社会性质和人民的悲惨命运。如一直以来受到一些人贬责的义和团运动，诅咒它抱着排外思想，带有不少封建愚昧的东西。尽管如此，正是它进行的可歌可泣的斗争，抗击了帝国主义的侵略势力，起到了阻止甲午战争以后中国面临的列强瓜分、变为殖民地的历史作用。刘大年先生在谈到中国近代历史的脊梁或基调即革命运动时，以确凿的历史事实，对义和团阻止帝国主义列强瓜分中国的历史作用进行了概括。他指出，八国联军占领北京前后，对于是否要或者如何瓜分中国的问题，争论不休。时任中国海关总税务司已经 37 年的西方侵略中国的谋主、代言人赫德认为，瓜分中国行不通。"不论中国哪一部分领土被分割去，都必须用武力来统治。像这样，悲愤而给去的领土越大，治理起来所需要的兵力就越

---

① 〔美〕费正清：《观察中国》，四川人民出版社 1992 年版，第 96 页。

多，而骚乱和叛乱的发生就越是确定无疑。中国如被瓜分，全国就将协同一致来反对参与瓜分的那几个外国统治者。"① 话讲得相当透彻。换言之，即统治者面临的问题是如何协同一致来反对中国人民，而不是瓜分中国，把中国变成一块块帝国主义的殖民地，瓜分在中国行不通。赫德又说，义和团"这个运动已经掌握了群众的想象力，将会像野火一样烧遍全中国，简单来说，这是一个纯粹爱国主义的自发自愿的运动，其目标是使中国强盛起来"②。这些话都是一个意思，中国人民的反抗对帝国主义列强是不祥之兆，但这又是无法阻止的。孙中山认为义和团的斗争伸张了中华民族的独立精神，阻止了列强对中国的瓜分，充分赞扬了义和团的反帝斗争精神。他说："义和团用大刀去抵抗联军的机关枪和大炮"，"他们的始意，是要排除欧美势力的"。又说："义和团的勇气，始终是锐不可当的。"他认为义和团表现了中国人民的民族精神："虽然被联军打死了几万人，伤亡枕籍，还是前赴后继，其勇锐之气，殊不可挡，真是令人惊奇佩服。所以经过那次血战之后，中国还有民族思想，这种民族是不可消灭的。"③ 可以说，正是有革命这个历史的主旋律，有包括人民各种反抗斗争在内的整个革命运动，才使中国没有由半殖民地变为殖民地，最终摆脱殖民地、半殖民地统治，恢复了民族独立。对此，历史学家刘大年指出："根本原因就是一条：有包括人民各种反抗在内的整个革命运动，有革命这个历史的主旋律。不管人们赞成与否，对此同样是无法否定，也无法顾左右而言他的。"④ 周恩来

---

① 吕浦等编译：《黄祸论》，《历史资料选辑》中国科学出版社 1979 年版，第 152 页。

② 同上书，第145 页。

③ 《孙中山全集》第 1 卷，中华书局 1981 年版，第 382 页。

④ 刘大年：《方法论问题》，载沙健孙、龚书铎《走什么路》，山东人民出版社 1997 年版，第 21 页。

总理于 1955 年 12 月《在北京各界欢迎德意志民主共和国政府代表团大会上的讲话》中就是这样把义和团运动同中华人民共和国成立联系起来观察并从这个角度来评价义和团运动功绩的。他在《讲话》中说："一百多年以来，中国人民受尽了帝国主义国家的侵略、压迫、掠夺和屠杀。中国人民在这个时期里，不断地为争取自己祖国的自由和独立，英勇地进行了反对帝国主义侵略和封建主义压迫的斗争。一九〇〇年的义和团运动正是中国人民顽强地反抗帝国主义侵略的表现。他们的英勇斗争是五十年后中国人民伟大胜利的奠基石之一。"近代中国历史表明："革命权是唯一的真正'历史权利'"①，历史的真实和结论很清楚，中国人民之所以能有今天，革命的历史作用是不可否定的。

因此，历史虚无主义否定历史是为了否定当下中国道路。道路决定命运，百年的探索与奋斗、新中国成立以来的成就与辉煌告诉我们，要实现两个一百年奋斗目标和中华民族伟大复兴中国梦，必须警惕历史虚无主义。习近平总书记指出："实现中国梦必须走中国道路。这就是中国特色社会主义道路。这条道路来之不易，它是在改革开放 30 多年的伟大实践中走出来的，是在中华人民共和国成立 60 多年的持续探索中走出来的，是在对近代以来 170 多年中华民族发展历程的深刻总结中走出来的，是在对中华民族 5000 多年悠久文明的传承中走出来的，具有深厚的历史渊源和广泛的现实基础。"②

必须高度警惕历史虚无主义以"虚无"民族精神为手段，消解中国精神。"实现中国梦必须弘扬中国精神。这就是以爱国主义为核心的民族精神，以改革创新为核心的时代精神。这种精神是凝心聚

---

① 《马克思恩格斯选集》第 4 卷，人民出版社 2012 年版，第 395 页。
② 《十八大以来重要文献选编》（上），中央文献出版社 2014 年版，第 234 页。

力的兴国之魂、强国之魄。"① 历史虚无主义在虚无历史的同时，也在虚无以爱国主义为核心的民族精神。众所周知，中华民族之所以能在世界上屹立五千年，历经磨难而不衰，饱尝艰辛而不屈，战胜各种惊涛骇浪，创造了光辉灿烂的中华文明，就是因为我们有着优秀的民族传统和民族精神。这种民族精神是综合国力的重要组成部分，更是一种精神力量。在历史虚无主义看来，中华民族文明只是一种"糟粕"和"精神包袱"，是孕育不了新的文化的，要现代化只有乞灵于西方的"蓝色文明"；中华民族是充满奴性、缺乏创造力的，中国人是愚昧的、丑陋的，"只有奴性"，它埋伏着民族和文化衰败命运的种子；散布民族悲观主义情绪，为帝国主义侵略和殖民统治大唱赞歌，称颂已被推翻了的反动阶级的代表人物和革命运动的反对派，等等。这种"虚无"中国文明、传统文化的态度，必然人为造成传统文化的断裂，削弱民族自尊心与凝聚力，消融中华民族精神，割裂中华民族的历史进程，并最终导致现代化逐渐丧失内在的精神之源难以更好地推进。

必须警惕历史虚无主义在虚无历史的同时，瓦解中国力量。当前，中国力量就是实现中华民族伟大复兴的力量。习近平总书记指出："中国梦是民族的梦，也是每个中国人的梦。只要我们紧密团结，万众一心，为实现共同梦想而奋斗，实现梦想的力量就无比强大……全国各族人民一定要牢记使命，心往一处想，劲往一处使，用13亿人的智慧和力量汇集起不可战胜的磅礴力量。"② 这表明，中国梦的追求和实现过程，就是中国共产党带领中国人民凝心聚力谋发展的过程。然而，历史虚无主义在虚无历史的同时，却在瓦解着中国力量。首当其冲的是对近现代历史上革命英雄的否定和诋毁，

① 《十八大以来重要文献选编》（上），中央文献出版社2014年版，第235页。
② 同上。

瓦解人们长期以来形成的无穷的榜样力量。一些所谓"还原历史真实"的文章或作品肆意调侃、抹黑、诋毁与质疑英雄人物，如"狼牙山五壮士是逃兵""邱少云是半生不熟的烤肉""黄继光是杜撰的""董存瑞炸药包上涂了胶水""刘胡兰精神有问题"等等。凡此种种，革命人物形象被戏说颠覆，中国历史上的英雄形象变得模糊不清、是非不明，也就遑论光辉了。其次，西方敌对势力通过经济、政治、思想和文化渗透等主要形式，达到颠覆社会主义制度和瓦解中国力量的目的。苏联解体后，"和平演变"战略的重点已悄然转向社会主义中国。对于西方的这种险恶用心，1964年，毛泽东指出："帝国主义说，对于我们第一代、第二代没有希望，第三代、四代怎么样，有希望，帝国主义这话讲的灵不灵？我不希望灵，但也可能灵。像赫鲁晓夫，列宁、斯大林希望吗？还不是出了！"[①] 帝国主义之所以把"和平演变"的希望寄托在中国共产党的第三代、第四代身上，是因为他们看到，随着他们"和平演变"战略的实施，西方的生活方式和价值观念已经对我们的第三代、第四代本来就已淡漠的革命传统、理想信念和价值观念产生了较大冲击。历史虚无主义通过对中国革命史乃至中华民族史虚无的同时，往往会造成道德信仰的虚无，民族精神被矮化、丑化，优秀的民族传统文化被否定、抹煞。从这里可以看出，发生在我国的这种历史虚无主义思潮，完全配合了西方敌对势力的需要，给西方资产阶级"和平演变"以可乘之机，起到了敌对势力难以起到的"第五纵队"的作用。

---

① 薄一波：《若干重大决策与事件的回顾》（下卷），中共中央党校出版社1993年版，第1159页。

第五章

历史唯物主义和历史虚无主义：
两种历史观的根本对立

"现代唯物主义把历史看做人类的发展过程，而它的任务就在于发现这个过程的运动规律。"[①] 坚持以唯物史观回击历史虚无主义思潮为代表的唯心史观对党史国史重大问题的丑诋歪曲，划清两种历史观的界限，揭穿其制造的谎言和迷雾，是一个关乎治乱兴衰、国家意识形态安全建设的根本问题。

第一节　划清两种历史观的界限

在新的历史时期，我们在历史观上面临历史虚无主义思潮的严峻挑战。一些人打着"解放思想""重新评价""反思历史""还原真相""理性思考""范式转换"等等名义，利用假设历史、抹黑历史、歪曲和篡改历史等手段，肆意否定中国共产党领导的革命、建设和改革开放的历史，否定人民共和国的历史，否定中国近现代以来的历史发展道路，丑化历史上的杰出人物，贬低人民群众在中国

---

① 《马克思恩格斯选集》第3卷，人民出版社2012年版，第400页。

近现代历史发展中的推动作用，否定中国传统文化，等等。企图造成人们思想上的混乱，消解马克思主义在我国意识形态领域的指导地位，以期实现其政治上的诉求。对此，我们必须旗帜鲜明地捍卫科学的历史观即唯物史观，反对历史虚无主义的唯心史观，澄清两种历史观的理论是非界限，坚定中国特色社会主义道路自信、理论自信、制度自信和文化自信。

一　是维护历史的客观性，还是虚化客观历史

尊重历史事实，实事求是，是历史唯物主义的出发点和落脚点。马克思恩格斯一再指出，他们的学说"不是从原则出发，而是从事实出发"①。历史事实分为两种，一种是世界上每天发生的成千上万的、客观存在的历史事实或历史史实；另一种是以文字形式记载下来的、或者留在人们脑海里各种形式的记忆、或者拍成照片或录像的图像、视频文献资料的历史事实。在唯物史观看来，历史事实是客观存在的具有内在规律性，并且可以被人们揭示、认识和发现，是主观和客观的统一过程。我们说主观和客观的统一，并不是随心所欲地来编排历史、篡改和颠覆历史。习近平总书记强调："历史就是历史，事实就是事实，任何人都不可能改变历史的事实。"② 马克思主义唯物史观以历史事实的客观性为前提基础，历史事实是客观存在的，由于受到历史著述的主体性和价值观倾向的影响以及包含有客观历史事实因子的历史资料的制约，被书写的历史事实与客观历史事实之间永远不可能完全相符。我们必须在客观物质世界的基础上，在历史唯物主义科学方法论指导下，在前人已经取得的成就

---

① 《马克思恩格斯选集》第 1 卷，人民出版社 2012 年版，第 291 页。
② 习近平：《在首都各界隆重纪念全民族抗战爆发七十七周年上的讲话》，《人民日报》2014—07—08。

的前提下，才能越来越逼近客观的历史真理，达到历史的科学性和人的主体性的统一，而不是主观随意地挑选材料来"解构""裁剪"历史，把历史当成一种"儿戏"。正如列宁所说："如果从事实的整体上、从它们的联系中去掌握事实，那么，事实不仅是'顽强的东西'，而且是绝对确凿的证据。如果不是从整体上、不是从联系中去掌握事实，如果事实是零碎的和随意挑出来的，那么它们就只能是一种儿戏，或者连儿戏也不如。"①

否定历史的客观性，无限夸大认识主体的精神和意志的作用是历史虚无主义思潮的重要理论基础和现实表现。海登·怀特是美国著名历史学家，后现代主义史学理论的奠基性人物之一，其观点被称为新历史主义或叙事主义。他关于事实与事件的区分与贝克尔的史学相对主义见解几乎如出一辙。海登·怀特认为，一般用语中的"历史事实"同时包含有"历史事件"和"关于历史事件的判断"的双重含义。② 发生和存在意义上的历史现象可以识别为事件，而对该现象的语言描述可以识别为事实。"事件"具有一次性和给定性，是可经验的，它一旦发生，不因研究者的认识和观点而改变，其存在不受历史学家认识的影响；而"事实"只是一种观念，是不可经验的，往往依靠对它感兴趣的研究者根据资料的记载对它建构而成，是多样的、不稳定的。而且，"事件"可以在文献记载和遗迹中得到不同程度的证明；而"事实"只是"在思想的概念化构建和（或）在想象中的比喻化构建，并且只存在于思想、语言和话语中"。③ 实际生活中对"历史事实"的误用，是因为未能认识到历史事件一经

---

① 《列宁全集》第28卷，人民出版社1990年版，第364页。

② Hayden White. "Response to Arthur Marwick." *Journal of Contemporary*, Vol. 30, No. 2（1995），pp. 238 – 239.

③ Hayden White. "An Old Question Raised Again：Is Historiography Art or Science?（Response to Iggers）" *Rethinking History*, 4：3（2000），p. 397.

置于语言的描述下，就不再是纯粹的过去事件的模样，而是变成带有解释色彩的"历史事实"话语。海登·怀特在其代表作《元史学：十九世纪欧洲的历史想象》中曾谈及历史叙述的三种解释理论，即"（1）情节化解释，（2）论证式解释，（3）意识形态蕴含式解释"①。所谓"情节化解释"是指通过鉴别史学家所讲故事悲剧或喜剧的情节类别，来确定故事的"意义"，如果史学家赋予故事喜剧的情节结构，就按喜剧的方式去解构故事，反之亦然。"论证式解释"，是指通过外在的、形式的或推理的方式，"论证"故事中所发生的事情的一种解释。而"意识形态蕴含式解释"则是史学家为"理解现实"所假设的诸如无政府主义、保守主义、激进主义和自由主义等立场。海登·怀特从后现代思潮"彻底解构传统"历史学视阈出发，彻底抛弃了理性主义史学的理论、原则和方法。"我在《元史学》中想说明的是，鉴于语言提供了多种多样建构对象并将对象定型成某种想象或概念的方式，史学家便可以在诸种比喻形态中进行选择，用它们将一系列事件情节化，以显示其不同的意义。这里面没有任何决定论的因素……近年的'回归叙事'表明，史学家们承认需要一种更多地是文学性而非'科学性'的写作，来对历史现象进行具体的历史学处理。"② 近年来，这种源于后现代主义思潮的"历史著述理论"，主张历史即著述，借口历史著述的主体性和价值观倾向，夸大历史学家的"著述"在历史认识中的作用，完全否定历史事实的客观性和本质价值，认为历史仅仅是"文本"叙事，"文本"叙述不取决于历史事实本身，而取决于叙述、解读它的人的自觉或不自觉的意图、认识乃至偏见。以此得出历史都是人"著述"的

---

① ［美］海登·怀特：《元历史：十九世纪欧洲的历史想象》，陈新译，彭刚校，译林出版社2004年版，第8页。

② 同上书，第4—5页。

历史，不存在客观的历史，一切历史都是人为编造的历史的荒谬结论，解构作为整体意义上的历史事实，坠入了极端的所谓"解构"深渊，是不符合实际情况的。这种后现代主义史学理论，在历史认识论上否定历史客观性，在价值论上多元价值标准，否定历史进步性、历史真理，虚无历史的意义和价值。为以借价值重估为名，大肆歪曲否定客观历史，大作翻案文章的历史虚无主义思潮打开了方便之门。

一些人违背实事求是原则，奉西方文化价值观为圭臬，随意假设历史。以假设证明假设，虚化中国近代史、中共党史、中华人民共和国国史，否定中国共产党领导的新民主主义革命，以实现否定党在现实政治生活中的执政地位，否定社会主义制度的政治诉求。例如，历史虚无主义假设如果没有"鸦片战争""义和团运动""辛亥革命""新民主主义革命"，等等，将其"假设历史"作为真实发生的历史，认为那样中国就会走上一条现代化辉煌之路。有人为帝国主义侵略唱赞歌，认为"西方的大炮也是一身兼二任，它既是在野蛮地侵略中国，又是在强迫中国这个偌大帝国走出封闭，走出中世纪，走向现代化"①。有人还认为，近代中国人若老老实实接受西方比如美国的侵略，或许我们会比现在好得多，我们今天的发展状况可能就像现在的日本一样。② 历史虚无主义在虚无否定革命历史的同时，把矛头指向了历史唯物主义的基本原理，指向了中国革命的基本理论，否定革命是历史发展的火车头。在《告别革命——回望二十世纪中国》一书中，凡近代中国追求变革进步的都被斥为"激进"而加以否定，凡维护封建专制统治的则被称为"稳健"而加以

---

① 郑炎：《打破束缚，更新观念》，《学术研究》1994 年第 4 期。
② 李慎之：《从全球化的观点看中国的现代化问题——在重估中国现代化问题主题研讨会上的发言》，《战略与管理》1994 年第 1 期。

肯定，反对所谓"激进主义"，颂扬改良，认为正是"激进主义"阻断了中国现代化进程，否定革命是现代化最重要、最强大的推动力量。认为"'五四'有一个'激情有余，理性不足'的严重问题，它延续、影响几十年直到今天"①。并以"重新研究和评价"的名义，认为"戊戌变法可能成功，辛亥革命一定失败"，"辛亥革命未必必然或必要"。②"而自辛亥革命以来的革命历史给人的痛苦教训，却实在太惨痛了。"③ 因此，他们宣称"要改良不要革命"，"就本世纪中国来说，一味地提倡革命，肯定革命，歌颂革命，的确并非好事"。④ 他们表示，"我想藉此机会表明一种期待：应当重写中国近代史，应当重新阐释中国百年史。把历史视为阶级斗争的观念应当改变，以阶级斗争为纲的历史视角，以及这一视角下所建构的近代史学框架应当有所讨论、有所修正、有所更新"⑤。如此等等。事实上，历史事实作为一种客观的发展进程，具有不可重复性、一维性、不可假设性。特别是对于叙述历史发展过程的基本理论前提，基本搞清楚的关系到历史全局发展的历史事实，代表一定社会历史发展方向的历史事实和历史过程，关系到一个国家社会和民族发展道路的历史事实，以及某一个国家特定历史发展阶段的历史事实等，都不能假设。历史虚无主义为了实现其政治目的，随意涂抹历史，无视历史发展的具体事实，脱离历史事实发展进程中各种因素的普遍联系，不去全面客观地对历史史料进行"去粗取精、去伪存真、由此及彼、由表及里"的综合分析和具体分析，忽视历史事实发生的

---

① 李泽厚、刘再复：《告别革命——回望二十世纪中国》，香港天地图书有限公司2004年版，第292页。

② 同上书，第289页。

③ 同上书，第292页。

④ 同上书，第289页。

⑤ 同上书，第358页。

具体条件。而是以主观臆断任意裁剪编排历史，以历史发展的个别现象取代历史发展进程中的普遍规律，将所谓的"新评价""新思考""新定位"等"假设历史"取代历史的真实发生，用主观"选择"的历史事实"重铸"历史过程，为中国近现代历史的发展找寻根本没有任何历史依据的所谓历史发展规律和道路，虚化了跨度达一百多年的中国近现代史。事实证明，历史虚无主义根本违背了以史实为依据、实事求是的历史研究的基本原则和方法，将历史的客观可知性变成游戏符号，将历史游离于事实和虚构之间，其实质就是用唯心史观来看待历史。

一些人片面引用史料，忽视对史料去伪存真的鉴别考证，凭自己的主观设计，根据自己对政治的现实诉求，轻率改变近现代史中已广为社会接受的重大历史事件、重要历史人物和重大历史问题的结论，否定客观历史事实。近年来，一些网络推手、"公知领袖"在网络上利用论坛、微博、微信，以"历史考证""解密历史"的名义，对一些早有客观历史定论、深嵌民族记忆中的历史事件和老百姓心目中的革命英雄人物和革命领袖进行重新解构，从李大钊到狼牙山五壮士、刘胡兰、江姐、董存瑞、黄继光、邱少云，以及建国后涌现的英雄模范人物如雷锋、王进喜、焦裕禄等，全被抹黑。一些人由否定历史的细枝末节入手，试图用一个极其微小的历史负面细节解构宏大叙事框架中的历史事件和历史人物，用历史支流掩盖历史整体，达到颠覆历史的目的。如一段时间以来，某些人以掌握了狼牙山五壮士跳崖的某些细节为由，以此质疑其跳崖地点及其与当地百姓的关系，质疑党史研究权威部门的研究成果，以行消解历史之实。这些不尊重历史，不尊重事实的言行，在社会上产生了恶劣影响。一个认证为某教育基金会主席、某几所高校兼职教授、拥有百万粉丝的"大V公知"，甚至把为国家和民族解放事业坚贞不屈、慷慨赴义的江姐，抹黑成出卖色相肉体的娼妓；更有甚者以戏谑的方式虚无历史事实，将牺牲在朝鲜战场的革命英烈毛岸英称作"蛋炒饭"，……类似的历史虚无主义事例还很多。历史事实不会因为时代变迁而改变，也不会因为巧舌诋污而消失。这些背离历史研究中正确价值取向的言论，丝毫无益于深入客观的历史研究，更是对我们长期积淀的民族感情的深深伤害，对此我们要坚决给予抵制回击。随着时代变迁，公众的兴趣发生历史性转移，人们思想的维度更加丰富，对以往重大事件、人物和问题等看法也更客观，能够在一定程度上超越当时针锋相对的意识形态局限，但这些都构不成否定历史事实的时代"动力"。历史事实的重新考证，需要我们在史料上花大力气，在充分占有和甄别一切可靠史料的基础上，摒弃当事人或后人掺杂的主观因素，甚至一些有意歪曲或掩盖的历史事实，经过反复研究，运用"去粗取精、去伪存真、由此及彼、由表及里"①的辩证思维方式，弄清历史事件的真相和来龙去脉，而不是仅仅凭自己的主观设想或者灵机一动，提出一些所谓的"新观点"，然后再摘引一些经过自己精心挑选的历史资料来论证自己所谓的"新观点"，这既不是学术创新，更是违背了客观历史事实。如果不是出于对历史研究的无知，就是别有政治企图和阴谋，就是要颠覆唯物史观，篡改历史。

历史虚无主义虚化历史事实，还有一个重要表现，就是抓住我国社会主义实践中的所谓历史"细节"和局部大做文章，用精心挑选的历史细节歪曲和篡改历史，否定新生事物的本质，否定历史发展的大趋势。我们知道，在历史研究中，宏观研究和微观研究相辅相成，缺一不可。一方面，人类社会是一个有机联系的统一的整体，

---

① 《毛泽东选集》第 1 卷，人民出版社 1991 年版，第 291 页。

只有从各种历史因素相互影响、相互制约的普遍联系中，人们才能获得对由各种历史因素构成的历史总画面的一般性质的全面把握。在此基础上，才能确定历史"细节"和局部的价值和作用。列宁在《论国家》中指出，"在社会科学上有一种最可靠的方法，它是真正养成正确分析这个问题的本领而不至于淹没在一大堆细节或大量争执意见之中所必须的，对于用科学眼光分析这个问题来说是最重要的，那就是不要忘记基本的历史联系，考察每个问题都要看某种现象在历史上怎样产生、在发展中经过了哪些主要阶段，并根据它的这种发展去考察这一事物现在是怎样的"①。另一方面，还要了解构成这幅历史总画面的各个"细节"，以及对"细节"在整个历史联系中的特性、原因和结果等方面分别加以研究，才能看清历史的总画面。列宁说过，"在社会现象方面，没有哪种方法比胡乱抽出一些个别事实和玩弄实例更普遍、更站不住脚的了。挑选任何例子是毫不费劲的，但这没有意义，或者有纯粹消极的意义，因为问题完全在于，每一个别情况都有其具体的历史环境"②。但是，一个时期以来，包括党史、国史界在内的历史学界，特别是随着越来越多非专业的历史爱好者进入历史研究领域，产生了一种淡化理论，只注重历史"细节"和局部的"碎片化"研究倾向，使历史研究陷入了以偏概全、盲人摸象的境地，忽视乃至否定历史观点和历史主义原则对历史的整体把握，为历史虚无主义的蔓延提供了土壤。比如，一些人扩大我国社会主义在发展中"细节"上的曲折感受，放大困难过程的痛苦代价，任意丑化涂黑历史，从情感上制造否定党的领导和社会主义的舆论；一些人把我国困难时期人口迁移造成的户口注销数字，肆意捏造为饿死三千万的谣言，煽动人民群众对党的领

---

① 《列宁全集》第37卷，人民出版社1986年版，第61页。
② 《列宁选集》第28卷，人民出版社1990年版，第364页。

导的不满；一些人借纠"左"全面否定毛泽东，并进而否定井冈山时代、延安时代，甚至否定中国整个 20 世纪 50 年代和 60 年代，这种极端的否定历史事实的思维和做法势必激起广大人民群众的反对和抵制。

二　是从历史主流中汲取精神力量，还是从历史支流中寻找负面因子

习近平总书记在全国党史工作会议上指出，在党史研究中"要牢牢把握党的历史发展的主题和主线、主流和本质"①，这是研究近代历史的基本原则和党史研究的基本要求。历史主流是社会矛盾的主要方面，是历史本质的、主导的方面，决定历史事件的性质和发展方向。历史支流是历史非本质、非主导的方面，不能决定历史的性质和发展方向。对特定历史时期的历史现象或历史事件作出科学的历史评价，必须在历史活动的总体和全貌中来确定它的主要方面，分清历史的主流和主导方面，从历史主流中汲取精神力量，而不是从历史支流中寻找负面情绪。正确看待我们党近百年的历史，道理也是这样。胡锦涛同志在纪念中国共产党成立 85 周年的讲话中指出，"在这 85 年里，我们党紧紧依靠和紧密团结全国各族人民，干了三件大事。在新民主主义革命时期，我们经过 28 年艰苦卓绝的斗争，推翻了帝国主义、封建主义、官僚资本主义的反动统治，实现了民族独立和人民解放，建立了人民当家作主的新中国。在社会主义革命和建设时期，我们确立了社会主义基本制度，在一穷二白的基础上建立了独立的比较完整的工业体系和国民经济体系，使古老的中国以崭新的姿态屹立在世界的东方。在改革开放和社会主义现

---

①　《全国党史工作会议在京召开》，《人民日报》2010—07—22（1）。

代化建设时期，我们开创了中国特色社会主义道路，坚持以经济建设为中心、坚持四项基本原则、坚持改革开放，初步建立起社会主义市场经济体制，大幅度提高了我国的综合国力和人民生活水平，为全面建设小康社会、基本实现社会主义现代化开辟了广阔的前景。这三件大事，从根本上改变了中国人民的前途命运，决定了中国历史的发展方向，在世界上产生了深刻而广泛的影响"①。看待党的历史，一方面，我们要抓住党干过的三件大事；另一方面，要把握党的历史的主流本质和主题主线，党的历史的主流和本质就是党的"不懈奋斗史""自身建设史""理论探索史"，抓住了党的历史的这三个方面，就能在总体趋势上把握住党史的主要内容，就能在总体和宏观上正确看待党史。党的历史的主题和主线就是自党建立以来所肩负起的民族独立解放、国家富强富裕两大历史任务。有了对历史的整体判断，就能从复杂的历史史料当中剔除大量的伪证、伪史，对真实的历史史料再鉴别，从史料的真实过渡到历史的真实。而从历史趋势上看，相当一部分现存的事物已经失去了客观必然性，成为纯表象的、偶然的实例。有了对历史的整体判断和趋势把握，在具体的历史细节研究上就能得出正确的结论和判断。

历史虚无主义故意否认历史进程，歪曲历史的主流和支流、本质和现象，以假象或谎言混淆是非，遮蔽历史的主流和本质。马克思主义经典作家列宁指出："在分析任何一个社会问题时，马克思主义理论的绝对要求，就是要把问题提到一定的历史范围之内。"② 历史虚无主义者表现出偏执的思维，"只见树木，不见森林"，否认历史规律的存在，把自己亲身经历的历史细节当作历史前进的真实，

---

① 胡锦涛：《庆祝中国共产党成立 85 周年暨总结保持共产党员先进性教育活动大会上的讲话》，《人民日报》2006—6—30。

② 《列宁全集》第 25 卷，人民出版社 1988 年版，第 229 页。

并试图用这些细节去否定中国革命史、中共党史、中华人民共和国国史的主流。毋庸讳言，真实的历史细节可能是历史前进环节中的一个点，并不等于前进历史的真实，更不能代表历史的全部和主流，无法揭示历史发展的客观规律。一方面，在近现代史研究中，历史虚无主义的一个突出表现是贬低和否定革命，诋毁和嘲弄自鸦片战争以来中国人民反帝反封建的一切革命，公开判定"20 世纪的革命方式确实带给中国很深的灾难"，甚至直截了当地宣称"中国在 20 世纪选择革命的方式，是令人叹息的百年疯狂与幼稚"①。另一方面，又美化帝国主义的侵略行为，淡化近代以来帝国主义侵略中国的本质。这种思潮的集中表现就是所谓的主张"告别革命"论和帝国主义"侵略有功"论。按照这样的逻辑，从鸦片战争到新中国成立 109 年的中国人民争取民族独立和人民解放、反抗帝国主义列强的殖民扩张和垄断的历史，就从根本上被否定了。然而历史虚无主义者只看到革命"破坏"的表面现象，却没有看到革命破坏的是束缚生产力发展道路的障碍，"革"的是腐朽落后的半殖民地半封建社会的生产关系"命"的建设本质。近代中国社会的性质，决定了我们党不进行革命，就不能实现民族独立、国家富强的历史任务，正如孙中山所讲："革命有非常之破坏，如帝统为之斩绝，专制为之推翻，有此非常之破坏，则不可无非常之建设，是革命之破坏与革命之建设必相辅而行，犹人之两足、鸟之双翼也。"② 毛泽东同志进一步指出："正是帝国主义和封建主义束缚了中国人民的生产力，不破坏它们，中国就不能发展和进步，中国就有灭亡的危险。"③ 历史虚

---

① 李泽厚、刘再复：《〈告别革命——回望二十世纪中国〉序》，香港天地图书有限公司 2004 年版，第 67 页。

② 《孙中山全集》第 6 卷，中华书局 1975 年版，第 207 页。

③ 《毛泽东文集》第 3 卷，人民出版社 1996 年版，第 432 页。

无主义在鼓吹"革命破坏论"的同时，又淡化近代以来帝国主义列强侵略中国的本质主流，极力宣扬"侵略有功"。在对待西方帝国主义列强对中国的侵略问题上，主张要"具体分析"，认为一些发达的欧洲国家在侵略中国的过程中，不是主观意图，在"客观效果上给中国落后的经济、文化、科学技术带来了好处。比如'电'的传入……西医的传入"①。他们以一些帝国主义帮助中国的假象故意遮蔽帝国主义侵略中国的目的和本质主流，看不到正是由于帝国主义列强的侵略和殖民扩张才使中国逐渐沦为殖民地和半殖民地。对此，毛泽东指出："帝国主义列强侵入中国的目的，决不是要把封建的中国变成资本主义的中国，帝国主义列强的目的和这相反，它们是要把中国变成它们的半殖民地和殖民地。"② 历史虚无主义者对于中国革命史、中共党史和中华人民共和国国史缺乏具体、历史的分析，对中国共产党在探索革命和建设过程所犯的错误无限放大，打着"反思历史"的旗号，以暴露、控诉、攻击为政治目的，把党的领袖所犯的错误歪曲、丑化为封建暴君的专制暴行，认为毛泽东"过大于功"，是"失败的建设者"③。把党的历史和新中国的历史描绘成一团漆黑和错误的堆积，说我们党"在重大决策上，特别是内政决策上，基本上是失误的"④。党史国史研究领域中出现的这些历史虚无主义的观点，就是割裂了现象和本质、支流和主流的关系，这是十分有害的。既违背新中国历史前进的方向，也违背了历史前进的逻辑，妄图以此遮蔽历史事件的根本性质，从而达到否定历史、否定中国革命，干扰我国人民进行社会主义现代化建设和改革开放的

---

① 邵纯：《对"列强"要具体分析》，《书屋》2008 年第 3 期。
② 《毛泽东选集》第 2 卷，人民出版社 1991 年版，第 628 页。
③ 张绪山：《毛泽东棋局中的鲁迅——从"假如鲁迅还活着"说起》，《炎黄春秋》2009 年第 6 期。
④ 杜导正：《新民主主义的回归与发展》，《炎黄春秋》2009 年第 4 期。

政治意图，妄图把中国的发展纳入西方资本主义体系中去。对此，我们必须保持高度警惕。

三　是坚持历史唯物主义，还是回到历史唯心主义

反对历史虚无主义的斗争，实质是唯心史观和唯物史观的斗争。历史唯物主义是马克思主义的理论基石之一，是马克思一生中最伟大的发现之一。人类社会发展的历史和实践表明，马克思主义的唯物史观是社会科学思想中的最大成果，它是高于和优于以往一切社会历史观的"唯一科学的历史观"①，是科学的历史观和方法论的统一。唯物史观使历史学真正成为一门科学，揭示了人类历史发展的客观进程，将历史研究引入了科学轨道。正如恩格斯所说，由于唯物史观对历史规律的客观性把握，彻底击中了唯心史观的软肋。历史唯物主义首要的基本观是唯物主义的。唯物史观以物质资料的生产为起点，把生产关系当作决定其余一切关系的基本的原始的关系，推翻了他们之前的一切思想家把历史看作是某种观念的逐渐实现的观点，把唯心主义从它最后的避难所——唯心主义历史观驱逐出去，创立了唯物史观。马克思主义唯物史观克服形而上学唯物主义的不彻底性，把唯物主义贯彻到社会历史领域，科学地说明了社会的物质性。历史的发展遵循合目的性与规律性相统一的客观规律。马克思在《〈政治经学批判〉序言》中对人类社会发展客观规律的内容做了经典概述，科学阐述了人类社会在这一基本矛盾运动推动下最终实现共产主义的历史趋势。马克思主义唯物史观概括出来的人类社会发展的基本规律虽未穷尽真理，却指出了人类社会发展的一般方向及未来，开辟

---

① 《列宁全集》第 1 卷，人民出版社 1984 年版，第 112 页。

了历史研究的新时代。

历史虚无主义唯心主义历史观与马克思主义唯物史观根本对立。历史虚无主义唯心史观以西方各种唯心主义历史观为其哲学基础，适应西方敌对势力和平演变图谋和国内反社会主义势力策略的变化需要，脱离客观历史事实，违背最起码的客观性标准，采取历史相对主义和实用主义态度，认为客观存在的历史是相对的不可认识的，用现实改铸历史，与马克思主义唯物史观根本对立。历史虚无主义夸大人们的思想动机、杰出人物的主观意志以及偶然性是社会历史发展的终极原因，否认社会历史发展的基本矛盾运动规律和广大人民群众是历史的创造者这一唯物史观和唯心史观的根本区别。历史虚无主义违背实事求是原则，以自己的价值尺度尤其是政治价值尺度为标准，不去全面客观把握历史材料，而是凭主观臆断去"裁剪""解构""假设"甚至歪曲历史，以所谓"范式转换"为名，把历史当作任人摆弄的"游戏"，以达到其政治目的。历史虚无主义基于唯心史观，无视自原始社会解体至今，一切历史都是阶级斗争史这一基本事实，攻击马克思主义阶级斗争理论，认为阶级斗争泯灭人性，在历史研究中否定、放弃阶级分析方法，从唯心主义抽象人性论出发解读历史，否定人的社会性和阶级性，以所谓"超阶级""超政治"姿态进行"重新考证"历史人物和历史事件，肆意颠倒民族英雄和民族叛贼的评判标准，把历史进步因素说成是历史倒退因素，其本质是掩盖其篡改历史、颠覆唯物史观的唯心主义立场。历史虚无主义还混淆历史现象与本质的研究方法而偏执于历史现象，妄图以历史事实的个别现象遮蔽历史事实的根本性质，从而达到否定中国革命历史发展的必然趋势。

历史虚无主义借口历史发展的偶然性和历史认知的相对性，否定历史的必然性和历史认知的客观真理性，任意颠倒历史，随意解释历史，陷入了相对主义的泥淖。"马克思和恩格斯的唯物主义辩证法无疑地包含着相对主义，可是它并不归结为相对主义，就是说，它不是在否定客观真理的意义上，而是在我们的知识向客观真理接近的界限受历史条件制约的意义上，承认我们一切知识的相对性。"① 尽管人们可以对近代以来中国历史发展的诸多方面见仁见智，但不可以把历史随意摆弄，更不应该也不可能否定历史发展规律。近年来，历史虚无主义坚持唯心主义历史观的主要表现就是否定社会历史发展规律，否定近代以来的中国革命和中国选择走社会主义道路的历史必然性，甚至提出近代以来的中国革命是背离所谓"以英美为师"的"近代文明的主流"而误入歧途，是少数革命职业家"制造出来"的，是强加给中国人民的。然而近代以来中国历史证明了的一个颠扑不破的真理，就是社会革命是近代以来中国社会基本矛盾发展的必然产物，是历史的火车头。革命的根本问题是国家政权问题。中国人民曾经对和平改良寄予很大期许并进行了很多试验，但在半殖民地半封建的中国，帝国主义列强不允许中国发展资本主义，国内封建势力为了维护中国封建社会的封建本质，不可能自我革命。在西方资本主义列强和本国封建势力的阻挠下，中国每次改良几乎都以失败告终。孙中山曾经发出革命是迫不得已而为之的慨叹。毛泽东在总结历史经验的基础上，深刻地阐明了革命和现代化之间的辩证关系："中国人民的生产力是应该发展的，中国应该发展成为近代化的国家、丰衣足食的国家、富强的国家。这就要解放生产力，破坏帝国主义和封建主义。正是帝国主义和封建主义束缚了中国人民的生产力，不破坏他们，

---

① 《列宁全集》第18卷，人民出版社1988年版，第138页。

中国就不能发展和进步，中国就有灭亡的危险。"① 而中国共产党成立以来，找到了马克思主义这一锐利的思想武器，顺应世界和中国的历史发展趋势，带领并团结全国各族人民经过28年艰苦卓绝的革命斗争，最终取得了新民主主义革命的胜利，实现了民族独立、人民解放的历史任务。

历史虚无主义脱离历史实际，割裂历史研究中历史尺度和价值尺度相统一的马克思主义的重要原则，解构历史，消解价值，扭曲经典，丑化英雄人物和人民群众。在扭曲的历史观指导下，一切历史都被庸俗化和虚无化了。马克思主义唯物史观认为，首先，历史尺度是第一性的，价值尺度是第二性的，价值尺度应当服从历史尺度。社会历史发展的客观规律首先表现为生产方式的发展进步史，只有从这一客观真理出发，才能作出正确的价值判断和道德评判，否则，只能对历史作出抽象的乃至随意性的解释。而且，评判价值在社会历史发展当中究竟代表进步抑或落后力量，也是一个历史性的问题，要把价值尺度放到历史尺度当中来考察，才能得出一个正确的结论。其次，历史尺度和价值尺度相互依存。只有在对历史发展规律真理性认识的基础上，才能确立合理的价值观和道德准则；只有坚持正确的价值取向，从社会历史主体价值出发，才能正确把握社会历史规律。在实际历史评价过程中，我们要反对割裂二者、偏执一端的错误倾向。一些人以揭示客观历史真相为由，宣扬历史研究必须保持"价值中立"，持"超然的客观主义态度"，甚至攻击马克思主义史学价值观先行。这种历史研究中把客观性和价值观绝对对立起来是完全错误的，历史学家企图非意识形态化是不可能的。历史研究主体作为"现实的人"，总是处于一定的社会关系之中，不

---

① 《毛泽东文集》第3卷，人民出版社1996年版，第432页。

是抽象、孤立地存在着，其世界观、历史观总会被打上现实社会关系的烙印。在阶级社会里，历史观具有阶级性。历史研究的对象是有情感、有意志的人的活动，历史过程是"单个意志相互冲突"的结果，"任何事情的发生都不是没有自觉的意图，没有预期的目的的"①。陈述历史过程、作出历史结论，必须要作价值判断。历史虚无主义坚持历史研究中"价值中立"，是把历史研究的主体和对象都视为脱离具体社会关系、没有情感和价值观的生物学意义上的"抽象的人"。历史研究从"抽象的人"出发，即从研究者制造出来的观念出发，所书写的历史不过是"想象的主体的想象的活动"②，与真实的历史相去甚远。目前价值中立的主张即使在西方学术界也已被广泛质疑和抛弃。诺贝尔经济学奖得主缪尔达尔曾指出："研究的客观性不能仅仅通过试图排除价值观念来解决。相反，社会问题的每项研究，无论范围多么有限，都是且一定是由价值观念决定的。'无偏见的'社会科学从来就不存在将来也不会有。努力逃避价值观念是错误的，并且注定是徒劳的和破坏性的，价值观念和我们在一起，即使把它打入地下，它们仍然指导我们的工作。"③ 在这一扭曲的历史价值观映照下，无数为了中华民族伟大复兴献出生命的先烈被丑化为"野心家""投机派"，中国共产党领导人民为了争取民族独立、人民解放和国家富强、人民幸福的斗争被矮化为"权力斗争""宫廷内斗"，结果是为理想和民族大义献身的英雄不存在了，为人类社会进步和人民利益奋斗牺牲的崇高价值不存在了，照亮人类精神家园的理想信念不存在了，无所谓是非，无所谓崇高，无所谓价值，一切不过尔尔。习近平总书记更是一语中的，"热衷于'去思想

①《马克思恩格斯选集》第 4 卷，人民出版社 2012 年版，第 253 页。
②《马克思恩格斯选集》第 1 卷，人民出版社 2012 年版，第 153 页。
③［瑞典］缪尔达尔:《亚洲的戏剧》，经济学院出版社 1992 年版，第 13 页。

化'、'去价值化'、'去中国化'、'去主流化'那一套，绝对是没有前途的！"对这类现象我们"必须引起高度重视"。[①]

第二节　运用唯物史观科学认识中国革命、　　　　建设和改革开放历史

近代以来，随着外国资本主义的入侵，中国社会逐步沦为半殖民地半封建社会，中国人民逐渐开始了反帝反封建的资产阶级民主革命。半殖民地半封建社会就是近代中国的基本国情[②]，这是任何人也否定不了的事实。近代以来的中国历史，本质和主流上是一代又一代仁人志士和广大人民群众为救亡图存而英勇奋斗、艰苦探索的历史，是中国共产党领导中国人民，经过新民主主义革命取得民族独立和人民解放的历史，是进行社会主义革命、建设和改革开放，把一个积贫积弱的旧中国变成为一个繁荣昌盛、充满生机和活力的新中国的历史。历史是一部伟大的教科书。科学地研究、宣传近代以来特别是我们党成立以来波澜壮阔的历史进程和成就，有助于我们汲取历史经验，正确认识中国社会发展的客观规律，坚定走社会主义道路的信念，有效抵制历史虚无主义错误思潮。

---

① 习近平：《在文艺座谈会上的讲话》，《人民日报》2015—10—15。

② 1920—1930 年出现的关于中国社会性质问题的论战，它随即又引发了中国社会史问题论战和中国农村社会性质论战，史称"三次论战"。中国社会性质的论战关系到中国革命的性质、动力和发展前途等问题，关系到是取消革命还是发展革命的问题。对此，何之干于 1937 年 1 月在由上海生活书店出版的《中国社会性质》一书中，曾经很及时地做了总结："在 1927 年政治退潮所掀起的关于这个问题的争论，经过'新思潮派'、'动力派'以及其他个别研究，或集体讨论；又经过 1934 年以后'中国农村派'、'中国经济派'的辩论，尤其这几年来中国经济情报社及其他经济学者的努力，这问题已经下了最后的奠基石。正如沈志远先生说：'现在你随便拉住一个稍稍留心中国经济问题的人，问他中国经济性质如何，他就毫不犹豫地答复你：中国经济是半殖民地半封建性经济。'"（《新中华》第 3 卷第 13 期，第 15 页）

一　半殖民地半封建社会性质的科学判断为近代中国革命提供了理论根据

改革开放以来，中国社会上曾出现了一股新的历史虚无主义思潮，质疑和否定中国近代社会的半殖民地半封建社会性质，进而质疑和否定近代以来中国共产党领导中国人民经过新民主主义革命（中国共产党领导的资产阶级民主革命）赢得民族独立和自身解放的历史，质疑和否定中国共产党领导社会主义革命、建设和改革开放的历史和取得的辉煌成就，质疑和否定中国走向社会主义道路的历史必然性和共产党执政的合法性。其突出表现就是任意贬损甚至否定革命，否定中国近现代历史的革命主线，美化帝国主义殖民侵略，认为殖民侵略能加速东方历史发展进程，并使东方民族迅速赶上西方现代文明。一些人故意把革命和现代化对立起来，并且认为，戊戌变法、辛亥革命的发生一次又一次使中国丧失了走向现代化的机遇，如果能够避免这场革命，中国可能就是世界头号强国云云。历史虚无主义美化殖民侵略、否定革命的必然逻辑，就是认为反帝反封建的中国革命搞糟了、搞错了。与此相呼应，却为那些极力维护封建统治秩序的代表人物如慈禧、李鸿章、曾国藩等大唱赞歌，甚至认为他们的行为顺应了历史发展的趋势，推动了中国现代化的历史进程等等。他们在解构历史、否定革命的同时又重构历史，提出用所谓的"现代化范式"取代"革命史范式"，声称经济文化落后的中国还不具备搞社会主义的条件，近代中国的唯一出路是搞改良主义，近代中国应当走资本主义发展道路。而经过这样的"研究范式"转换，近代史上的改革和革命便成了制造社会动荡、破坏经济发展、阻碍社会进步的消极力量。[1] 比

---

① 冯夏根、胡旭华：《虚无的背后——新时期历史虚无主义思潮论析》，《湖南文理学院学报（社会科学版）》2009 年第 5 期。

如"告别革命"论的李泽厚就将半殖民地半封建的社会性质判定看作一个"似是而非，大可商榷"的概念，"我们关于中国近代史的一些非常基本的概念、范畴、命题、判断……有的则是虽然流行多年，奉为定论，其实确是似是而非，大可商榷。例如，'半殖民地半封建'的'社会性质'的概念和命题，便是如此"①。如又有文章认为："在现存的近代史框架里，某些还应该进一步推敲的结论一旦为人们普遍接受，往往成了驾驭史料和指导近代史研究的理论原则，甚至被冠之以历史规律，使人们深信不疑。"经过一番推敲之后，作者得出结论："实际上，中国近代资本主义并非绝对行不通……半殖民地半封建的道路从本质上说是一条中国式的，或大体适合中国国情的资本主义道路。"② 如此一来，把半殖民地半封建社会的性质改为半殖民地半封建社会的道路，使原本是对中国社会性质的事实认定转变为一种带有感情色彩的价值判断。不仅是中国式的、大体适合国情的，而且又能满足资本主义发展的需要，那么再进行反帝反封建的革命岂不是多余的了？如此等等。历史虚无主义质疑中国半殖民地半封建这一社会性质的科学性，以"重新评价"历史为名，对近代中国的历史采取虚无主义的态度，歪曲否定中国共产党的历史、新中国的历史，诋毁和嘲弄中国人民为争取民族独立和人民解放而进行的反帝反封建斗争的历史，实质上是要釜底抽薪，从历史依据上抽掉中国共产党领导的中国革命和中国走社会主义道路的客观必然性，使中国走西方资本主义道路，是要使中国回归到"以英美为师"的所谓"近代文明的主流"。

近代中国是否应该进行革命，怎样取得革命胜利，从根本上说，这并不以人的意志为转移，而是由近代中国社会半殖民地半封建社会性质决定的。列宁曾经说过："革命是不能'制造出来'的，革

① 李泽厚：《开辟中国近代史研究的新阶段》，《文汇报》1986 年 12 月 30 日。
② 郭世佑：《中国近代史研究需要理论的突破》，《史学理论研究》1993 年第 1 期。

命是从客观上（即不以政党和阶级的意志为转移）已经成熟了的危机和历史转折中发展起来的。"① 事实告诉我们，从 1840 年鸦片战争开始，西方列强用坚船利炮对中国发动了一系列侵略战争，迫使中国签订了一个又一个屈辱的不平等条约，使中国逐步沦为半殖民地半封建社会，这种半殖民和半封建的社会性质是不可分割的。中国封建社会变化的一方面，由于中国半殖民地半封建社会性质，帝国主义控制了中国的政治经济命脉，造成了某些资本主义的生产关系，扩大了商品经济的领域，破坏了中国自给自足的自然经济，客观上促进了民族资本主义经济的发展，加速了中国封建经济的解体。但由于民族资产阶级的妥协性，民族资本主义始终没能成为中国经济的主要形式，中国始终没能发展成一个独立的资本主义社会，使得中国成为受几个帝国主义国家间接控制的半殖民地社会，这是中国历史的沉沦。中国封建社会变化的另一侧面，帝国主义的侵略虽然破坏了封建的自然经济基础，客观上为中国资本主义的发展创造了一定条件，使资本主义政治、经济和文化因素在中国不断发展壮大。但并没有动摇封建主义在中国的根基——地主阶级对农民的剥削，而且促成了这种自给自足的自然经济同买办资本和高利贷资本的结合，同时得到殖民主义、帝国主义侵略势力的支持（尽管他们之间也有矛盾的一面），中国在形式上仍然是封建统治和自然经济占主导地位。中国沦为半封建社会，这是中国历史的进步。何干之在 20 世纪 30 年代关于中国社会性质的论战中正确指出："这两种性质是互为因果的，因为中国处在半殖民地地位，所以中国停留于半封建的阶段，同时，中国社会的半封建又促着中国向全殖民地化的途径迈进。外部事情足以影响内部事情，内部事情同时又影响外部事情，

---

① 《列宁全集》第 26 卷，人民出版社 1998 年版，第 257 页。

这就是中国社会的二重性质的交互作用。"① 这种社会性质决定了中国革命的必然性。毛泽东曾经指出："帝国主义和中国封建主义相结合，把中国变为半殖民地和殖民地的过程，也就是中国人民反抗帝国主义及其走狗的过程。""只有认清中国社会的性质，才能认清中国革命的对象、中国革命的任务、中国革命的动力、中国革命的性质、中国革命的前途和转变。所以，认清中国社会的性质，就是说，认清中国的国情，乃是认清一切革命问题的基本的依据。"② 近代中国发生的革命，不可能是少数革命家"制造"出来的，其深刻的社会历史背景就是因为半殖民地半封建社会下帝国主义和中华民族的矛盾、封建主义和人民大众的矛盾及其尖锐化，才引发了近代以来日益壮大的革命运动。正是有了中国人民的革命斗争，尤其是中国共产党领导的新民主主义革命的胜利，才从根本上改变了中国的面貌，改变了中国人民的命运。它不仅挽救了中华民族的危亡，而且开启了中国通向现代化的强国之路。总之，中国近代以来的革命推翻了近代中国半殖民地半封建的社会制度，为中国新生产力的发展和新社会的建设创造了条件，使中国走向了现代化道路。尽管近代以来我们的民族蒙受过深重的屈辱和无穷的灾难，革命胜利后也遭遇过许多困难甚至遭受过某些暂时的、严重的挫折，但最终中华民族真正在世界上站起来而且站稳了，我们的人民终于过上了有尊严的生活，我们这个文明古国重新焕发出了青春的光彩。在近代中国社会的发展出路问题上，无论以什么借口来否定革命的历史作用，都背离了近代中国历史发展的客观事实和基调。

为了否定中国近代历史上的革命斗争，一些人还故意把革命和现代化对立起来，用所谓的"现代化史观"取代"革命史观"，实

---

① 《何干之文集》第 1 卷，北京出版社 1993 年版，第 200 页。
② 《毛泽东选集》第 2 卷，人民出版社 1991 年版，第 632、633 页。

现所谓的"范式"转变，妄图消解马克思主义的唯物史观。一些文章甚至很露骨地说，如果没有康梁的变法维新和孙中山的辛亥革命，"中国早就实现现代化了"，这是赤裸裸地把革命和现代化对立起来的一种错误观点。结论最终还是要由历史作出。近代中国半殖民地半封建社会的特点和主要矛盾，决定了近代中国人民始终面临两大历史任务：一是求得民族独立和人民解放；二是实现国家富强和人民富裕。这是近代以来中国历史的基本要求。由于反动统治势力不愿自动退出历史舞台，因此前一个任务只能通过革命的手段来完成。只有完成前一个任务，才能为后一个任务的完成扫清障碍，创造前提，才能实现国家繁荣富强和人民富裕。这就是为什么近代以来的民族精英总是不惜抛家舍业，流血牺牲，前赴后继，把最主要的精力投入到革命事业中去的原因。中国人民选择革命，完全是为了国家富强和民族复兴。这才是近代以来中国历史发展的逻辑。早在20世纪40年代，毛泽东就在总结历史经验的基础上，讲清了革命和现代化之间的关系："没有独立、自由、民主和统一，不可能建设真正大规模的工业。没有工业，便没有巩固的国防，便没有人民的福利，便没有国家的富强。"[1] "一个不是贫弱的而是富强的中国，是和一个不是殖民地半殖民地的而是独立的，不是半封建的而是自由的、民主的，不是分裂的而是统一的中国相连结的。在一个半殖民地、半封建的、分裂的中国里，要想发展工业，建设国防，福利人民，求得国家的富强，多少年来多少人做过这种梦，但是一概幻灭了。"[2] 历史虚无主义为了进一步否定革命，极力推崇改良，声称只有改良才是近代中国的唯一出路，才能从根本上解决中国的发展问题。我们知道，改良是解决社会基本矛盾的一种方式，但它只是在

<hr />

[1] 《毛泽东选集》第3卷，人民出版社1991年版，第1080页。

[2] 同上。

保存原有社会的政治经济基本制度的基础上对社会的某些局部进行调整，并不触及社会的根本制度，不可能扫除社会发展的根本障碍。而阻碍中国走向独立和富强的，恰恰是整个半殖民地半封建社会的基本制度，而不是某个局部，所以改良是不可能解决问题的。况且，采取改良措施，必须经过统治者的同意，自上而下实施，这在当时是不可能的事情。革命则是对旧制度的根本变革，是采用新制度取代旧制度，因而它能从根本上解决社会发展的全局性问题。因此，我们认为，革命不仅不同现代化矛盾，恰恰是现代化最重要、最强劲的推动力量。没有革命便没有现代化，靠改良不能彻底解决近代中国的出路问题。

历史虚无主义不但割裂革命和现代化的关系，他们还歪曲历史，否定革命，美化和赞颂帝国主义和封建主义，丑化党的领导和社会主义制度，归根结底就是要按照西方那一套在中国搞资本主义。历史已经证明，这是没有出路的。可以说，在一个相当长的时间内，学习西方，走资本主义道路，这是中国先进分子的共同主张。近代以来的中国历史表明，从封建阶级的开明派林则徐开始睁眼看世界到魏源的"师夷长技以制夷"，从太平天国洪仁玕的《资政新篇》主张发展资本主义生产关系到戊戌维新运动领袖康有为主张在中国实行君主立宪的政治制度，从近代启蒙思想家严复主张系统学习西方的思想理论到民主革命的伟大先行者孙中山提出比较完整的资产阶级共和国方案，中国的先进分子曾试图通过走资本主义道路来实现民族独立和富强，统统失败了，中国一步一步地陷入了一个半殖民地半封建社会的深渊。众所周知，一部资本主义发展史，就是一部唯利是图的资产阶级残酷剥削本国和他国人民的历史。这是一部血与火的历史。一方面帝国主义不允许中国独立，不容许中国发展资本主义，他们的既定方针即是侵略中国，变中国为殖民地，统治和压榨中国。另一方面，中国近代民族资本主义经济对外国垄断资本具有相当大的依赖性，并且始终未能形成一个独立的、比较完整的工业体系和国民经济体系。因此，独立后的中国如果走资本主义道路而不搞社会主义，它就仍然不能摆脱对于外国垄断资本的严重依赖，结果必然成为外国垄断资本的加工厂和单纯的廉价原料、廉价劳动力的供应地。毛泽东指出："帝国主义侵略中国，反对中国独立，反对中国发展资本主义的历史，就是中国的近代史。"① 这个论断，根本上是符合近代中国的历史实际的。邓小平曾经指出："孙中山开始就想学习西方，所谓西方即资本主义"②，但没有成功。"在帝国主义、封建主义和后来发展起来的官僚资本主义压迫下，中国继续贫穷下去。这个历史告诉我们，中国走资本主义道路不行，中国除了走社会主义道路没有道路可走。一旦中国抛弃社会主义，就要回到半殖民地半封建社会，不要说实现'小康'，就连温饱也没保障。所以了解自己的历史很重要。青年人不了解这些历史，我们要用历史教育青年，教育人民。"③ 一些人还不死心，进而借口中国经济文化落后为由，否定中国人民选择走社会主义道路的权利，这种观点也是不能成立的。经济文化落后的国家在一定条件下可以搞社会主义，这是马克思在回答查苏利奇的信件和列宁在《论我国革命》等著作中早已阐明的思想。中国共产党领导中国人民进行社会主义改造、建设和改革开放的伟大实践和辉煌成就，进一步证明了马克思主义这一理论的正确性。

历史和事实清楚表明，只有社会主义才能救中国，只有中国特色社会主义才能发展中国。从根本上说，一个国家对其社会发展道

---

① 《毛泽东选集》第 2 卷，人民出版社 1991 年版，第 679 页。
② 《邓小平文选》第 3 卷，人民出版社 1993 年版，第 205 页。
③ 同上书，第 206 页。

路的选择，是一种历史活动，而非纯粹的思想活动和某些人的主观臆想。中国走社会主义道路，是中国人民经过长期革命实践作出的历史选择，是中国近现代革命发展的必然逻辑。正是近现代的中国革命尤其是中国共产党领导的新民主主义革命推翻了压在中国人民身上的三座大山，开辟了中国通向社会主义的正确道路。新中国成立以后，我们在社会主义建设方面取得了巨大成就，建立了独立的、比较完整的工业体系和国民经济体系，使中国在赢得政治独立之后又赢得了经济独立。十一届三中全会以来进行的改革开放，是在坚持社会主义基本制度前提下的社会主义制度的自我完善和发展。改革开放以来中国取得举世瞩目的辉煌成就，进一步证明走社会主义道路的正确性，进一步证明中国社会主义制度具有极大优越性和旺盛生命力。那种把改革开放说成是对社会主义制度的否定和对资本主义的"补课"，是对改革开放和改革开放以来的中国历史的歪曲，是不符合历史事实的。

当前，中国特色社会主义进入了新时代。20世纪历史决定了新时代中国特色社会主义必须坚持党的领导、马克思主义指导思想、人民代表大会制根本政治制度和中国特色社会主义道路的选择，历史虚无主义对这段历史的歪曲和攻击，反映的更根本的是政治问题、是对待党和国家现实的态度问题。近代中国是半殖民地半封建社会，这是中国共产党人对近代国情的科学认识，是真理，是近代中国革命的根据和出发点。近代中国的社会性质不仅决定了解决中国出路的手段，而且还决定了中国社会发展的方向。以实现现代化、走向繁荣富强的社会主义为目标的新民主主义革命是符合近代中国国情的，也是符合社会历史发展规律的。这当然不是从狭隘的党派利益而言，而是这一判断已为实践所检验，被历史所证明。中国共产党领导的反帝反封建的民主革命的最终胜利和近代中国形形色色的改良主义运动的失败，则从正反面证明了这一点。

二　中国革命的胜利为实现中华民族伟大复兴奠定了重要基础

中国革命的胜利开辟了中国走向现代化的崭新起点，为实现中华民族伟大复兴奠定了根本政治前提和铺就了实现路径。为现代化创造前提条件，解放和发展生产力，这正是中国革命的任务与目的。美国学者斯·梅斯纳认为中国革命胜利的意义可以与法国大革命和十月革命相媲美，"其政治摧毁的范围不小于那两场革命，在为社会的发展的空前新进程而开辟道路方面，其重要性不亚于那两场革命；其世界范围的影响也不小于那两场革命。""在摧毁旧政权的几十年革命暴力期间，新国家和新社会的胚胎已经逐渐成长起来。"①

第一，新民主主义革命的胜利实现了民族独立、人民解放的历史任务，为民族复兴奠定了前提基础。

一个民族内部发展过程的重新开始，取决于她作为一个独立的民族并且重新掌握了自己命运的时候。"一个大民族，只要还没有民族独立，历史地看，就甚至不能比较严肃地讨论任何内政问题""排除民族压迫是一切健康和自由的发展的条件。"② 马克思在分析英国侵略印度问题时曾经提出过"双重使命"的论断，认为英国在印度既要完成一个破坏的使命，即消灭旧的亚洲式的社会，还要"被迫"地、"不自觉"地完成一个重建的使命，即在亚洲为西方式的社会奠定物质基础，也即摧毁自然经济和建立资本主义。事实上，不仅仅马克思这样认为，世界上其他现代问题专家也同样认为，宗主国不

---

① ［美］M. 梅斯纳：《毛泽东的中国及其发展》，社会科学文献出版社1992年版，序言第3页。

② 《马克思恩格斯全集》第35卷，人民出版社1995年版，第260、261页。

可能为殖民地提供现代化的前提条件。T. 肯普指出，有充分的证据表明，"殖民地一般提供不了适宜的环境，对这些国家来说，首先必须推翻外国的统治，然后才能使工业化摆脱殖民统治而前进"①。西里·布莱尔指出，保护国不愿看到一个全面的现代化，因为它将最终导致被统治者的独立，统治者将会丧失殖民统治体制下的既得利益。

没有国家的独立，就没有民族的伟大复兴。近代以来的中国，山河破碎，国家失去了独立，民族失去了尊严，人民失去了幸福，在殖民地半殖民地的道路上日益下滑。西方列强以政治、军事、经济等手段，不断加大对中国的直接侵略；同时在中国培植代理人，形成"第二控制集团"，实行军阀统治，中华民族到了生死存亡，亡国灭种之秋。帝国主义的压迫统治是实现国家独立和民族复兴的最大障碍，因此，"中国必须独立，中国必须解放，中国的事情必须由中国自己做主张，自己来处理，不容许任何帝国主义国家再有一丝一毫干涉"②。中国共产党成立后，就致力于领导反帝反封建的民主革命，实现了民族独立人民解放，造就了中华民族伟大复兴坚实的政治基础和政权保障，实现了近代中国百年奋斗史上至高无上的价值。近年来，西方资本主义国家为了转嫁危机和谋取利益，在我国周边屡挑事端，企图逼迫我们屈辱退让。对此，习近平强调："任何外国不要指望我们会拿自己的核心利益做交易，不要指望我们会吞下损害我国主权、安全、发展利益的苦果。"③ 这掷地有声的话语，表明中国共产党领导下的新中国再

---

① ［英］T. 肯普：《现代工业化模式》，中国展望出版社 1985 年版，第 6 页。
② 《毛泽东选集》第 4 卷，人民出版社 1991 年版，第 1465 页。
③ 习近平：《更好统筹国内国际两个大局　夯实走和平发展道路的基础》，《人民日报》2013—01—30。

也不会仰人鼻息、任人宰割，中华民族正以独立、富强的姿态走向伟大复兴。

第二，生产资料私有制改造的基本完成，奠定了中华民族伟大复兴的经济前提，为开辟和发展中国特色社会主义道路奠定了基础。

新中国成立后，党中央领导全国人民，在迅速医治战争创伤、恢复国民经济的基础上，继续推动中国历史向前发展。党中央不失时机地提出了过渡时期总路线。在这条总路线指引下，我国奠定了工业化的初步基础，开辟了一条适合中国国情的社会主义改造道路，确立了社会主义基本制度。在此基础上，党又带领中国人民开始探索适合中国国情的社会主义建设道路，为开创中国特色社会主义道路奠定了基础，积累了经验。但是，在探索中也出现了包括"文化大革命"在内的重大曲折。

20 世纪 70 年代末，中国又面临向何处去的重大历史关头：是坚持"文化大革命"的理论和实践错误，继续走老路，还是走出一条坚持和发展社会主义的新路子，这是我们党面临的一个重要抉择。在这样的历史节点，中国共产党人坚持解放思想、实事求是的思想路线，以坚定的理想信念和超强的智慧，立足中国，放眼世界，解决了科学评价毛泽东同志和确立社会主义现代化建设的正确道路这样两个紧密关联的重大历史课题，既不走封闭僵化的老路，也没有走改旗易帜的邪路，实现了党的思想路线、政治路线和组织路线的拨乱反正，成功开创了中国特色社会主义道路。改革开放 40 年来，中国共产党领导中国各族人民，坚持党在社会主义初级阶段"一个中心，两个基本点"的基本路线，巩固和完善社会主义制度，坚持社会主义经济建设、政治建设、文化建设、社会建设和生态文明建设"五位一体"的建设总布局，不断促进人的全面发展和全体人民的共同富裕，中华民族伟大复兴的道路越走越宽广。

第三，在新的历史起点上，中国共产党人面对挑战，不忘初心，继续坚持和发展中国特色社会主义，把改革开放新的伟大革命、中华民族伟大复兴的事业不断推向新的阶段。

实现中华民族伟大复兴的中国梦，是中华民族近代以来最伟大的梦想，凝聚了几代中国人的心血，是激励中华儿女团结奋进、开辟未来的精神旗帜。中国共产党人的初心和使命，就是为中国人民谋幸福，为中华民族谋复兴。实现中华民族伟大复兴的中国梦，就是要实现"国家富强、民族振兴、人民幸福"①。实现中华民族伟大复兴的中国梦，这是以习近平同志为核心的党中央对全体人民的庄严承诺，是党和国家面向未来的政治宣言，是我们党高度的历史担当和使命追求的体现，为新时代坚持和发展中国特色社会主义注入了崭新的内涵。

只有创造过辉煌的民族，才懂得复兴的意义；只有经历过苦难的民族，才对复兴有如此深切的渴望。《复兴之路》展览，回顾了中华民族的昨天，展示了中华民族的今天，宣示了中华民族的明天，生动诠释了近代100多年来中国人民寻梦、追梦、圆梦的历史进程。中华民族的昨天可以说是"雄关漫道真如铁"。近代以后，中华民族在世界历史上遭受了罕见的苦难和巨大的牺牲。为了民族复兴，几代人魂牵梦萦，亿万人心结难解。历经千难万阻，在中国共产党的正确领导下，中华民族掌握了自己的命运，建立了新中国，确立了社会主义制度，开始了建设自己伟大国家的进程。中华民族的今天，可以说是"人间正道是沧桑"。改革开放以来，我们党总结历史经验，继续艰辛探索，终于找到了实现中华民族伟大复兴的正确道路，

---

① 《习近平关于实现中华民族伟大复兴的中国梦论述摘编》，中央文献出版社2013年版，第5页。

取得了举世瞩目的伟大成就。在中国特色社会主义道路上，我国综合国力大大增强，人民生活水平显著提高，实现了从温饱不足到总体小康再向全面小康迈进的跨越。中国的国际地位国际影响力空前提升，被一些国际媒体称为"近年来最重要的全球变革"。中华民族的明天，可以说是"长风破浪会有时"。经过鸦片战争以来170多年的持续奋斗，中华民族伟大复兴展现出光明前景。深藏于中国人民心中的民族复兴梦，就要梦想成真。正如习近平同志指出的："现在，我们比历史上任何时期都更接近中华民族伟大复兴的目标，比历史上任何时期都更有信心、有能力实现这个目标。"①

习近平总书记指出："实现中国梦必须走中国道路、弘扬中国精神、凝聚中国力量。"② 实现中国梦必须走中国道路，这就是中国特色社会主义道路。正确道路，是美好愿景、伟大梦想实现的必然途径。中国特色社会主义道路来之不易，是在改革开放40年的伟大实践中走出来的，是在中华人民共和国成立近70年的持续探索中走出来的，是在对近代以来170多年中华民族发展历程的深刻总结中走出来的，是在对中华民族5000多年悠久文明的传承中走出来的，也是科学社会主义的理论逻辑和中国社会发展历史逻辑的辩证统一，具有深厚的历史渊源和广泛的现实基础。历史和现实充分证明，我们既不能走封闭僵化的老路，也不能走改旗易帜的邪路，只能走中国特色社会主义这条康庄大道、人间正道！中华民族是一个具有非凡创造力的民族，我们创造了灿烂的中华文明，我们也能够继续拓展好、发展好适合中国国情的发展道路。实现中国梦必须弘扬中国精神，这就是以爱国主义为核心的民族精神和改革创新为核心的时

---

① 《习近平关于实现中华民族伟大复兴的中国梦论述摘编》，中央文献出版社2013年版，第7页。

② 《十八大以来重要文献选编》（上），中央文献出版社2014年版，第235页。

代精神，这是强国、兴国之魂。中国精神是中国梦的精神支撑，没有振奋的精神、高尚的品格、坚定的志向，一个民族很难自立于世界民族之林。实现中国梦，不仅要求我们在物质上强大起来，而且也要在精神上强大起来。爱国主义是中华民族精神的核心，爱国主义精神激励着一代又一代中华儿女为祖国发展繁荣而不懈奋斗。改革创新体现了中华民族最深沉的民族禀赋，反映了当代中国发展进步的要求，始终是鞭策我们在改革开放中与时俱进的精神力量。要弘扬伟大的民族精神和时代精神，不断增强团结一心的精神纽带、自强不息的精神动力，永远朝气蓬勃迈向未来。实现中国梦必须凝聚中国力量，这就是全国各族人民团结的力量。我国 56 个民族构成谁也离不开谁的中华民族命运共同体，实现中华民族伟大复兴的中国梦是各民族共同的梦，也是各民族自己的梦。各族人民大团结的力量，是克服各种艰难险阻、战胜各种风险挑战的决定性力量。生活在我们伟大祖国和伟大时代的中国人民，只要我们紧密团结，万众一心，为实现共同梦想而奋斗，实现梦想的机会就会无比强大，就一定能够共享人生出彩的机会，共享美梦成真的机会，共享祖国和时代一起成长进步的机会。

第三节　正确认识改革开放前后 两个历史时期

我们党领导人民进行社会主义建设，有改革开放前和改革开放后两个历史时期，这是两个既相互联系又有重大区别的时期，但本质上都是我们党领导人民进行社会主义建设的实践探索。对改革开放前的历史时期要正确评价，既不能用改革开放后的历史时期否定改革开放前的历史时期，也不能用改革开放前的历史时期否定改革开放后的历史时期。"正确处理改革开放前后的社会主义实践探索的关系不只是一个历史的问题，更主要的是一个政治问题。"①

一　改革开放前的历史为改革开放提供了重要条件，积累了正反两方面的经验教训

改革开放前的历史，是我们党领导全国各族人民进行社会主义革命和建设并取得巨大成就的历史，为改革开放积累了重要的制度条件、思想条件和物质条件，积累了正反两方面的经验教训。我们党自诞生之日起，就义无反顾肩负起实现中华民族伟大复兴的历史使命，肩负起争取民族独立、人民解放和实现国家富强、人民富裕的历史重任。我们党团结带领中国人民经过 28 年的浴血奋战，打败日本帝国主义，推翻国民党反动统治，完成新民主主义革命，建立了中华人民共和国，实现了中国人民梦寐以求的民族独立、人民解放。这一伟大历史贡献的意义在于，彻底结束了旧中国半殖民地半封建社会的历史，结束了旧中国一盘散沙的局面，彻底废除了列强强加给中国的不平等条约和帝国主义在中国的一切特权，实现了人民当家做主。这就为在中国建立社会主义制度、进行社会主义建设扫清了障碍，为实现国家富强、人民富裕进而实现中华民族伟大复兴提供了根本政治前提。

新中国成立后，以毛泽东为核心的第一代中央领导集体建立和巩固人民民主专政的国家政权，创造性地实现从新民主主义到社会主义的转变，全面确立社会主义基本制度，消灭一切剥削制度，成功完成了中华民族有史以来最深刻、最伟大的社会变革。党不失时机提出过渡时期的总路线，经过社会主义改造，建立起公有制为基

① 《十八大以来重要文献选编》（上），中央文献出版社 2014 年版，第 113—114 页。

础的社会主义基本经济制度。随着社会主义改造的进行，我国的人民民主建设也在有步骤地向前推进。党还领导人民建立起人民代表大会制度、中国共产党领导的多党合作和政治协商制度、民族区域自治制度，确立了马克思主义在意识形态领域的指导地位。社会主义制度的确立，符合中国基本国情和人民根本利益，为当代中国一切发展进步奠定了根本制度基础。

社会主义基本制度确立以后，如何在中国这样一个经济文化落后国家建设和巩固社会主义，是党面临的一项崭新课题。党曾经号召学习苏联经验，这在当时是必要的，也取得了一定的成效。但是后来实践表明，照抄照搬苏联经验不符合中国国情，毛泽东提出把马克思列宁主义同中国实际进行"第二次结合"的任务，明确提出要"以苏为鉴"，独立探索适合中国特点的社会主义建设道路。经过实践探索，取得了重大成就，党积累了领导社会主义建设的重要经验教训，逐步形成了一些社会主义建设的十分重要而又具有长远指导意义的思想观点。主要是：调动一切积极因素为社会主义社会服务的思想；生产力和生产关系、经济基础和上层建筑的矛盾是社会主义社会的基本矛盾；人民对于建立先进的工业国的要求同落后的农业国的现实之间的矛盾，人民对于经济文化迅速发展的需要同当前经济文化不能满足人民需要的状况之间的矛盾是我国国内的主要矛盾；敌我矛盾和人民内部矛盾是社会主义社会存在的两类不同性质的矛盾；发展生产力是社会主义的根本任务；要把党和国家的工作重点转到技术革命和社会主义建设上来；要坚持以农业为基础和工业为主导，以农业、轻工业、重工业为序安排国民经济，"两条腿走路"的中国工业化的道路；社会主义现代化战略目标是建设现代农业、现代工业、现代国防和现代科学技术的强国；社会主义现代化战略步骤是"两步走"的发展战略，即第一步建成一个独立的比较完整的工业体系和国民经济体系，第二步全面实现工业、农业、国防和科学技术现代化，使中国走在世界前列；社会主义可分为"不发达"和"比较发达"两个阶段；必须扩大社会主义民主，坚持民主集中制，加强社会主义法制建设，反对领导机关和领导干部官僚化、特殊化，等等。党还提出了建设社会主义经济、政治、文化以及国防和军队建设、实现祖国统一、外交工作和国际战略、执政党的建设等一系列重要指导方针和政策主张。尽管上述正确的思想观点和方针政策有的并没有得到贯彻落实，有的没有坚持下去，但党在这一时期的经验总结和认识成果，是毛泽东思想的重要组成部分，丰富和发展了科学社会主义，为开创和发展中国特色社会主义提供了重要思想来源。中国特色社会主义理论体系是对毛泽东思想的继承和发展，不仅包括对毛泽东思想活的灵魂即实事求是、群众路线、独立自主的继承和发展，也包括对探索中正确的经验总结和独创性理论成果的继承和发展。正如习近平同志所指出的："毛泽东同志带领我们党在艰辛探索中形成的重要思想成果，是我们党的宝贵财富，也是中国特色社会主义理论体系的重要思想来源。"①

新中国成立后，党领导人民恢复国民经济并开展有计划的经济建设，实施并提前完成第一个五年计划。社会主义基本制度建立后，党领导人民开展全面的社会主义建设，尽管经历严重曲折，但各方面建设仍取得了巨大成就。首先，最重要的成就就是在旧中国遗留下来的"一穷二白"的基础上建立了独立的比较完整的工业体系和国民经济体系，为改革开放后的经济高速发展奠定了坚实的物质技术基础。而且成功爆炸了原子弹、氢弹，试制并成功发射了中远程导弹和人造卫星，使全世界为之震惊。邓小平后来评价说："过去也

---

① 习近平：《大力推进中国特色社会主义理论体系的学习和研究》，《求是》2008 年第 7 期，第 3 页。

好，今天也好，将来也好，中国必须发展自己的高科技，在世界高科技领域占有一席之地。如果六十年代以来中国没有原子弹、氢弹，没有发射卫星，中国就不能叫有重要影响的大国，就没有现在这样的国际地位。这些东西反映一个民族的能力，也是一个民族、国家兴旺发达的标志。"[1] 其次，尽管经历了两次大的起伏，中国经济的发展，从总体上看，还是比较快的。"从经济发展的速度来看：从1953 年到1976 年，国内生产总值年均增长 5.9%，其中工业年均增长 11.1%。"[2] "从国家经济实力增强的实力来看：按当年价格计算，1952 年国内生产总值为 679 亿元人民币，1976 年增加到 2965亿元。人均国内生产总值从 1952 年的 119 元增加到 1976 年的 319元。这个数字虽然不高，但在原有基础上的增长是很明显的。"[3]再次，随着建设事业的进步，人民物质生活和文化生活水平逐步提高。邓小平在 1979 年明确说过："社会主义革命已经使我国大大缩短了同发达资本主义国家在经济发展方面的差距。我们尽管犯过一些错误，但我们还是在三十年间取得了旧中国几百年、几千年所没有取得过的进步。"[4] 正如 1981 年 6 月党的十一届六中全会作出的《关于建国以来党的若干历史问题的决议》中所指出的："我们现在赖以进行现代化建设的物质技术基础，很大一部分是这个期间建设起来的；全国经济文化建设等方面的骨干力量和他们的工作经验，大部分也是在这个期间培养和积累起来的。这是这个期间党的工作的主导方面。"因此，如果没有 1949 年建立新中国并进行社会主义革命和建设，积累了重要的政治制度、思想、

---

① 《邓小平文选》第 3 卷，人民出版社 1993 年版，第 279 页。
② 《中国共产党的九十年》，中共党史出版社、党建读物出版社 2016 年版，第638 页。
③ 同上。
④ 《邓小平文选》第 2 卷，人民出版社 1994 年版，第 167 页。

物质条件，积累了正反两方面经验教训，改革开放很难顺利进行。

党在探索适合中国国情的社会主义建设道路的过程中，主要是在 1958 年开始的"大跃进"尤其是 1966 年开始的"文化大革命"时期，由于一段时期党在指导思想上出现了"左"的错误，曾经犯过严重错误。但是从总体上来说，尽管探索艰难坎坷，我们取得的成就是巨大的。在探索中，虽然经历了严重曲折，党在社会主义建设中取得的独创性理论成果和巨大成就为新时期开创中国特色社会主义提供了宝贵经验、理论准备、物质基础，必须充分肯定。也就是说，不能否定改革开放前的历史时期，那是从整体上说的，并不意味着可以忽视甚至掩盖"文化大革命"前和"文化大革命"的错误，对此，党的十一届六中全会通过的《关于建国以来党的若干历史问题的决议》已经作出科学分析和客观评价；对于"文化大革命"，《关于建国以来党的若干历史问题的决议》已经从根本上作出彻底否定的明确结论，指出"实践证明，'文化大革命'不是也不可能是任何意义上的革命或社会进步。""'文化大革命'是一场由领导者错误发动，被反革命集团利用，给党、国家和各族人民带来严重灾难的内乱。"这些结论，都是我们必须继续坚持的。

不能否定改革开放前的历史时期，也并不意味着可以忽视甚至掩盖毛泽东同志晚年的错误，也不意味着可以人为夸大毛泽东同志晚年的错误，更不意味着全盘否定毛泽东同志和毛泽东思想，如果那样，既违背历史事实和人民意愿，也必然造成严重的政治后果。邓小平同志指出："毛泽东思想这个旗帜丢不得。丢掉了这个旗帜，实际上就否定了我们党的光辉历史。总的来说，我们党的历史还是光辉的。虽然我们党在历史上，包括建国以后的三十年中，犯过一些大错误，甚至犯过搞'文化大革命'这样的大错误，但是我们党终究把革命搞成功了。"① "对毛泽东同志的评价，对毛泽东思想的阐述，不是仅仅涉及毛泽东同志个人的问题，这同我们党、我们国家的整个历史是分不开的。要看到这个全局。"② "没有毛主席，至少我们中国人民还要在黑暗中摸索更长的时间。"③《关于建国以来党的若干历史问题的决议》指出："毛泽东同志是伟大的马克思主义者，是伟大的无产阶级革命家、战略家和理论家。他虽然在'文化大革命'中犯了严重错误，但是就他的一生来看，他对中国革命的功绩远远大于他的过失。他的功绩是第一位的，错误是第二位的。他为我们党和中国人民解放军的创立和发展，为中国各族人民解放事业的胜利，为中华人民共和国的缔造和我国社会主义事业的发展，建立了永远不可磨灭的功勋。他为世界被压迫民族的解放和人类进步事业作出了重大的贡献。"我们要深刻领会这些论断的精神实质，理直气壮地肯定毛泽东同志和毛泽东思想，实事求是地评价改革开放前的历史时期。

二　改革开放后的历史是对改革开放前的社会主义实践探索的坚持、改革和发展

　　改革开放后的历史，是党领导全国各族人民成功开创和发展中国特色社会主义的历史，是对改革开放前的社会主义实践探索的坚持、改革和发展。1978 年党的十一届三中全会重新确立解放思想、实事求是的思想路线，彻底否定"以阶级斗争为纲"的错误理论和实践，作出把党的工作中心转移到经济建设上来、实行改革开放的历史性决策，实现了新中国成立以来党的历史上具有深远意义的伟

---

① 《邓小平文选》第 2 卷，人民出版社 1994 年版，第 298—299 页。
② 同上书，第 299 页。
③ 同上书，第 345 页。

大转折，开启了我国改革开放和社会主义现代化建设的新时期。以邓小平同志为主要代表的中国共产党人顺应时代发展潮流和人民热切期待，以巨大的政治勇气和理论勇气推进改革开放，并明确提出必须搞清楚什么是社会主义、怎样建设社会主义这个重大的理论和实践问题，并认为这是建设中国特色社会主义的首要的基本理论问题。邓小平指出："我们的经验教训有许多条，最重要的一条，就是要搞清楚这个问题。"① 我国社会主义在改革开放前所经历的曲折和失误，归根到底就是对这个问题没有完全搞清楚；改革开放以来在前进中遇到的一些困惑和问题，归根到底也在于对这个问题没有完全搞清楚。正因为这样尖锐地提出问题，才有了邓小平同志对这个问题的深入探索和科学性回答。以邓小平同志为主要代表的中国共产党人，团结带领全国各族人民成功开创了中国特色社会主义。1981 年，党的十一届六中全会作出《关于建国以来党的若干历史问题的决议》，标志着我们党胜利完成指导思想上的拨乱反正。1982年，党的十二大提出"走自己的路，建设有中国特色的社会主义"的重大命题而被载入史册。以这次会议召开为标志，改革开放全面展开。党的十三大第一次比较系统地阐述了社会主义初级阶段理论，明确提出党在社会主义初级阶段的基本路线，概括了改革开放以来党关于社会主义建设的一系列科学理论观点，构成了"建设有中国特色的社会主义理论"的轮廓。经过实践探索，党进一步提出了社会主义本质理论、社会主义与市场经济的关系理论、"三个有利于"标准等一系列理论。邓小平同志深刻总结历史和现实经验，第一次比较系统地回答了中国这样一个经济文化比较落后的国家如何建设社会主义、如何巩固和发展社会主义的一系列基本问题，用新的思

---

① 《邓小平文选》第 3 卷，人民出版社 1993 年版，第 116 页。

想观点继承和发展了马克思列宁主义、马泽东思想，开拓了马克思主义发展的新境界，把对社会主义的认识提高到新的水平，成功开创了中国特色社会主义。

中国特色社会主义是不断发展、与时俱进的。党的十三届四中全会以后，以江泽民同志为主要代表的中国共产党人成功把中国特色社会主义推向 21 世纪。党的十六大以后，以胡锦涛同志为代表的中国共产党人，成功在新的历史起点上坚持和发展了中国特色社会主义。党的十八大以来，以习近平同志为核心的党中央不忘初心、牢记使命、接续奋斗，统筹推进"五位一体"总体布局，协调推进"四个全面"战略布局，坚定不移贯彻新发展理念，推动党和国家事业发生历史性变革，中国特色社会主义事业进入新时代，续写了坚持和发展中国特色社会主义崭新篇章，社会主义现代化建设和中华民族的伟大复兴展现出更加壮丽的前景，中国人民和中华民族的美好未来展现出更加灿烂的前景。

中国特色社会主义是党和人民长期奋斗、创造、积累的根本成就，坚持和发展中国特色社会主义是改革开放以来党的全部理论和实践的主题，是当代中国发展进步的方向。中国特色社会主义一经植根于中华大地，便显示出强大的生命力和感召力，成为引领当代中国发展进步的光辉旗帜。40 年来，党领导人民谱写了改革开放和社会主义现代化建设新的壮丽篇章。经济建设、政治建设、文化建设、社会建设、生态文明建设取得举世瞩目的巨大成就，全面从严治党发生深刻变革。我国经济实力、科技实力、国防实力、综合国力进入世界前列，党的面貌、国家的面貌、人民的面貌、军队的面貌、中华民族的面貌发生了前所未有的变化，中华民族正以崭新姿态屹立于世界的东方。1978 年至 2017 年，国内生产总值由 3645 亿元增长到 80 万亿元，经济总量稳居世界第二位。人民生活实现了从温饱不足到总体小康再到全面小康的历史性跨越。改革开放40年来特别是党的十八大以来，以习近平同志为核心的党中央，以巨大的政治勇气和强烈的责任担当，作出一系列重大战略部署，先后出台重点改革文件360多个，推出改革措施1500多项，推动党和国家事业发生历史性变革、取得历史性成就。今天的中国，人民意气风发，发展日新月异，社会充满活力，国际地位前所未有提升，我们比历史上任何时候都更加接近实现中华民族伟大复兴的目标。

同时，我们必须清醒看到，改革开放走过40年艰辛历程，进入深水区。改革开放过程中成绩是主要的，同时也有问题。面对改革攻坚要解决的一系列深层次矛盾、困难和问题，停顿和倒退没有出路。习近平同志在2018年元旦贺词中发出号召："我们要以庆祝改革开放40周年为契机，逢山开路，遇水架桥，将改革进行到底。"可以说，改革是由问题倒逼产生的，又不断通过改革的办法加以解决，但是，绝不能因此而否定改革开放后的历史时期。我们党领导的革命、建设和改革，从来就是为了解决中国的实际问题。目前存在的问题和挑战主要是：发展不平衡不充分的一些突出问题尚未解决，民生领域还有不少短板，社会文明水平尚需提高，社会矛盾和问题交织叠加，意识形态领域斗争依然复杂，一些改革部署和重大政策措施需要进一步落实，党的建设方面还存在不少薄弱环节，等等。应当看到，这些矛盾和问题是前进和发展道路上产生的矛盾和问题，我们既要充分估计和把握全面深化改革道路上的困难和障碍，又不能借此否定改革开放取得的成就，歪曲改革的实质，而应该在坚持改革性质和正确方向的基础上继续全面深化改革，破解面临的难题。40年来，我们党始终清醒地认识、科学地应对前进道路上出现的问题，坚持用发展的思路解决发展中遇到的困难，用改革的办法解决改革中出现的问题，依靠人民攻坚克难、继续前进，使中国特色社会主义道路越走越宽广。

实践证明，改革开放是党在新的时代条件下带领全国各族人民进行的伟大革命，中国特色社会主义是在改革开放历史新时期开创的，但也是在新中国已经建立起社会主义基本制度并进行了 20 多年社会主义建设的基础上开创的。如果没有 1978 年我们党果断决定实行改革开放，并坚定不移进行改革开放，坚定不移把握改革开放的正确方向，社会主义中国就不可能有今天这样的大好局面，就可能面临严重危机，就可能遇到像苏联、东欧国家那样的亡党亡国危机。习近平总书记指出："改革开放是决定当代中国革命的关键一招，也是决定实现'两个一百年'奋斗目标、实现中华民族伟大复兴的关键一招。"① 我国 40 年来的快速发展靠的是改革开放，决胜全面建成小康社会、全面建设社会主义现代化国家必须坚定不移依靠改革开放。改革开放后的历史时期的正确方向和巨大成就，必须充分肯定。

三 改革开放前后两个历史时期本质上都是党领导人民进行社会主义建设的实践探索

改革开放前后两个历史时期本质上都党领导人民进行社会主义建设的实践探索，两者绝不是彼此割裂的，更不是根本对立的。以党的十一届三中全会为标志，我们党领导人民进行社会主义建设，主要分为改革开放前和改革开放后两个历史时期。这是两个相互联系又有重大差别的时期，但本质上都是我们党领导人民进行社会主义建设的实践探索。这种相互联系，并不只是时间上的顺延和承续，而是在坚持社会主义发展方向、基本制度、根本任务、奋斗目标基础上的联系，两个历史时期之间决不是彼此割裂的，更不是根本对

---

① 《习近平平关于全面深化改革论述摘编》，中央文献出版社 2014 年版，第 3 页。

立的；这种重大差别，主要是指在进行社会主义建设的思想指导、方针政策、实际工作上有着很大差别，也包括进行社会主义实践探索的内外条件、实践基础等方面存在很大差别。其中，有的差别是具有转折意义的，比如，从"以阶级斗争为纲"到"以经济建设为中心"，从高度集中的计划经济体制到社会主义市场经济体制，从封闭半封闭到全方位对外开放，等等。这种联系与差别是辩证统一的，我们应在统一中把握对立，在对立中把握统一。如果混淆这种差别，就看不清中国特色社会主义"特"在哪里；如果看不到这种联系，就不能正确认识前后两个历史时期的本质特征。改革开放前的社会主义实践探索为改革开放后的实践探索积累了条件，改革开放后的实践探索是对前一时期的坚持、改革、发展。两者既一脉相承，又与时俱进，共同构成了新中国成立以来党领导人民为实现国家富强、人民幸福而不懈探索实践的完整历程。历史就是在这样的矛盾发展中前进的。只有正确认识这种联系与区别，才能避免用一个历史时期否定另一个历史时期的荒谬做法，也才能更加自觉地坚持"两个不能否定"的科学论断。

我们党在改革开放前的社会主义建设实践之中提出了许多正确主张，当时没有真正落实，改革开放后得到了真正贯彻，将来也还要坚持和发展的。这些正确主张主要有我国社会的主要矛盾，发展生产力是根本任务；发展商品生产，利用价值规律；正确处理两类不同性质社会矛盾的基本方法；在文化领域实行"百花齐放、百家争鸣"的方针；对知识分子的工作方针；等等。我们党本来已经得出了这些后来被实践证明为正确的结论，但由于各种复杂原因，社会主义在实践探索中走了一些弯路，出现了一些失误，导致很多关于社会主义建设的正确思想没有得到贯彻落实。改革开放以来的路线方针政策，在相当程度上正是对改革开放前社会主义实践探索中提出的正确思想的贯彻、深化和发展。早在改革开放初期，邓小平同志就指出："三中全会以后，我们就是恢复毛泽东同志的那些正确的东西……基本点还是那些。从许多方面来说，现在我们还是把毛泽东同志已经提出、但是没有做的事情做起来，把他反对错了的改正过来，把他没有做好的事情做好。今后相当长的时期，还是做这件事。当然，我们也有发展，而且还要继续发展。"①

改革开放前后两个历史时期还有着共同的本质联系，两者都是我们党立足中国国情领导人民进行社会主义建设、改革开放和社会主义现代化建设进而实现中华民族伟大复兴的实践探索，都是在坚持中国共产党的领导和社会主义制度下的实践探索。改革开放之初，邓小平同志就指出："我们实行改革开放，这是怎样搞社会主义的问题。作为制度来说，没有社会主义这个前提，改革开放就会走向资本主义。"② "过去行之有效的东西，我们必须坚持，特别是根本制度，社会主义制度，社会主义公有制，那是不能动摇的。"③ 邓小平强调指出："一个公有制占主体，一个共同富裕，这是我们必须坚持的社会主义的根本原则。"④ "我们说的社会主义是具有中国特色的社会主义，而要建设社会主义，没有共产党的领导是不可能的。我们的历史已经证明了这一点。"⑤ 面对当时社会上有人竭力鼓吹照抄照搬西方制度的错误思潮，我们党及时地、旗帜鲜明地提出必须在思想上和政治上坚持四项基本原则的立国之本，反对资产阶级自由化，从而保证了改革开放从一起步就具有坚定明确的社会主义方向。回顾历史，无论改革开放前还是改革开放后的实践探索，无论世情、

---

① 《邓小平文选》第 2 卷，人民出版社 1994 年版，第 300 页。
② 《邓小平年谱（1975—1997）》，中央文献出版社 2004 年版，第 1317 页。
③ 《邓小平文选》第 2 卷，人民出版社 1994 年版，第 133 页。
④ 《邓小平文选》第 3 卷，人民出版社 1993 年版，第 111 页。
⑤ 同上书，第 208 页。

国情、党情如何变化，也无论国际风云如何变幻，我们坚持为中国人民谋幸福，为中华民族谋复兴的初心和使命没有变；我们坚持社会主义的根本制度、中国共产党的领导核心地位、马克思主义的指导思想、共产主义的理想信念、全心全意为人民服务的根本宗旨没有变；坚持毛泽东思想和中国特色社会主义理论体系相统一的立场、观点和方法没有变；坚持解放生产力、发展生产力、消灭剥削、消除两极分化、最终实现共同富裕的社会主义本质没有变。改革只有进行时，没有完成时。新时代坚持和发展中国特色社会主义，根本动力仍然是全面深化改革。习近平总书记在第十九届中央深化改革领导小组第一次会议上明确提出三个"不能变"，其中指出，无论改什么、改到哪一步，坚持党对改革的集中统一领导不能变，完善和发展中国特色社会主义制度不能变，进一步强调了全面深化改革必须坚持的原则，强调了改革开放中对社会主义本质的坚持和追求。

中国特色社会主义既坚持了科学社会主义的基本原则，又根据时代条件赋予其鲜明的中国特色，是科学社会主义理论逻辑和中国社会发展历史逻辑的辩证统一。它从理论和实践结合上系统回答了在中国这样一个人口多、底子薄的东方大国建设什么样的社会主义、怎样建设社会主义这个根本问题。我们党强调中国特色社会主义是社会主义而不是其他什么主义，就是说，不论怎么改革、怎么开放，我们都要始终坚持中国特色社会主义道路、中国特色社会主义理论体系、中国特色社会主义制度、中国特色社会主义文化。坚持"两个不能否定"，就是要把两个历史时期放到整个历史发展长河特别是放到党的90多年的历史发展长河中去考察、把握，正确认识各个历史时期在探索、开拓、发展中国特色社会主义历程中的独特地位和作用，既注重分析前一个历史时期为后一个历史时期提供了什么，又注重后一个历史时期在前一个历史时期基础上扬弃了什么。历史就是历史，历史不能任意选择，一个民族的历史是一个民族安身立命的基础。总结和吸取历史教训，目的是以史为鉴，更好前进。要牢固树立正确历史观，做到尊重历史而不割断或虚无历史，实事求是而不刻意拔高或苛求前人。坚持做到新民主主义革命的胜利成果绝不能丢失，社会主义革命和建设的伟大成就绝不能否定，改革开放和社会主义现代化建设的正确方向绝不能动摇。

近年来，国内外有些舆论以改革开放前的历史时期质疑改革开放后的历史时期，提出中国现在搞的还是不是社会主义的疑问，有人说是"资本主义社会"，还有人干脆说是"国家资本主义""新官僚资本主义"，并借此反对改革开放以来的路线方针政策。这些都是完全错误的。他们否定改革开放后的历史时期，就是要否定改革开放的社会主义性质，极力夸大改革开放中出现的困难、矛盾和问题，看不到改革开放符合党心民心，顺应时代潮流，把中国特色社会主义污名化，动摇中国各族人民团结奋斗的共同思想基础。反之，有些舆论则以改革开放后的历史时期质疑改革开放前的历史时期，把改革开放前的历史时期妖魔化，他们否定改革开放前的历史时期，就是要否定我们党的历史贡献，无限放大我们党在这一时期社会主义道路探索过程中出现的挫折与失误，否定中国革命史和新中国历史，否定中国共产党的领导，煽动推翻中国共产党的领导和我国的社会主义制度。只有对改革开放前的社会主义实践探索，坚持实事求是的思想路线，分清主流和支流，坚持真理，修正错误，发扬经验，吸取教训，才能在这个基础上把党和人民的事业推向前进。从根上说，"两个否定"的历史虚无主义思想，都是对历史事实的背离，都是要搞乱人心，都是要企图瓦解我们党执政的历史依据和现实根基，进而毁掉社会主义中国的未来和中国人民的福祉。"前车之覆，后车之鉴。"苏联解体、苏共垮台，一个重要原因就是意识形态领域的斗争十分激烈，大搞历史虚无主义，全面否定苏联历史、苏共历史，否定列宁，否定斯大林，思想搞乱了。最后，苏联共产党偌大一个党就作鸟兽散了，苏联偌大一个社会主义国家就分崩离析了。因此，正确把握改革开放前后两个历史时期，坚持"两个不能否定"，尊重和珍惜改革开放前后两个时期历史事实，是一个事关党、国家、人民前途和命运的重大政治问题。在这样的重大政治问题面前，每个共产党员特别是领导干部，都应该认真学习党的历史，坚决捍卫党的历史，增强对近百年来党的整个历史的应有自信，旗帜鲜明抵制历史虚无主义。

四 改革开放前后两个历史时期的历史经验给予我们的根本启示

坚持社会主义根本制度，坚持中国特色社会主义道路，全面深化改革，这是改革开放前后两个历史时期的历史经验给予我们的根本启示。改革开放前后两个历史时期虽然有重大区别，但两者归结底统一于实践探索中国特色社会主义道路的伟大实践中。必须坚持社会主义根本制度，坚持中国特色社会主义道路，将全面深化改革推向前进，这是改革开放前后两个时期的历史经验给予我们的根本启示。中国特色社会主义道路来之不易，正如习近平同志在第十二届全国人民代表大会第一次会议上的讲话中所指出的那样，它具有深厚的历史渊源和广泛的现实基础，必须坚定不移走下去，并在实践中进一步探索发展。在当代中国，坚持和发展中国特色社会主义就是真正坚持社会主义。

中国特色社会主义制度是当代中国发展进步的根本制度保障。制度是管根本、管长远的。中国共产党领导中国人民经过长期艰辛探索，特别是改革开放40年的不懈奋斗，在开辟中国特色社会主义道路进程中，完善和发展了中国特色社会主义制度。中国特色社会主义制度，坚持把根本政治制度、基本政治制度同基本经济制度以及各方面体制机制等具体制度有机结合起来，坚持把国家层面民主制度同基层民主制度有机结合起来，符合我国国情，集中体现了中国特色社会主义的特点和优势，是中国发展进步的根本制度保障。这个制度，保障了党的领导、人民当家做主、依法治国的有机统一，实现了激发活力与凝聚力量的有效结合，极大地解放和发展了社会生产力，充分调动了亿万劳动者的积极性、主动性和创造性，有效地实现、维护、发展了人民群众的根本利益和现实利益。正是在这个制度下，精准扶贫脱贫取得决定性进展，蓝天保卫战、碧水保卫战、净水保卫战成效斐然，维护民生安全、公共安全的举措坚强有力，中国制度的优势充分释放。应该看到，中国特色社会主义制度是特色鲜明、富有成效的，但还不是尽善尽美、成熟定型的。中国特色社会主义事业不断发展，中国特色社会主义制度也需要不断完善。邓小平同志在1992年视察南方讲话中指出："恐怕再有三十年的时间，我们才会在各方面形成一套更加成熟、更加定型的制度。"① 我们要把制度建设摆在突出位置，充分发挥我国社会主义政治制度优越性，坚持在实践基础上的理论创新推动制度创新，坚持和完善现有制度，从实际出发，及时制定一些新的制度，构建系统完备、科学规范、运行有效的制度体系，使各方面制度更加成熟更加成型，为新时代坚持和发展中国特色社会主义提供更加有效的制度保障。

　　坚持中国特色社会主义道路，将全面深化改革推行前进，就是要继续通过解放发展生产力，努力实现平衡发展、充分发展，不断

---

① 《十八大以来重要文献选编》（上），中央文献出版社2014年版，第76页。

满足人民日益增长的美好生活需要，实现人的全面发展和社会全面进步。为人民谋幸福、为民族谋复兴是中国共产党人的初心和使命。新中国成立以来特别是改革开放40年来，我们党团结带领人民成功走出一条中国特色社会主义道路，稳定解决了十几亿人口的温饱问题，总体上实现了小康，不久将全面建成小康社会、实现第一个百年奋斗目标，继而乘势而上开启全面建设社会主义现代化国家新征程，到21世纪中叶把我国建成富强、民主、文明、和谐、美丽的社会主义现代化强国。从世界历史发展看，已经实现现代化的国家和地区，其现代化大多经历了产业革命以来近300年才逐步完成，而我国却用100年走完了发达国家几百年走过的现代化路程，其速度、规模超乎寻常，变化的广度、深度和难度也超乎寻常。邓小平早在20多年前就曾指出："发展起来以后的问题不比不发展时少。"[1] 中国人已经告别了生活物资短缺的社会主义时期，跨越了温饱年月，并即将迈进全面小康。如果说此前的社会主要矛盾是"发展起来前"的矛盾，如今则可称为是"发展起来后"的矛盾。人民日益增长的美好生活需要与发展不平衡、不充分之间的矛盾问题，已经成为当前社会发展的主要矛盾，也是现阶段各种社会矛盾交织的主要根源。即将迈入全面小康社会的中国人民，不仅对物质文化生活提出了更高要求，而且在民主、法治、公平、正义、安全、环境等方面的要求日益增长，期盼有更好的教育、更稳定的工作、更满意的收入、更可靠的社会保障、更高水平的医疗卫生服务、更舒适的居住条件、更优美的环境……凡此种种，都是我们走到这个发展阶段之后必须面对的挑战。创造美好生活，就要破除"发展起来之后的烦恼"，需要继续将改革推向深入。新时代继续推进全面深化改革，既要立足

---

[1]　《邓小平年谱》（下卷），中央文献出版社2004年版，第1364页。

社会主义初级阶段的基本国情，又要准确把握我国社会矛盾发生的历史性变化，充分关注人民日益增长的美好生活需要，着力解决经济社会发展中的不平衡、不充分问题。保障和改善民生要抓住人民最关心、最直接、最现实的利益问题，把以人民为中心的发展思想落到实处，把人民群众的小事当作我们党的大事，从人民群众关心的事情做起，从让人民群众满意的事情做起，多谋民生之利、多解民生之忧，增进民生福祉，努力在幼有所育、学有所教、劳有所得、病有所医、老有所养、住有所居、弱有所扶上不断取得新进展，不断促进社会公平正义，让改革发展成果更多、更公平惠及全体人民，使人民获得感、幸福感、安全感更加充实、更有保障、更可持续，朝着实现全体人民共同富裕目标不断迈进。

当前，党和人民在以习近平为核心的党中央领导下，正满怀新时代中国特色社会主义的道路自信、理论自信、制度自信、文化自信，为决胜全面建成小康社会，夺取新时代中国特色社会主义伟大胜利，为实现中华民族伟大复兴的中国梦不懈奋斗。正确认识和准确把握改革开放前后两个历史时期的社会主义实践探索，对于我们进一步增强坚持和发展中国特色社会主义的自觉性、坚定性，具有重要的激励和启示作用。

第六章

坚持唯物史观，坚决
抵制历史虚无主义

马克思主义唯物史观的确立，使历史破天荒地第一次置于它的真正的基础之上，使史学成为真正意义上的科学。在新的历史时期，我国思想领域发生的深刻变化为历史虚无主义思潮的沉渣泛起提供了多种渠道和载体，历史虚无主义的某些吹鼓手不断利用一些讲坛、论坛、文坛、网络，打着"学术"的幌子，在政治、史学和文艺等领域散布极其错误的历史观和价值观，歪曲并攻击主流意识形态和核心价值观，裹挟民意，影响广大民众，毒害青少年，严重威胁我国意识形态的安全，抨击中国道路的当代合理性。当前，如何正视历史，客观公正地评价历史和历史人物，用社会主义核心价值观引领社会思潮，坚定"四个自信"，抵制历史虚无主义对大学生的侵蚀，是意识形态领域里一场无声的较量。为此，必须坚持唯物史观的科学原理和科学方法，才能有效地批判、遏制历史虚无主义思潮的泛滥。

第一节　正确评价历史和历史人物

近年来，历史虚无主义以"重评历史"为名，为了达到其政治意图，任意颠覆历史结论，大作"翻案"文章，任意臧否已有定论的历史人物。尤其是对革命领袖的全面"妖魔化"和对革命英雄的肆意抹黑，达到了史无前例的地步。历史虚无主义这种随意虚无历史和历史人物的做法，既与国际环境有关，更与其对历史和历史人物的科学评价有关。

一 正确评价历史和历史人物的原则

用历史虚无主义来评价历史和历史人物，必然陷入错误的泥潭。我们认为，正确研究历史和评价历史人物，最根本的是坚持马克思主义历史唯物主义的指导思想和方法论，既要遵循经济必然性和历史客观性的基本规律，又要在此前提下，充分认识到不同历史人物在社会历史上的具体作用，实现唯物论和辩证法的统一。具体来看，必须要遵循以下原则。

一是要坚持历史原则。历史人物的产生离不开一定的社会历史时代，历史人物的所作所为，不能超越他所处的那个历史条件的制约。我们考察历史人物和历史事件，必须要将它置于具体历史关系中，通过分析综合历史事实的客观联系才能得出较为正确的结论。马克思说："人的本质不是单个人所固有的抽象物，在其现实性上，它是一切社会关系的总和。"① 列宁也指出："在分析任何一个社会问题时，马克思主义理论的绝对要求，就是要把问题提到一定的历史范围之内。"② 首先，要分析具体历史时间与空间的联系。"人们自己创造自己的历史，但是他们并不是随心所欲地创造，并不是在他们自己选定的条件下创造，而是在直接碰到的、既定的、从过去

---

① 《马克思恩格斯选集》第 1 卷，人民出版社 2012 年版，第 135 页。
② 《列宁全集》第 25 卷，人民出版社 1988 年版，第 229 页。

承继下来的条件下创造。"① 因此，要正确评价历史人物的是非功过，必须通过考察历史人物所处的具体社会实践关系，才能深刻揭示深藏其后起支配作用的物质力量和思想动机。其次，要考察历史人物动机与效果的关系。任何历史活动都是在主观动机指导下并产生一定客观效果的活动。一般来说主观动机和客观效果是一致的，有什么样的动机就会产生什么样的效果。但"任何一个人的愿望都会受到任何另一个人的妨碍，而最后出现的结果就是谁都没有希望过的事物。"② "历史喜欢捉弄人，喜欢同人们开玩笑。本来要到这个房间，结果却走进了另一个房间。"③ 这样的事情是时有发生的，形成主观动机和客观效果之间的矛盾。历史唯物主义要求，在评价历史人物时，要把主观动机和客观效果结合起来分析。原则上，"判断一个人，不是根据他自己的表白或对自己的看法，而是根据他的行动"④，即从历史人物活动的效果出发。历史事件和历史人物只要顺应历史发展潮流，有利于生产力发展和社会进步，就应该给予充分肯定。但有时候也有歪打正着的例外，比如帝国主义侵略中国的同时，客观上也刺激了中国资本主义的发展，我们能够一味强调这一历史结果而忽略它的侵略动机吗？因此，我们要把历史人物活动的客观效果与其本来的主观动机结合起来。如果仅仅强调根据客观效果来评价历史人物，只从客观效果出发来掩盖其主观动机，或者推测其主观动机，并以此来为历史人物"翻案"，这是在违背历史客观性。历史人物的思想动机与客观效果，有着内在的联系，但不是绝对必然的联系，这种联系要受到各种历史条件的制约。好的动机

---

① 《马克思恩格斯选集》第 1 卷，人民出版社 2012 年版，第 669 页。
② 《马克思恩格斯选集》第 4 卷，人民出版社 2012 年版，第 605 页。
③ 《列宁全集》第 25 卷，人民出版社 1988 年版，第 335 页。
④ 《列宁全集》第 18 卷，人民出版社 1988 年版，第 226 页。

不一定全是好的结果，好的效果未必全由良好的动机使然。历史上任何杰出人物，也不可能超越他所处的历史时代的局限。比如，虽然"毛泽东同志在社会主义道路的探索中走过弯路，他在晚年特别是在'文化大革命'中犯了严重错误"①，但这第二位的错误永远无法淹没他对中国人民的第一位的贡献，而且他犯错误的动机是为了国家富强人民幸福，是在探索中的错误。他的错误，更多的是无法超越的历史局限性所致。

因此，我们只有把历史人物置于一定的历史范围之内，把历史人物放在他们所处的社会历史环境中，坚持马克思历史主义原则，把其动机和效果统一起来，才有可能对其进行全面客观的评价。反观时下一些有关历史题材的影视作品，脱离历史实际，任意杜撰和裁剪历史，造成人们无法正确评价历史和历史人物，为历史虚无主义任意解构历史提供了机会。

二要坚持阶级性原则。在阶级社会中，一切历史都是阶级斗争的历史，每个人的活动从根本上看都是和他的阶级利益紧密相连的。阶级性原则要求我们把历史人物放到客观的历史事件中，运用阶级分析的方法，分析其阶级属性。阶级分析方法，实质是把历史人物放在一定的阶级地位考察，充分挖掘历史人物动机背后的阶级动机，以便更深刻地揭示历史发展的客观规律，更公正地对历史人物进行评价。"某一阶级的各个人所结成的、受他们的与另一阶级相对立的那种共同利益所制约的共同关系，总是这样一种共同体，这些个人只是作为一般化的个人隶属于这种共同体，只是由于他们还处在本阶级的生存条件下才隶属于这种共同体；他们不是作为个人而是作为阶级的成员处于这种共同关系中的。"② 阶级分析方法也是我们分

---

① 《十八大以来重要文献汇编》（上），人民出版社2014年版，第693页。
② 《马克思恩格斯选集》第1卷，人民出版社2012年版，第201—201页。

析时下历史虚无主义以所谓"重评历史""颠覆历史"伎俩抹黑中国革命历史、诋毁英雄的险恶用心的一个重要方法。比如，我们分析评价蒋介石，只有将其置身于大地主、大资产阶级的阶级属性中，才能真正找出其在大革命中残酷屠杀共产党人和革命群众的思想动机。

当然，从阶级属性分析历史人物，不能仅仅看历史人物的阶级出身，而应看他为什么阶级服务，"直接维护某些观点，这在政治上并不那么重要。重要的是这些观点、这些提议、这些措施对谁有利"①。就是说，阶级分析方法不应该教条化、绝对化，避免陷入唯成分论的泥潭，而应该是辩证的、唯物的。吴晗曾经指出："还应该特别注意，阶级出身决不是评价历史人物的根本原因，必须注意，但决不可以绝对化。有些人却以唯成分论来评价历史人物，这就大错特错了。"② 马克思主义唯物史观要求我们要站在被剥削被压迫阶级的阶级立场，运用阶级的观点和方法，实事求是地分析、准确而公正地评价历史人物的功过得失，防止任何偏差和不及。习近平同志明确指出："马克思主义政治立场，首先就是阶级立场，进行阶级分析。"③ 这就要求我们要有正确的政治立场，要站在工人阶级和广大劳动人民的立场观察和处理问题，站在国家全局的立场，以维护工人阶级和广大劳动人民的利益为最终目的和归宿，时刻不要忘记坚决维护国家的利益、尊严和荣誉，这是根本的立场和观点。坚决反对以"超阶级"唯心史观支持下的所谓"翻案"的历史虚无主义。近年来，有的论者仅仅根据蒋介石个人的日记，就武断地得出

---

① 《列宁全集》第23卷，人民出版社1990年版，第61页。
② 吴晗：《论历史人物评价》，《人民日报》1962年3月23日。
③ 习近平：《完善和发展中国特色社会主义制度 推进国家治理体系和治理能力现代化》，《人民日报》2014—02—18。

"可以改写中国近代史"，认为我们一直以来诸如把国民党蒋介石集团说成"大地主、大买办、大资产阶级利益的代表"等，都是根据"土匪史观""内战思维"等得出的"错误、荒谬的观点"，要求人们彻底摆脱这种"土匪史观"和"内战思维"，要"重写中国近代史"云云。该论者言外之意，我们历史书上的蒋介石，人民群众所认识的蒋介石，都是不真实的，只有日记中的蒋介石才是真实的。这就自觉地站到了为蒋介石集团辩护的立场上，显然是很不严肃的，是一个正直的史学工作者所不取的轻浮的学风。当然，个人的日记、信件和回忆录，是史学研究中很有价值的史料，但同任何史料一样，都需要辨伪存真，都需要放到一定时代背景下加以分析，尤其是对于个人的言论，更要如此。马克思主义史学家刘大年在《方法论问题》一文中，曾针对英国出版的《中国季刊》上刊载的研究性长文，发表评论。《中国季刊》上的这篇文章坚决反对说蒋介石是大地主大资产阶级的代表，《季刊》根据上海公布的外国确凿资料叙述说：1927年3月底，蒋介石到上海与同他以前在上海一起做过证券经纪人的同事（这时在统治上海商业的宁波帮财阀）虞洽卿等达成协议，由资本家出资300万元支持蒋介石镇压上海组织起来的工人运动。"四·一二"政变后，再付给700万元。但蒋介石与武汉政权对抗，需要一批款项而资本家不愿再出。蒋介石于是采取高压政策，5月1日发行国库券3000万元，蒋介石亲自到上海督促对资本家挨家挨户指定承购数目。如上海钱业公会、闸北水电公司、华商保险公司、南洋烟草公司、粤桥商业联合会等10多家大公司，分别派购十万元、数十万元到一百多万元不等。最富有的上海总商会会长傅某，被派购1000万元，傅某不答应。蒋介石于是亲自下令逮捕，没收财产。傅某被迫屈服。大批著名商家、工厂主、钱庄老板，纷纷以各种罪名被捕，被没收财产。在他们各自认捐十万元、数十万元以后又无罪释放。蒋介石特别利用同他关系密切的上海流氓集团青红帮，对资本家发动恐吓和绑架。据估计蒋介石靠这种手段，筹款约5000万美元。中间蒋介石一度下野。1928年1月，蒋介石重新上台，再度掀起绑架、镇压资本家的高潮。1929年以后，情况才缓和下来。根据种种事实，文章作者最后得出结论："蒋介石国民党占统治地位的领导是反资本家的。"刘大年指出："《季刊》所述事实不假，然而它的结论却是完全错误的。道理很简单：此时共产党领导的人民革命力量仍然强大存在，南京与武汉的斗争胜负未决。1928年蒋介石上台，地位也不巩固。对于蒋介石只有两条道路可供选择：是极力加强南京政权，把共产党进一步打下去，保住大地主大资产阶级统治，或者相反，看着人民力量发展，在全国出现一个'反资产阶级'政权。蒋介石选择了前者，即牺牲资产阶级局部的暂时的利益，换来保护大资产阶级的长远利益。这说明蒋介石确实是大地主大资产阶级最得力的代表人物。《季刊》作者眼光短浅，见不及此，而得出蒋介石'反资产阶级'的结论。根本原因仅在：拒绝对中国近代复杂的历史事变作基本的阶级分析，否认阶级分析。"① 这个分析是非常正确和深刻的。可是，当年国外的这种错误观点，却被今天国内的某些学者再次抛出来，并走得更远，值得深思。

三是客观性原则。评价历史人物既不要苛求，也不必溢美，要坚持客观全面评价。事实上，任何历史人物包括杰出人物在内都或多或少地带有那个时代的烙印和历史的局限性，要结合历史人物所处的时代和客观历史条件的实际，把历史人物置于整个人类社会历史发展的客观进程中，切忌局限于一时一事，以偏概全。毛泽东曾说："像很多站在正面指导时代潮流的伟大历史人物大都有他们的缺

---

① 刘大年：《方法论问题》，《走什么路——关于中国近代历史上的若干重大是非问题》，山东人民出版社1997年版，第17—18页。

点一样，孙先生也有他的缺点方面。这是要从历史条件加以说明，使人理解，不可以苛求于前人的。"① 习近平指出："对历史人物的评价，应该放在其所处时代和社会的历史条件下去分析，不能离开对历史条件、历史过程的全面认识和对历史规律的科学把握，不能忽略历史必然性和历史偶然性的关系。不能把历史顺境中的成功简单归功于个人，也不能把历史逆境中的挫折简单归咎于个人。不能用今天的时代条件、发展水平、认识水平去衡量和要求前人，不能苛求前人干出只有后人才能干出的业绩来。"② 因此，我们评价历史人物，要根据具体的客观历史条件，看这些人物比他们的前人在哪些方面推动了历史的进展，而不是以后人之要求苛责于前人，更不是刻意指责、夸大他们的缺点和错误。只有这样，才有可能避免对历史人物进行片面甚至无端的评价。正如列宁所说的那样："判断历史的功绩，不是根据历史活动家没有提供现代所要求的东西，而是根据他们比他们的前辈提供了新的东西。"③ 反观当下，一些历史虚无主义者，借助历史论著、影视作品等对革命领袖和革命英雄的某些缺点和失误，攻其一点不及其余，极尽污蔑诋毁之能事，甚至不惜公然抹黑造谣，颠覆革命领袖和革命英雄在人民心目中的崇高形象，进而达到否定共产党执政的合法性和中国特色社会主义建设的成就的目的，背离了历史客观性原则，必然遭到人民的抵制和唾弃。

四是要坚持全面性原则。评价历史和历史人物，要坚持全面、辩证的分析方法，也就是坚持两点论和重点论相统一的方法论。我们所说的两点论是有重点的两点论，我们所说的重点论，是两点中的重点。坚持这一原则，就是要求我们在评价历史和历史人物的时

① 《毛泽东文集》第7卷，人民出版社1999年版，第157页。
② 《十八大以来重要文献选编》（上），中央文献出版社2014年版，第693页。
③ 《列宁全集》第2卷，人民出版社1984年版，第154页。

候，既要看到其在历史发展中的大节和小节，更要看到其大节；既要注重历史评价和道德评价，更要注重历史评价；既要重视广大人民群众和个别英雄人物在历史发展中的作用，更要重视广大人民群众推动历史发展的决定力量。比如，我们在评价历史人物时，既要注意阶级和历史分析方法相结合，又要避免仅仅偏执于某一种分析方法而忽略另一种分析方法。列宁曾经说过虽然阶级是各不相同的，但"个别人可以从一个阶级随意地转到另一个阶级"①。对此，历史学家翦伯赞明确提出，坚持阶级观点不能抛弃历史主义原则。他指出："用阶级观点分析历史问题，这是一个历史学家的阶级性或党性在历史学上的表现。公开地站在无产阶级的立场上，用无产阶级的观点来对待任何历史问题，这是对于一个马克思主义历史学家的基本要求。但是，除了阶级观点之外，还要有历史主义……必须把阶级观点和历史主义结合起来。如果只有阶级观点而忘记了历史主义，就容易片面地否定一切；只有历史主义而忘记了阶级观点，就容易片面地肯定一切。只有把二者结合起来，才能对历史事实作出全面的公平的论断。"② 因此，应针对历史人物一生活动的主要不同阶段，分别作出评价，具体分析其在不同历史时期的阶级立场。比如对近代史上争议颇多的杨度的评价，他早年曾支持康梁变法和参与袁世凯复辟活动，晚年又申请加入了中国共产党，要想对这样一位社会身份不断变换的历史人物作出客观评价，必须坚持阶级分析和历史分析方法相结合原则，既要分析其阶级出身，又要分析其在不同历史时期的阶级立场，是其之是，非其之非，既不因功而掩盖其过，也不因过而抹杀其功。只有这样，才是坚持历史唯物主义的科学原则，而不是像实用主义者那样，根据自己的需要，随意打扮涂

① 《列宁选集》第 3 卷，人民出版社 2012 年版，第 56 页。
② 翦伯赞：《历史主义研究中的几个问题》，《江海学刊》1962 年第 6 期。

抹历史。

正确评价历史和历史人物，尤其是中国近现代历史和历史人物，对于传承历史文化传统、弘扬民族精神、维护国家意识形态安全、坚定中国特色社会主义道路自信具有重大理论和现实意义。讨论是必要的、正常的。通过摆事实，讲道理，会把人们认识上的差异拉近一些。以科学的态度对有争议的问题展开讨论，将会使我们对中国近现代史的研究，更加接近真相，更加接近真理，从而促进学术研究的发展。而国内外一些敌对势力之所以大肆虚无中国革命历史、诋毁革命领袖和英雄先烈，目的是消解中国人民共同理想和共产党执政的合法性，颠覆中国特色社会主义制度。当然，如何评价历史和历史人物，是史学界长期争论的问题，是一件很复杂的事情，必须综合运用历史性、阶级性、客观性、全面性等原则，根据具体历史事实进行分析。

二　正确评价毛泽东和毛泽东思想

习近平在纪念毛泽东同志诞辰 120 周年的讲话中提道："革命领袖是人不是神。尽管他们拥有很高的理论水平、丰富的斗争经验、卓越的领导才能，但这并不意味着他们的认识和行动可以不受时代条件限制。不能因为他们伟大就把他们像神那样顶礼膜拜，不容许提出并纠正他们的失误和错误；也不能因为他们有失误和错误就全盘否定，抹杀他们的历史功绩，陷入虚无主义的泥潭。"① 这可以作为我们正确评价历史人物的一个原则。当前历史虚无主义沉渣泛起，一个重点就是以"翻案""重评"为名，对党和国家的缔造者、民族英雄极尽谩骂、诬蔑、抹黑之能事。如有人诬蔑说《毛泽东选集》

---

① 《十八大以来重要文献选编》（上），中央文献出版社 2014 年版，第 693 页。

中仅有 12 篇文章是毛泽东自己写的，其他都是别人代写的。甚至宣称毛泽东所作的诗词也都是胡乔木改写的，如此等等。毛泽东是中国共产党和中华人民共和国的主要缔造者，他的伟大的历史功绩、思想理论和在人民心目中的崇高威望，成为国内外敌对势力企图西化、分化中国不可逾越的障碍，因而诋毁、攻击、污蔑毛泽东和毛泽东思想就成为历史虚无主义的"重中之重"。实事求是地评价毛泽东和毛泽东思想的历史地位，保证党的历史的延续性，是关系到凝聚党心民心、总结历史经验、团结一致向前看的大问题。是我们新时代坚持党的领导，旗帜鲜明地抵制各种错误思潮特别是历史虚无主义思潮侵蚀的必然要求。

坚持以历史事实为根据，正确地评价毛泽东和毛泽东思想的历史地位，正确地对待毛泽东晚年的错误。1978 年召开的十一届三中全会，实现了党的历史转折，开启了改革开放和现代化建设新的历史时期。但应该看到，在当时的历史条件下，如何坚持符合历史事实的指导思想评价毛泽东同志和毛泽东晚年的错误，并非易事。特别是在党内外出现了少数人借口批判"两个凡是"的错误方针，无限人为地夸大毛泽东晚年的错误，甚至全盘否定毛泽东和毛泽思想乃至改革开放前 30 年的历史时期，势必对我们党和国家造成严重的政治后果。邓小平在极力反对这种对历史不负责任的错误观点时指出："对毛泽东同志的评价，对毛泽东思想的阐述，不是仅仅涉及毛泽东同志个人的问题，这同我们党、我们国家的整个历史是分不开的。要看到这个全局。"①

唯物史观认为，评价历史人物的功过是非，我们要从时代主题中去考察而不能诉诸个人情感宣泄和凭空想象，坚持"历史评价优先"。

---

① 《邓小平文选》第 2 卷，人民出版社 1994 年版，第 299 页。

邓小平从历史唯物主义出发，在如何评价毛泽东的历史问题上，反对简单地从个性品格因素出发进行善恶决断和责任评判，这样是不可能对历史人物进行客观评价的。在如何评价毛泽东的问题上，邓小平坚持历史主义态度，对毛泽东晚年所犯错误主要从历史背景和制度因素等方面找出原因，而不是着重追究个人责任。邓小平多次强调毛泽东的错误有深刻社会背景，特别是与制度因素息息相关，制度上积垢未除，"把他推向了反面"①。"一言堂，个人决定重大问题，个人崇拜，个人凌驾于组织之上一类家长制现象，不断滋长。"② 从历史的局限上看，邓小平认为正是由于我们党当时既受到思想政治方面的封建主义残余影响，更主要受到党和国家领导制度、干部制度等方面的影响，这是起决定性作用的因素，导致了毛泽东同志晚年在领导党和国家建设事业上错误的不幸发生。只有实行党和国家领导制度以及其他制度的改革和完善，兴利除弊，才能避免历史性的大错误，体现社会主义制度的优越性，加速社会主义现代化建设事业的发展。针对当时社会上一些人违背历史事实，把毛泽东带领我们党进行社会主义革命和社会主义建设探索中的曲折和错误都归于毛泽东一人的情况，邓小平强调指出，对此我们要运用马克思主义唯物史观进行客观公正分析，在这些问题上，中央许多担任主要领导职责的同志都有责任，不能仅仅讲毛泽东一人有错误，这才是实事求是。"中央犯错误，不是一个人负责，是集体负责。"③"在分析他的缺点和错误的时候，我们当然要承认个人的责任，但是更重要的是要分析历史的复杂的背景。只有这样，我们才是公正地、科学地、也就是马克思主义地对待历史，对待

---

① 《邓小平文选》第 2 卷，人民出版社 1994 年版，第 297 页。
② 同上书，第 330 页。
③ 同上书，第 296 页。

历史人物。"① 在评价毛泽东的问题上，邓小平还指出，绝不能把所有的问题都归结到个人品质上去。为尊者讳、为亲者讳、为贤者讳是封建史学家所谓"微言大义"的春秋史法，无数革命先烈、老一辈的无产阶级革命家，虽然也是我们的尊者、亲者、贤者，但我们却毋须讳言，因为马克思主义坚持的是科学真理。我们要坚持"历史评价优先"的客观性原则，反对抽象的道德善恶决断，既不能将社会主义革命和建设的成就完全归功于毛泽东一人，也不能把社会主义革命和建设的错误完全归咎于毛泽东一人，更不能抛开历史的主客观条件归咎于个人品质。在邓小平看来，毛泽东之所以犯了错误，从客观上讲，主要是当时特定的客观环境下，党在社会主义建设中实践经验不足所致；从主观上讲，主要还是思想理论错误以及毛泽东晚年主观主义作风的增长，民主集中制和集体领导遭到了破坏等原因所致。邓小平指出："领导制度、组织制度问题更带有根本性、全局性、稳定性和长期性。这种制度问题，关系到党和国家是否改变颜色，必须引起全党的高度重视。"② 习近平同志对此也有深刻认识，他指出："毛泽东同志晚年的错误有其主观因素和个人责任，还在于复杂的国内国际的社会历史原因，应该全面、历史、辩证地看待和分析。"③

坚持从实际出发，正确评价毛泽东和毛泽东思想的历史地位，全面客观地对待毛泽东的功过是非。十一届三中全会以后，如何实事求是、恰如其分地评价毛泽东的功过是非，既是我们党全面进行拨乱反正的需要，也是我们党坚定历史自信的体现。马克思主义唯物史观要求我们把承认历史决定论和承认主体选择论统一起来，既要看到社会历史发展的客观规律性，又要重视主体选择性在社会历

---

① 《邓小平文选》第 2 卷，人民出版社 1994 年版，第 172 页。
② 同上书，第 333 页。
③ 《十八大以来重要文献选编》（上），中央文献出版社 2014 年版，第 693 页。

史发展中的重大作用。历史事实不容回避中国新民主主义革命和社会主义革命的胜利、社会主义制度的建立，我们虽然不能把一切功劳归功于革命领袖，但革命领袖起了重要作用，其中，毛泽东居于第一位，这也不容质疑。毛泽东思想成为指导中国革命、建设的指导思想，并且为中国特色社会主义理论体系提供了思想基础，这也不容质疑。同时，毛泽东晚年所犯错误，给党和国家造成新中国成立以来最严重挫折和损失，这也是事实，不容质疑。对此，我们既要避免在功劳面前"神化"领袖，又要避免在重大错误面前"污名化"领袖两种错误倾向。邓小平说："毛泽东在一生的后期，特别在'文化大革命'中是犯了错误的，而且错误不小，给我们党、国家和人民带来许多不幸。"[①] 同时，要"恰如其分"地评价毛泽东，必须厘清毛泽东所犯错误的性质。邓小平指出："搞'文化大革命'就毛主席本身的愿望来说，是出于避免资本主义复辟的考虑，但对中国本身的实际情况作了错误的估计。"[②] 可见，毛泽东同志晚年所犯错误是政治错误，同林彪等反革命集团阴谋夺权的性质截然不同。正如邓小平所说："我们共产党人是彻底的唯物主义者，只能实事求是地肯定应当肯定的东西，否定应当否定的东西。毛泽东同志在他的一生中，为我们的党、国家和人民建立了不朽的功勋。他的功绩是第一位的，他的错误是第二位的。因为他的功绩而讳言他的错误，这不是唯物主义的态度。因为他的错误而否定他的功绩，同样不是唯物主义的态度。"[③]

鉴往知来，"团结一致向前看"，正确评价毛泽东和毛泽东思想的历史地位，始终坚持中国社会主义发展方向。历史是最好的老师。一

---

① 《邓小平文选》第 2 卷，人民出版社 1994 年版，第 345 页。
② 同上书，第 346 页。
③ 同上书，第 333 页。

个时期以来，历史虚无主义披着"学术"的外衣，通过"重评汪青"，对中国革命、建设和改革开放史竭力攻击，尤其是在意识形态领域刻意制造互相对立的前后"两个三十年"的谬论，通过肆意放大新中国成立以来毛泽东领导全国各族人民在社会主义革命和建设中所犯的错误，试图将当前我国改革开放以来凸显出来的一些矛盾和问题归结到毛泽东晚年错误的延续上，以古况今，根本目的就是要搞乱人心，瓦解取代马克思主义的指导地位，煽动推翻中国共产党的领导和我国社会主义制度。针对这种情况，习近平指出："虽然这两个历史时期在社会主义建设的思想指导、方针政策、实际工作上有很大差别，但两者绝不是彼此割裂的，更不是根本对立的。""不能用改革开放后的历史时期否定改革开放前的历史时期，也不能用改革开放前的历史时期否定改革开放后的历史时期。"① 这是对社会主义时期党的历史的新论断，有力地回击了历史虚无主义把改革开放前后两个三十年对立起来的谬论。苏共在意识形态领域的失控，导致历史虚无主义任由虚无苏联历史的惨祸，最终酿成亡党亡国的教训言犹在耳。我们党以对历史和人民高度负责的态度，科学评价毛泽东同志，既维护了毛泽东的历史地位，又纠正了其晚年的错误，稳定了国内外政治大局，为我们党在新的历史时期，抵制历史虚无主义，坚持社会主义发展方向，实现中华民族伟大复兴中国梦，奠定了思想基础。

第二节　坚持用社会主义核心价值观 引领社会思潮

在当前世界范围内意识形态领域交锋较量的新形势下，坚持用社会主义核心价值观引领社会思潮，抵制历史虚无主义思潮的侵蚀，

---

① 《十八大以来重要文献选编》（上），中央文献出版社 2014 年版，第 112 页。

对于凝聚全国各族人民坚定中国特色社会主义共同理想，实现两个一百年奋斗目标和中华民族伟大复兴的中国梦意义重大。

一　坚持和发展马克思主义是实现中华民族伟大复兴的根本保证

习近平总书记在庆祝中国共产党成立 95 周年大会上的讲话中指出："马克思主义是我们立党立国的根本指导思想。背离或放弃马克思主义，我们的党就会失去灵魂、迷失方向。在坚持马克思主义指导地位这一根本问题上，我们必须坚定不移，任何时候任何情况下都不能有丝毫动摇。"[1] 近年来，随着全面深化改革开放的不断推进，加之西方敌对势力对我国西化、分化图谋的加剧，我国意识形态领域出现了多样化趋势，一些非马克思主义和反马克思主义思潮不断泛滥。历史虚无主义思潮在虚无中国历史、虚无中国共产党历史的同时，开始把攻击矛头指向党的指导思想，叫嚣马克思主义应该"告别人间"了，攻击马克思主义是一种意识形态说教，毫无科学可言；在"去马""非马""贬马"等思潮影响下，马克思主义"过时论"、马克思主义"无用论"、指导思想"多元论"等论调甚嚣尘上，马克思主义指导思想地位受到无端的怀疑和否定，等等。由此可见，历史虚无主义的用意非常明显，其目的就是要否定马克思主义指导思想，否定共产主义理想，否定共产党的领导和社会主义制度。反对历史虚无主义是当前意识形态领域斗争的重要任务，必须拿起马克思主义的思想武器，打一场反击历史虚无主义的舆论争夺战。

马克思主义的科学理论体系不容置疑。对于马克思主义的先进性、科学性、真理性，习近平总书记给予了高度评价和全面阐述。

---

[1] 《十八大以来重要文献选编》（下），中央文献出版社 2018 年版，第 346 页。

他在哲学社会科学工作座谈会上的讲话中指出："马克思主义尽管诞生在一个半多世纪之前，但历史和现实都证明它是科学的理论，迄今依然有着强大生命力。马克思主义深刻揭示了自然界、人类社会、人类思维发展的普遍规律，为人类发展进步指明了方向；马克思主义坚持实现人民解放、维护人民利益立场，以实现人的自由而全面发展和全人类解放为己任，反映了人类对理想社会的美好憧憬；马克思主义揭示了事物的本质、内在联系及发展规律，是'伟大的认识工具'，是人们观察世界、分析问题的有力思想武器；马克思主义具有鲜明的实践品格，不仅致力于科学'解释世界'，而且致力于'改变世界'。在人类思想史上，还没有一种理论像马克思主义那样对人类文明进步产生如此广泛而巨大的影响。"① 把马克思主义作为我们党的指导思想，是我国近代一百年来历史选择的必然结果。鸦片战争以来，中国人民为了求得民族独立解放，曾经寻求过各种思想指导，然而都没能使革命成功。实际上，"在中华民族积贫积弱、任人宰割的时期，各种主义和思潮都尝试过，资本主义道路没有走通，改良主义、自由主义、社会达尔文主义、无政府主义、实用主义、民粹主义、工团主义等也都是'你方唱罢我登场'，但都没能解决中国的前途和命运问题。是马克思列宁主义、毛泽东思想引导中国人民走出了漫漫长夜、建立了新中国"②。十月革命后，中国工人阶级找到马克思主义的科学真理，并且把马克思主义的基本原理和中国的实际结合起来，最终取得了新民主主义革命的胜利，建立了社会主义制度，为实现中华民族伟大复兴开辟了正确道路。实践证明，如果在指导思想上放弃马克思主义，搞指导思想多元化，任由历史虚无主义盛行，必然会导致社会动荡，干扰社会主义现代化建

---

① 《在哲学社会科学工作座谈会上的讲话》，《人民日报》2016—05—19。
② 《十八大以来重要文献选编》（上），中央文献出版社 2014 年版，第 109 页。

设顺利实现。这是所有社会主义国家革命和建设得出的基本经验。东欧剧变的原因是多方面的，但直接原因是以戈尔巴乔夫为首的苏共领导集团背弃了马克思列宁主义，与西方西化、分化势力相互策应，大搞历史虚无主义，全盘否定苏联历史、苏共历史，否定社会主义制度。最后，"苏联共产党偌大一个党就作鸟兽散了，苏联偌大一个社会主义国家就分崩离析了。这是前车之鉴啊！"①

反对以唯心史观为指导进行历史研究和历史解释的历史虚无主义，是当前巩固马克思主义指导地位，维护意识形态安全的一场重要斗争。从历史观上看，历史虚无主义是一种唯心史观，其产生和蔓延的理论根源就在于放弃了唯物史观指导。阶级观点和无产阶级专政学说是马克思主义唯物史观的重要内容与核心观点。历史虚无主义攻击唯物史观的一个集中表现，就是否定阶级斗争和人民民主专政学说，否定人类历史上的阶级斗争和社会革命。列宁指出："只有承认阶级斗争、同时也承认无产阶级专政的人，才是马克思主义者。"② 美国驻苏联最后一任大使马特洛克在《苏联解体亲历记》中写道："如果苏联领导人真的愿意抛弃这个观念（笔者注：阶级斗争观念），那么他们是否继续称他们的指导思想为'马克思主义'也就无关紧要了，这已是一个在别样的社会里实行的别样的'马克思主义'。这个别样的社会则是我们大家都能认可的社会。"③ 如果把阶级分析方法从马克思主义唯物史观中割裂出去，面对阶级社会的种种复杂的阶级斗争现象，就无法抓住历史的真实和本质，在对历史事件、历史人物的评价上，对社会现实的分析判断上，就会造成

---

① 《十八大以来重要文献选编》（上），中央文献出版社 2014 年版，第 113 页。
② 《列宁全集》第 31 卷，人民出版社 1985 年版，第 32 页。
③ ［美］小杰克·F. 马特洛克：《苏联解体亲历记》（上），吴乃华、魏宗雷等译，世界知识出版社 1996 年版，第 169 页。

认识上的混乱。习近平总书记强调："要坚持用唯物史观来认识和记述历史，把历史结论建立在翔实准确的史料支撑和深入细致的研究分析的基础之上。"① 对于历史虚无主义，不管如何"创新观点""还原真相"，只要掌握了马克思主义唯物史观及其阶级观点和阶级分析方法，就掌握了批判、遏制、反击历史虚无主义的投枪和匕首，直接刺中历史虚无主义的心脏。

面对新的时代特点和实践要求，习近平总书记指出："当代中国的伟大社会变革，不是简单延续我国历史文化的母版，不是简单套用马克思主义经典作家设想的模板，不是其他国家社会主义实践的再版，也不是国外现代化发展的翻版，不可能找到现成的教科书。"② 时代变化和中国发展的广度和深度远远超出了马克思主义经典理论家当时的设想。同时，我国社会主义只有几十年的实践，还处在初级阶段，事业越发展，新情况新问题就越多，也就越需要我们在实践上大胆探索、在理论上不断突破。我们既要坚持马克思主义的指导思想地位不动摇，牢牢占据人类思想理论的制高点，毫不松动；又要进一步解放思想，推进马克思主义中国化、时代化、大众化，从根本上取得反对历史虚无主义的胜利。

二　用社会主义核心价值观引领社会思潮

历史虚无主义思潮的重新泛起，目的不是总结历史教训，而是通过歪曲否定党史国史革命史、丑化英雄人物、解构主流价值观，否认中国共产党执政的历史合法性和社会主义制度的必然性。特别是随着全媒体时代的到来，历史虚无主义借用全新网络媒体的渠道，

① 习近平：《让历史说话用史实发言　深入开展中国人民抗日战争研究》，《人民日报》2015—08—01。

② 《习近平谈治国理政》（第二卷），外文出版社2017年版，第344页。

罔顾事实，质疑一切，恶搞戏说颠覆主流，甚至抹杀源远流长的民族文化，违反社会主义核心价值观，冲击着我国的主流意识形态，颠覆人们正确的价值观。党的十八大报告强调"要深入开展社会主义核心价值体系学习教育，用社会主义核心价值体系引领社会思潮、凝聚社会共识"①。社会主义核心价值观是社会主义核心价值体系的内核，体现着社会主义核心价值体系的根本性质和基本特征，反映着社会主义核心价值体系的丰富内涵和实践要求，是社会主义核心价值体系的高度凝练和集中表达。2013年12月，中共中央办公厅专门印发《关于培育和践行社会主义核心价值观的意见》，强调"用社会主义核心价值观引领社会思潮，凝聚社会共识"。

党的十八大以来，各种相互对立、相互融合的社会思潮共同发展，在跌宕起伏、暗涌激流之下形成复杂多元局面，影响着民众的价值选择。2015年《人民论坛》对当代中国值得关注的十大思潮调查报告显示，备受关注的十大社会思潮有民族主义、历史虚无主义、新自由主义、民粹主义、新左派、普世价值论、新儒家、生态主义、极端主义、道德相对主义等。其中大肆重评历史，质疑当前中国发展道路，企图实现不可告人的政治目的的历史虚无主义思潮居十大思潮第二位。在历史虚无主义思潮的影响下，高尚与庸俗、善良与卑鄙、诚信与伪善、清廉与腐败的界限不再清晰，甚至发生了颠倒；正义与邪恶、美与丑、真与假、爱国与叛国衡量的尺度不再重要，甚至被取消。如果一个社会特别是社会主义社会，把高尚与庸俗、善良与卑鄙、诚信与伪善、清廉与腐败并置，把正义与邪恶、美与丑、真与假、爱国与叛国同视，那它就消解了社会主义核心价值观的凝聚力，由此造成的消极后果正在对整个社会造成持续不断的强

---

① 胡锦涛：《坚定不移沿着中国特色社会主义道路前进　为全面建成小康社会而奋斗——在中国共产党第十八次全国代表大会上的报告》，人民出版社2012年版，第31页。

大冲击。苏联社会主义核心价值观非但不能引领多元化社会思潮，反而被后者解构，最终导致苏共意识形态堤坝全线崩溃、苏联解体，其中的经验教训值得我们认真研究和借鉴。当然，在全球化、多元化的今天，我们必须面对价值取向的多样性。而包括社会主义中国在内的任何社会和国家，不论其经济结构和社会思潮多么复杂，都会有占主导地位的意识形态和价值导向，都需要核心价值观对整个社会思潮的主导、引领和整合，在"多"中求"一"，以期统一思想、达成共识、凝聚力量。党的十八大报告等中央文件明确提出以"富强、民主、文明、和谐；自由、平等、公正、法治；爱国、敬业、诚信、友善"为基本内容的社会主义核心价值观，对于我们批判以历史虚无主义为代表的错误思潮形成的理论基础，揭露其本质和思想危害，抵制其不良影响，提高人们辨别是非的能力，提供了基本遵循。

（一）社会主义核心价值观引领社会思潮的必要性

当前，随着全面深化改革的不断推进，社会意识形态领域社会思想观念和价值取向呈现出多元共存、多样交织的特点，主流意识形态与多样化社会思潮交互激荡趋势更加明显，一些错误思潮诸如历史虚无主义等披着学术外衣背后却有着明显的政治意图，竭力与主流意识形态争夺阵地和群众。因此，面对世界范围思想文化交融争锋形势下价值观较量的新态势，面对改革开放和发展社会主义市场经济条件下思想意识多元、多样、多变的新特点，我们必须充分认识意识形态工作在中国特色社会主义事业全局中的重要地位，积极培育和践行社会主义核心价值观，充分发挥核心价值观在领导权、话语权和主动权上应对多元社会思潮的引领作用，形成凝聚全国人民的共同价值追求，形成"中国话语体系"，及时回应恶毒舆论攻击的强大合力，巩固全党全国人民团结奋斗的共同思想基础。

每个时代都有每个时代的精神，每个时代都有每个时代的价值观念。社会主义核心价值观作为时代精神的共同思想基础的价值观念，反映了全国各族人民共同认同的价值观的"最大公约数"。习近平同志指出："培育和弘扬核心价值观，有效整合社会意识，是社会系统得以正常运转、社会秩序得以有效维护的重要途径，也是国家治理体系和治理能力的重要方面。历史和现实都表明，构建具有强大感召力的核心价值观，关系社会和谐稳定，关系国家长治久安。"①"三个倡导"融国家、社会、公民三个层面的价值要求为一体，提出了应该坚守的共同价值要求和需要践行的道德行为准则，从理论和实践两个方面回答了"我们要建设什么样的国家、建设什么样的社会、培育什么样的公民的重大问题"②。我们在新的历史条件下坚持和发展中国特色社会主义，必须坚持走自己的路，必须顺应世界大势，必须坚定中国特色社会主义自信。社会主义核心价值观，正是我们坚定不移继续走中国特色社会主义道路的价值基础，也是我们坚定道路自信、理论自信、制度自信和文化自信，朝着"中国梦"不断奋进的力量源泉。

（二）社会主义核心价值观引领社会思潮的原则

第一，坚持尊重差异，包容多样原则。我们要以对待文化的"百家争鸣、百花齐放"的政策来对待激流暗涌的社会思潮，既要以积极的心态吸收借鉴各种社会思潮中的合理成分，丰富完善社会主义核心价值观。又要捍卫我们的主流意识形态地位，反对各种反马克思主义社会思潮的滋长。在事关政治方向和根本原则问题上，我们党历来旗帜鲜明，毫不含糊，坚决反对各种反马克思主义、歪曲历史、否定党的领导和社会主义制度的社会思潮。在当代中国，对

---

① 《习近平谈治国理政》（第一卷），外文出版社2014年版，第163页。
② 同上书，第168页。

多元社会思潮尊重和包容的限度，就是不能动摇核心价值观的主导地位。如果动摇了核心价值观的主导地位，国家主流意识形态凝心聚力、抵制错误思潮作用的发挥就会大打折扣。我们要时刻准备拿起这个"批判的武器"，对以历史虚无主义为代表的各种错误思潮进行坚决斗争。同时，只有尊重差异、包容多样才能实现各种思潮的相互制衡与争锋，促进主流意识形态发展。总之，用社会主义核心价值观引领社会思潮，应当坚持"尊重差异、包容多样"，在尊重人民群众思想意识、价值观念差异性的同时，树立多样共生、和而不同的意识形态，增强核心价值观包容度，提高核心价值观引领水平。具体来说，就是应当分清楚哪些是思想意识领域上的分歧，哪些是政治观点和政治态度上的分歧。对属于思想认识和文化特色上的分歧应当用人民内部矛盾的处理方式来处理，以团结——批评——团结为主要指导方针；对扩散到政治观点上的分歧即已经威胁到国家政治平稳发展的错误观念，就应当用敌我矛盾的方式处理，进行严厉打击和抵制，维护国家和社会稳定。

第二，把握正确区分两类不同性质矛盾的原则。以某种思想理论为支撑的社会思潮总是一定阶级、阶层或社会集团利益的反映，在群众中有一定影响的思想潮流。不同性质的社会思潮的形成、传播都同一定的社会群体联系着，特别是同那些代表人物紧密联系着，甚至可以说，一种社会思潮主要体现在它的代表人物身上。既然涉及人或人群，那么正确区分两类不同性质的矛盾，就是用社会主义核心价值观引领社会思潮的前提。在当代中国，两类不同性质的矛盾就是敌我矛盾和人民内部矛盾。用社会主义核心价值观引领社会思潮，首先要严格区分两类不同性质的矛盾。凡是一种社会思潮的倡导、传播、代表的主体，是赞成、拥护和参加改革开放和社会主义现代化建设的阶级、阶层和社会集团，对待他们的态度则属于人民内部矛盾，只能用民主的方法、讨论的方法，采取团结——批评——团结的方法去解决；反之，则属于敌我矛盾，处理的方法是采取强制、压服的方法去解决，必要时要采取专政措施。当然，在当代中国社会，大量矛盾表现为人民内部矛盾，但是，由于阶级斗争在一定范围内存在，总还存在少量的敌我矛盾。如歪曲否定中国革命、建设和改革开放历史，否定社会主义制度和社会主义道路的势力，同我们的矛盾就是敌我矛盾。

第三，正确把握区分政治原则问题、思想认识问题、学术观点问题的界限原则。习近平总书记指出："落实意识形态责任制，加强阵地建设和管理，注意区分政治原则问题、思想认识问题、学术观点问题，旗帜鲜明反对和抵制各种错误观点。"① 一般来说，这是属于人民内部范围的问题。进行这种区分是用社会主义核心价值观引领社会思潮的前提。对事关政治原则、思想认识的问题，我们一定要旗帜鲜明、毫不含糊地对其错误的思想政治观点进行批评、斗争，不能任其去搞乱人们的思想，搞乱我们的意识形态，危害整个国家和社会的安定团结。但因为这是思想理论领域的问题，精神世界的问题，因此，在对错思想进行批评斗争中，一定要坚持讲事实，摆道理，以理服人。一定要坚持用正确的理论、科学的观念、先进的文化逐步消解、引领错误的理论、落后观念、腐朽的文化的影响。切忌搞运动，大批判，防止用简单、粗暴的办法处理问题，以教育群众和团结群众。

政治原则问题、思想认识问题和学术观点问题区分的根本在于是否反对党的基本理论、基本路线、基本方略。不要把学术观点问题和政治原则问题混淆。对待学术问题上的不同意见，要坚持学术

①《十九大报告辅导读本》，人民出版社2017年版，第39页。

研究无禁区，理论宣传和教育有纪律。"要正确处理思想理论领域的问题。注意区分学术问题和政治问题的界限。不要把学术探讨中出现的问题当作政治问题，也不要把政治倾向问题当作一般学术问题。"① 对于反对党的基本理论、路线和方针政策，事关政治方向和根本原则的问题，要旗帜鲜明，敢于亮剑，不能任由他们蛊惑人心，冲击主流意识形态。对于不同学术思想理论问题的争鸣，在理论和知识创新的前提下，坚持"双百"方针，在平等、健康、民主的学术氛围中相互切磋和学术争鸣，而不能用简单的对待政治问题的方式解决学术问题。

第四，重视加强引导和管理原则。社会主义先进文化的开放性为社会思潮的发展提供了充足的空间，实现对各种社会思潮的有效整合是发展先进文化的必然要求。辩证地看待各种社会思潮，对其中的正确思想、进步观念、先进文化要吸收借鉴，引导其与社会主义社会主流意识形态相结合，形成社会思想共识。对于错误思想、落后观念、腐朽文化要态度鲜明，真抓真管，进行教育和批判，不断巩固社会主义核心价值观的主导地位。

（三）社会主义核心价值观引领社会思潮的途径

第一，坚持马克思主义在意识形态领域的指导地位，是核心价值观引领社会思潮的根本途径。恩格斯说："统治阶级的思想，在每一个时代都是占统治地位的思想。这就是说，一个阶级是社会上占统治地位的物质力量，同时也是社会占统治地位的精神力量。"② 在各种现实思潮中，"多元化"的思潮构成了对马克思主义最突出的挑战。资本主义社会虽然标榜社会思潮"多元化"，实际上也是严格维护资产阶级利益底线，决不允许其他思想对它搞"多元化"。西方发

---

① 《十六大以来重要文献选编》（上），人民出版社 2005 年版，第 693 页。
② 《马克思恩格斯选集》第 1 卷，人民出版社 2012 年版，第 178 页。

达国家常常打着思想"多元化"的幌子，输出资产阶级的价值观，以实现其意识形态的"一统天下"，欺骗发展中国家，借此取消马克思主义在我国意识形态领域的主导地位，为其发动"颜色革命"制造舆论和理论准备。其实，在多样价值观并存的条件下进行核心价值观建设是各个国家的通行做法。例如，20世纪80年代后期，美国的理论界对主张价值中立的"价值澄清"理论进行了彻底反思，声势浩大的以传导核心价值观的"品格教育复兴运动"逐步兴起。当前我国正处在一个经济社会深刻变动的复杂社会转型期，决定了利益主体的多元化，价值取向的多样性，更应该旗帜鲜明地坚持马克思主义的指导地位，坚持社会主义核心价值观凝魂聚气的"一元"引领，摒弃指导思想的"多元化"，确保我国意识形态发展的正确方向。

第二，创新核心价值观引领思潮方式，增强实效性。今后在各项工作中，既要充分利用传统的电视、电台、广播、报纸、杂志、学术论坛、交流讨论等传播媒介，广泛开展社会主义核心价值观的宣传教育活动，让社会成员在广泛参与中受到教育。又要借助新媒体形成形式多样的传播手段和途径，增强主流文化在各种文化新载体中的社会表达力和感染力。据中国互联网络信息中心（CNNIC）发布的数据显示：截至2018年6月30日，中国网民规模已达到8.02亿，中国互联网普及率达到57.7%，超全球平均水平4.1%。随着国内外形势的深刻变化和现代信息技术的迅猛发展，用社会主义核心价值观引领社会思潮比任何时候都更加需要创新。必须高度重视网络信息传播阵地建设，要抓好理念创新、手段创新、方式方法创新，积极探索有利于破解工作难题的新举措新办法，充分运用新技术新应用创新媒体传播方式，占领网络信息传播制高点。同时，依法加强对社交网络和即时通信工具等的引导和管理，推进网络法治建设，规范网上传播秩序，打击网络谣言和违法犯罪。要整合相关机构职能，健全基础管理、内容管理、行业管理以及网络违法犯罪防范和打击等工作联动机制，健全网络突发事件处置机制，形成正面引导和依法管理相结合的网络治理强大合力，还网络天朗气清，促进社会和谐稳定。

此外，还要强化机制保障，努力将中国特色社会主义核心价值观"融入"和"渗透"到具体的行为准则和行业管理制度中，形成有利于弘扬主旋律、巩固主流意识形态的有效管理体制和工作机制，使主流意识形态成为人们日常行为规范的基本遵循。既要在各项制度设计、政策法规和社会管理之中体现核心价值观的要求，通过政策鼓励和褒扬、法律引导和规范等手段，形成中国特色社会主义核心价值观建设的长效机制。又要努力将核心价值观渗透到市民公约、乡规民约、职业规范、学生守则以及风俗习惯、传统节日等具体行为准则和行业制度管理中，使人们在日常工作生活中践行社会主义核心价值观。要把核心价值观融入解决实际问题的过程中，让人民群众通过核心价值观感受到更多的获得感，更多地体会到核心价值观的魅力。在此基础上，充分关注人民群众多方面的精神感受和需求，将人文关怀渗透到社会生活的各个领域和环节，增强人们对核心价值观的认同。

第三，大力发展社会主义先进文化，奠定核心价值观引领社会思潮的重要基础。首先，加快发展惠及全民的公益性文化事业。要建立政府主导、公共财政投入为主的公共文化服务体系，实现公共文化服务的均等化。其次，加快发展文化产业和文化服务。坚持社会效益和经济效益相统一，社会效益优先，加强内容引导和建设，丰富文化产品内涵，提高文化产品质量，满足人民群众不断增长的精神文化需求。最后，大力推进文化体制机制创新。解放思想，打破一切束缚文化发展的观念、做法和体制机制障碍，大力推进文化观念、形式创新，促进文化生产力大发展大解放。此外，要通过对文化市场的强化管理，对那些试图搞乱人们思想，为分化、搞垮中国造势的险恶观点和言论，对一些唯利是图、恶意炒作、影响极坏的文化机构和网络媒体，要坚决抵制乃至予以取缔。

第三节　坚定中国特色社会主义道路自信、理论自信、制度自信和文化自信

中国特色社会主义包含道路、理论、制度、文化不可或缺的内容。改革开放以来，我们取得进步和成绩的根本原因，归根结底就是：开辟了中国特色社会主义道路，形成了中国特色社会主义理论体系，确立了中国特色社会主义制度，发展了中国特色社会主义文化。中国特色社会主义道路是实现路径，中国特色社会主义理论体系是行动指南，中国特色社会主义制度是根本保证，中国特色社会主义文化是精神力量，四者统一于中国特色社会主义伟大实践。这是中国特色社会主义的根本标志，必须坚定道路自信、理论自信、制度自信、文化自信。

当前，我们要清醒地认识到形态领域斗争的长期性、复杂性、尖锐性，坚持用当代中国马克思主义武装全党，引领人民，不惧任何风险和干扰，始终保持头脑清醒和战略定力。要切实加强思想理论教育，用中国特色社会主义理论体系武装广大干部群众，筑牢思想政治防线，不断坚定"四个自信"，凝聚复兴合力，有力抵制历史虚无主义思潮的侵蚀。

一　坚定中国特色社会主义道路自信

中国革命、建设和改革的实践证明，道路问题是最根本的问题。

对近代中国人民而言，中国近现代史就是一部探索民族复兴道路的寻梦史。面对苦难的中国，中国人民不懈斗争、上下求索，经历了从"师夷长技"到"实业救国"、变法维新到辛亥革命，这一切都失败了。寻求救亡图存的道路，依然是摆在中国人民面前紧迫的任务。十月革命的胜利，给我们送来了马列主义，从此中国革命的面貌就焕然一新了。从此以后，中国共产党以马克思列宁主义毛泽东思想为指导，团结带领全国各族人民经过28年艰苦卓绝的革命斗争，推翻帝国主义、封建主义和官僚资本主义的统治，建立了新中国，确立了社会主义制度，从此中国走上了社会主义的光辉大道。这是近代中国人民在中国共产党的领导下，自觉选择的历史发展的必由之路。今天，全国各族人民正在党的带领下，为实现"两个一百年"奋斗目标和中华民族伟大复兴中国梦而接续奋斗。

历史和实践证明，中国特色社会主义道路是我党和人民在新的伟大实践中作出的正确选择。这是一条顺乎党心和人民愿望，符合社会发展规律的正确道路，是实现中华民族伟大复兴中国梦的必由之路。正如习近平总书记强调指出的，中国特色社会主义这条道路来之不易，它具有深厚的历史渊源和广泛的现实基础。中国道路弥足珍贵，坚持这条道任重道远。

中国特色社会主义道路是实现社会主义现代化、创造人民美好生活的必由之路，是实现中华民族伟大复兴的必由之路。中国特色社会主义道路，坚持以经济建设为中心，坚持四项基本原则和改革开放两个基本点；统筹推进经济、政治、文化、社会、生态文明"五位一体"的总体布局，协调推进全面建成小康社会、全面深化改革、全面依法治国、全面从严治党"四个全面"战略布局；不断解放和发展社会生产力，逐步实现全体人民共同富裕、促进人的全面发展。党领导全国各族人民坚定走中国特色社会主义道路，沉着应对国际国内不断出现的新形势、新情况、新问题，抓住机遇，加快发展，有效化解了各种风险考验。特别是党的十八大以来，在进行具有许多新的历史特点的伟大斗争中取得了一个又一个胜利。当代中国的历史性变革和历史性成就都无可争辩地证明，中国特色社会主义道路走得通、走得对、走得好。我们走自己的路，具有无比广阔的舞台，具有无比深厚的历史底蕴，具有无比强大的前进定力。要始终保持头脑清醒，坚持战略定力，不为任何风险所惧，不为任何干扰所惑。中国特色社会主义道路是一条通往复兴梦想的康庄大道、人间正道，必须坚定不移沿着这条道路奋勇前进。

二 坚定中国特色社会主义理论自信

近代以来，我们党之所以能够超越其他政治力量取得巨大成功，其中的一个巨大优势，就在于我们在实践中坚持和发展了马克思主义理论。中国共产党成立以后，就将马克思列宁主义写在自己的旗帜上，领导中国人民取得了新民主主义革命、社会主义革命和建设的胜利，诞生了马克思主义中国化的第一个重大理论成果即毛泽东思想，成为中国特色社会主义理论体系的直接理论来源。改革开放以来，中国共产党人坚持解放思想，实事求是，与时俱进，围绕"什么是社会主义，怎样建设社会主义""建设什么样的党，怎样建设党""实现什么样的发展，怎样发展""坚持和发展什么样的中国特色社会主义，怎样坚持和发展中国特色社会主义"等核心问题，提出了一系列新思想、新论断，形成了中国特色社会主义理论体系，实现了马克思主义的新发展。

"中国特色社会主义理论体系是指导党和人民沿着中国特色社会主义道路实现中华民族伟大复兴的正确理论，是立于时代前沿、与时俱进的科学理论。"① 这一理论体系，写出了科学社会主义的新版本，凝结了几代中国共产党人团结带领人民不懈探索实践的智慧和心血，是改革开放以来我们党推进马克思主义中国化所取得理论创新成果，是党最可宝贵的政治财富和精神财富，是全国各族人民团结奋斗的共同思想基础。这一伟大理论体系，扎根于改革开放和社会主义现代化建设的丰富实践之中，具有鲜明的科学性和真理性，符合全体中国人民的根本利益，顺应了当今世界和当代中国发展潮流。实践永无止境，理论创新永无止境。马克思主义没有终结真理，而是开辟了通往真理的道路。21 世纪时代的发展变化，我国改革开放的广度深度，中国特色社会主义建设遇到的新情况、新问题等远远超出了马克思主义经典作家当时的想象，这些都需要我们在理论上不断突破，在实践上大胆创新。党的十八大以来，以习近平为核心的党中央站在新的历史节点上，围绕坚持和发展中国特色社会主义的主题，提出了实现"两个一百年"奋斗目标、实现中华民族伟大复兴的中国梦的战略思想，确立了"五位一体"总体布局和"四个全面"战略布局，不断推进国家治理体系和治理能力现代化进程，不断深化丰富了中国特色社会主义理论体系。

习近平新时代中国特色社会主义思想，是对马列主义、毛泽东思想、邓小平理论、"三个代表"重要思想、科学发展观的继承和发展，是马克思主义中国化的最新成果，是党和人民实践经验和集体智慧的结晶，是中国特色社会主义理论体系的重要组成部分，是全党全国各族人民为实现中华民族伟大复兴而奋斗的行动指南。党的十八大以来我们取得的历史性成就和历史性变革，最根本的是在习近平新时代中国特色社会主义思想的科学指导下取得的。在当代中

---

① 《习近平谈治国理政》（第二卷），外文出版社 2017 年版，第 36 页。

国，坚持习近平新时代中国特色社会主义思想，就是真正坚持中国特色社会主义理论体系，就是真正坚持马克思主义。

三 坚定中国特色社会主义制度自信

中国特色社会主义制度是当代中国发展进步的根本制度保障，是具有鲜明中国特色、明显制度优势、强大自我完善能力的先进制度。这一制度体现在经济、政治、文化、社会、生态文明等各个方面。制度自信源于我们党对我国根本政治制度、基本政治经济制度和各项具体制度等制度体系本身的科学性、合理性的体认。新中国成立以后，我们党借鉴国际共产主义运动的基本经验，吸收人类制度文明发展的优秀成果，创造性地把马克思主义无产阶级专政学说和中国具体国情结合起来，创建了人民民主专政这一中国化的无产阶级专政学说，形成了社会主义国体探索方面的独特创新。中国共产党创造性地把马克思主义国家学说同中国具体实际结合起来，创立了不同于西方议会制和苏联苏维埃制度的具有中国特色的人民代表大会制根本政治制度，实现了人民民主的最好形式。创立了中国共产党领导的多党合作和政治协商制度这一中国特色的新型民主制度和政党制度，实现了马克思主义政党学说和中国实际的紧密结合。中国共产党还创造性地运用马克思主义民族理论，创立了民族区域自治这一解决民族问题的重大制度安排。中国共产党高度重视人民群众依法行使民主权利、管理国家事务的权利，创造性地建立了基层群众自治制度。由此，中国社会主义政治制度的总体框架已经基本形成。与此同时，我们党在成功进行三大改造的基础上建立了社会主义基本经济制度以及以马克思主义及其中国化理论成果为指导核心的社会主义文化意识形态。

党的十八大以来，结合我国改革开放进一步深化的实际，我们党不断推进更加成熟、更加定型、更加系统科学、更加完备规范、更加运行有效的制度体系的建设和完善，为实现中华民族伟大复兴中国梦提供更加坚实的制度保障。习近平指出："中国共产党人和中国人民完全有信心为人类对更好社会制度的探索提供中国方案。"①"中国方案"源自中国制度自信，彰显中国智慧。新中国成立近70年及改革开放40年的实践证明，中国特色社会主义制度具有强大生机与活力，这既是我们社会制度建设的理论与实践的科学总结和智慧闪光，同时，也为世界各国根据自身国情选择适合自己的社会制度提供了借鉴与参考。

同时应该看到，中国特色社会主义制度是特色鲜明、富有效率的，但还不是尽善尽美、成熟定性的。中国特色社会主义事业不断发展，中国特色社会主义制度也需要不断完善。要坚持以实践基础上的理论创新推动制度创新，坚持和完善现有制度，从实际出发，及时制定一些新的制度，构建系统完备、科学规范、运行有效的制度体系，使各方面制度更加成熟、更加定型，为夺取新时代中国特色社会主义伟大胜利提供更加有效的制度保障。

四 坚定中国特色社会主义文化自信

中国特色社会主义文化积淀着中华民族最深沉的精神追求，代表着中华民族独特的精神标识，是激励全党全国各族人民奋勇前进的强大精神力量。中国特色社会主义文化，源自中华民族5000多年文明历史所孕育的中华优秀传统文化，熔铸于党领导人民在革命、建设、改革中创造的革命文化和社会主义先进文化，植根于中国特色社会主义伟大实践。发展中国特色社会主义文化，就是以马克思

---

① 《习近平谈治国理政》（第二卷），外文出版社2017年版，第37页。

主义为指导，坚守中华文化立场，立足当代中国现实，结合当今时代条件，发展面向现代化、面向世界、面向未来的，民族的、科学的、大众的社会主义文化，推动社会主义精神文明和物质文明协调发展。文化自信是更基础、更广泛、更深厚的自信，是一个国家、一个民族发展中更基本、更深沉、更持久的力量。没有高度的文化自信，没有文化的繁荣兴盛，就没有中华民族的复兴。坚定文化自信，就要以更加自信的心态、更加宽广的胸怀，广泛参与世界文明对话，大胆借鉴吸收人类文明成果，推进中华优秀传统文化的创造性转化、创新性发展，继承革命文化，发展社会主义先进文化，在为新时代鼓与呼中滋养社会、铸造国魂，更好构筑中国精神、中国价值、中国力量，为人民提供精神指引。

文化自信是其他三个自信的必然要求。道路自信、理论自信和制度自信是外在的，而文化自信则更倾向于内心和价值观，这种自信更厚重深沉。文化自信能使理论自信更加趋向理性，使道路自信更有方向感，同时为制度自信提供保障。任何国家和民族都是在文化自信中发展壮大的，同样，中国的发展和壮大也离不开文化自信，尽管在发展过程中也历尽艰辛和充满坎坷。中华传统文化与世界上其他文化相比，在艰难险阻的克服中彰显了其绵延 5000 年而不衰、自秦汉以来中国历经 2000 多年而最终保持统一、在历史上曾长期处于世界领先地位、排他性最小包容性最强的优越性。这些优越性，为我们树立道路、理论、制度自信提供了文化依据。同时，文化自信是对道路、理论、制度自信的精神升华，是不断推进其他三个自信的不竭源泉，其他三个自信只有扎根于中华文化深厚的精神土壤之中，才能获得历久弥新的民族精神滋养，使其他三个自信既顺应世界大势又立足于中国基本国情，既融汇马克思主义资源又汲取民族优秀文化精髓，从而获得持久的精神动力之源。坚持中国特色社会主义道路自信、理论自信、制度自信，说到底就是要坚持文化自信。习近平指出："文化自信是更基本、更深沉、更持久的力量。历史和现实都表明，一个抛弃了或背叛了自己历史文化的民族，不仅不可能发展起来，而且很可能上演一场历史悲剧。"① 习近平在纪念中国共产党成立 95 周年大会上的讲话进一步指出："文化自信，是更基础、更广泛、更深厚的自信。在 5000 多年文明发展中孕育的中华优秀传统文化，在党和人民伟大斗争中孕育的革命文化和社会主义先进文化，积淀着中华民族最深层的精神追求，代表着中华民族独特的精神标识。我们要弘扬社会主义核心价值观，弘扬以爱国主义为核心的民族精神和以改革创新为核心的时代精神，不断增强全党全国各族人民的精神力量。"② 这些论述，充分表明新时期坚定文化自信具有极端重要的意义。文明因交流而多彩，文明因互鉴而丰富。坚持文化自信，还要立足本国实际，吸收借鉴世界各国人民创造的优秀文明成果，在不断汲取各种文明养分中丰富和发展中华文化，增进文化自信。

"欲信人者，必先自信。"历史虚无主义思潮恰恰是要破坏这种文化自信，以阻碍中国特色社会主义的发展。这种弥漫在我们思想文化领域、意识形态领域的历史虚无主义的种种谬说，必然导致民族虚无主义和文化虚无主义、必然导致否定马克思主义和中国化马克思主义、必然导致否定改革开放和中国特色社会主义道路。历史虚无主义的蔓延，必然扰乱理论、扰乱思想、扰乱信仰，诱使人们对马克思主义的科学性、社会主义的必然性、中国共产党执政的合理性和改革开放的必然性产生怀疑，损害党的执政地位，危及中国特色社会主义建设和国家的长治久安。近代以来，我们曾经历过

① 《习近平谈治国理政》（第二卷），外文出版社 2017 年版，第 339 页。
② 同上书，第 36—37 页。

"全盘西化"的文化自信的丧失到社会主义先进文化自信的回归，其中经历了艰难曲折的历程。今天，实现中华民族复兴的宏图大业，文化自信的根基作用愈益明显和重要。"当今世界，要说哪个政党、哪个国家、哪个民族能够自信的话，那中国共产党、中华人民共和国、中华民族是最有理由自信的。"① 因此，正是这种"会当凌绝顶，一览众山小"的文化自信，我们才能冷静清醒、从容自觉地坚定道路自信、理论自信、制度自信，在旗帜鲜明地反对历史虚无主义思潮中更加坚定地坚持党的基本路线不动摇，把党和国家事业的发展不断推向前进。

第四节　借力网络新媒体唱响高校意识形态安全建设主旋律

抵制历史虚无主义对青年大学生的侵蚀，进一步增强大学生的马克思主义观，是当前高校意识形态建设的根本任务。近年来，网络新媒体的迅速发展增加了高校意识形态建设的难度、削弱了高校意识形态建设的话语权、威胁着高校意识形态建设的安全。当前，面对方兴未艾的网络新媒体的广泛应用带来的信息传播的巨大变革，面对日益错综复杂的教育局面，高校必须积极主动借力网络新媒体的意识形态建设功能，拓展高校意识形态安全建设的新途径，唱响意识形态安全建设主旋律。

一　新媒体已成为人类有史以来发展最快、影响深广的强势媒体

随着科技飞速发展，各种论坛贴吧、博客、微博、微信、QQ 等

---

① 《习近平谈治国理政》（第二卷），外文出版社 2017 年版，第 36 页。

新媒体技术以其良好的互动性、资源的丰富性和交流的便捷性在人们生活中得到广泛应用。截至 2018 年 6 月，在我国有 8 亿多人上互联网，近半数以上国民成为网民，是全世界最大的网络群体。其中，20 岁到 40 岁的网民最多，核心群体是 20 多岁的年轻人。2017 年，我国在校大学生数量已有 2695 万人左右，他们绝大多数都是网民，是网络新媒体的主力军。新媒体技术及环境的发展完善，以及新媒体信息传播的"时间无屏障""空间无屏障""咨询无屏障"的特点，迅速得到广大青年学生的青睐，成为大学生获取信息和交流沟通的主渠道，对他们的思维方式和行为方式产生了新的影响。

目前，"90 后"乃至"00 后"已成为当代大学生的主体。由于生长在中国经济发展最为迅猛的时期，受各种思想文化相互激荡和社会环境的影响，特别是受新媒体的强势影响，获取知识的途径更加多样，思想更具有多面性。他们思维活跃、好奇心强、对新事物接受快，容易受网络上各种思想文化的影响，价值观与前几代人有很大的不同，思想价值、行为方式等均具有开放性、多元化的特点。他们大多思想尚未完全成熟，正是世界观、人生观、价值观形成的主要时期，对网络上的信息和言论缺乏应有的审视和辨别能力，对待身边的事物缺乏客观全面的分析和理性的认识，极容易受到不良思想的蛊惑。在意识形态战场上，青年的价值走向影响着中国未来的走向，成为西方敌对势力时刻准备进行思想文化渗透和争夺的重要对象。早在 20 世纪 50 年代，它们就提出了"和平演变"战略，由于网络技术源于信息技术发达的资本主义国家，所以网络新媒体很大程度上已成为西方资本主义国家传播价值观，进行对外文化扩张的主战场。新媒体时代，如何进一步加强高校意识形态阵地建设，妥善应对新媒体对我国主流意识形态的挑战，增强青年大学生学会运用马克思主义的立场观点方法分析问题、解决问题，增强政治鉴别力、价值判断力和道德责任感，是我们党必须面对并加以思考和探索的紧迫课题。当此之时，做好高校意识形态工作十分艰巨。

二 高校意识形态安全建设事关国家政治安全

习近平同志指出，互联网是我们面临的"最大变量"，搞不好会成为我们的"心头之患"。高校历来是人才、信息的汇聚地，是社会思潮风云际会之地，高校意识形态安全建设，关乎党的执政安全和中国特色社会主义未来的发展方向。

当前，世界范围内各种思想文化交锋日趋激烈，随着我国改革开放的进一步深化，西方敌对势力不失时机，加紧在意识形态领域对我实施"西化、分化"战略，高校广大青年师生成为其渗透和诱变的重要对象。习近平高度重视意识形态工作，他指出："意识形态工作是党的一项极端重要的工作"，"能否做好意识形态工作，事关党的前途命运，事关国家长治久安，事关民族凝聚力和向心力。"[①] 他在总结历史和现实的基础上，进一步深刻指出："一个政权的瓦解往往是从思想领域开始的，政治动荡、政权更迭可能在一夜之间发生，但思想演化是个长期过程。思想防线被攻破了，其他防线也就很难守住。我们必须把意识形态工作的领导权、管理权、话语权牢牢掌握在手中，任何时候都不能旁落，否则就要犯无法挽回的历史性错误。"[②] 因此，做好高校意识形态工作具有重大的现实战略意义。

三 新媒体形势下高校意识形态安全建设面临严峻挑战

必须充分看到，党的十八大以来，新一届中央领导集体对意识形态工作高度重视，意识形态领域形势持续向上向好。值得警惕的

---

① 习近平：《在全国宣传思想工作会议上的讲话》，《人民日报》2013—08—21。
② 同上。

是，以互联网技术、数字技术和移动通信技术为基础的新媒体时代的到来，给我国意识形态安全建设带来了新的严峻挑战。据中国互联网络信息中心提供的数据，截至 2018 年 6 月，我国 8 亿多网民人均每周上网时长 27.7 小时，平均每人每天上网近 5 小时。相对于电视、广播、报纸等传统媒体，新兴媒体更加凸显信息传播的多元、自由、快捷、交互、开放、海量性等特点，每位网民都可以成为信息的发布者、传播者、接收者。网络新媒体作为一种新事物，是一把"双刃剑"，一方面，为广大青年学生提供了获取信息和言论表达的新途径，拓宽了视野；另一方面，互联网时代加剧了世界范围内思想文化的相互激荡，意识形态领域波谲云诡、暗流涌动，西方敌对势力变换手法加紧全方位渗透。当前，绝大多数西方思潮、错误观点、负面情绪都是通过网站、论坛、微博、微信、视频等互联网宣传资源，迅速产生、迅速传播、迅速发酵，引发核裂变式的舆论震动的"蝴蝶效应"，试图迅速抢夺社会道义制高点，控制社会舆论话语权，进而潜移默化影响中国的知识精英，特别是涉世未深的广大青年学生，导致其对主流意识形态认同的淡漠，这些是目前高校意识形态安全面临的最主要挑战。

一是挑战对马克思主义主流意识形态的权威认同。在互联网环境下，思想领域的争锋更加复杂、激烈、尖锐、隐蔽。意识形态斗争复杂化和社会思潮多样化叠加，一些错误思潮甚至急于在高校"抢滩登陆"，企图影响青年知识分子和争夺青年大学生。当前，在高校广泛传播的、对大学生思想产生较大影响的社会思潮主要有：宣扬西方民主、自由、人权具有普适性、永恒性，是超越时空、超越国家、超越阶级的人类共同价值，鼓吹中国只有全盘接受西方价值才有前途的"普世价值"；主张完全私有化条件下的市场自由竞争，反对政府过多干预经济，提倡个人主义的"新自由主义"；主张否定革命、告别革命，任意假设历史、歪曲历史，公开否定中国共产党领导的革命及其指导思想，进而否定中国共产党长期执政合法性的"历史虚无主义"；反对把马克思主义作为唯一指导思想，主张资产阶级多党制，主张私有制基础上的"混合经济"制度，抛弃共产主义奋斗目标的"民主社会主义"。与此相呼应，西方敌对势力还借炒作"宪政"话题否定我国基本政治制度，否定党对军队的绝对领导，主张军队国家化，等等。这些错误思潮和炒作话题极具迷惑性和蛊惑性，从而动摇主流意识形态的权威性。

二是一些所谓的网络"意见领袖""社会公知""微博大V"等借所谓的"还原""揭秘""考证"等障眼法和"遮羞布"，弱化国家意识、丑化革命领袖、虚无民族英雄，实现消解马克思主义在意识形态领域的指导地位，否定共产党执政的合法性，否定社会主义制度。比如所谓的"还原""揭秘"历史：一段时间以来，在微博、论坛、博客上一些人以"揭秘""还原"为名，大作"翻案"文章。从为新中国的建立而英勇就义的李大钊、江竹筠等革命烈士到建国后涌现的英雄模范雷锋、赖宁等，全部被质疑抹黑。2013年年底，一个拥有数10万粉丝，自诩"解读历史、传播真理"的认证账号编造发布了一条关于"狼牙山五壮士欺压村民"的微博在网上引起了轩然大波；网络"大V@作业本"曾在微博中公然将邱少云烈士比作"烧烤"。个别人甚至不惜制造英勇就义的刘胡兰不是被军阀铡死，而是"被同村乡民杀死"，董存瑞舍身炸碉堡是"完全推测出来的英雄故事"，黄继光堵枪眼是"为了鼓舞士气虚构出来的"之类的谣言，以及"公知大V"对毛泽东、周恩来等许许多多老一辈无产阶级革命家的造谣、抹黑、攻击，对早有定论的反动历史人物如蒋介石、汪精卫、刘文彩等鸣冤"翻案"，等等。杜勒斯的"和平演变"言犹在耳，这种利用互联网进行的无中生有、肆意抹黑造谣，混淆是非判断标准，造成意识形态纷争，最终达到不战而胜的政治目的。这是"西化、分化"战略在意识形态领域战中的惯用伎俩，也是某些共产党领导的国家丢失政权的一个惨痛教训。

三是通过揭露所谓的"社会丑恶"现象、炒作扭曲群众关心的热门话题、污灭孤立爱党爱国的专家学者为"爱国贼"、设置"党大还是法大"挑衅性话题、在一些突发事件、敏感时期的节点上煽动情绪等手段，罔顾事实、以偏概全、大肆渲染、裹挟民意，挑唆、煽动政府和群众之间的矛盾和对立，阻挠破坏我国现代化建设的大好局面。例如，南京彭宇案、广东小悦悦事件后，以摔倒老人讹人、中国人冷漠、游人在景点不文明等热点话题反映中国人道德问题的新闻爆炸式涌现于网络，他们编造出如《中国式过马路》《中国人丢人丢到外国去了》《中国人是世界上少数没有信仰的可怕民族之一》等虚假文章或以点带面的夸张新闻，蓄意丑化和诋毁中国人，获得了很高的点击率。再比如对群众普遍关心的话题，从食品、奶粉、房价、医疗乃至到土壤、空气等无一例外遭到了有组织的虚假信息全面丑化和夸大扭曲。例如对国产奶粉的无止境围攻和推荐，篇篇都有上千万的阅读量。实际上西方食品、药品安全问题百出，仅欧洲就曾出现过数千个没有胳膊的"海豹儿"，美国政府规定使用瘦肉精是合法的、疯牛病是禁止监测的。再如，2015 年网络上炒得沸沸扬扬的"庆安火车站枪击事件"，随着官方调查结论和现场视频的公布，在舆论场上掀起的波澜逐渐平息。但围绕类似事件的舆论发酵值得人们深思，为了寻求所谓真相，少数网络大 V、舆论领袖、"死磕派律师"，打着"为民请命"的旗号煽动情绪、制造对立，无限放大对腐败和黑幕的想象，矛头直指党和政府。尤其要引起警惕的是，一些人在微博、微信、论坛上炮制散布所谓的"高层信息""惊天黑幕""重大新闻"，误导公众，造成恶劣影响，这是意识形态领域斗争尖锐复杂化的表现。

上述种种挑战，对世界观、人生观、价值观正在形成中的青年大学生的危害性不容小觑。对此，我们必须高度重视，主动应对挑战。

四　积极运用网络新媒体唱响高校意识形态安全建设主旋律

面对新形势、新变化，高校广大教育工作者要立德树人，敢于担当，善于运用新媒体，积极迎接新挑战，借力网络新媒体唱响高校意识形态主旋律。

适应形势，充分认识网络新媒体在高校意识形态安全建设中的重大作用。目前，国内外敌对势力充分运用网络新媒体的有效传播手段，直接通过千百个针对中国的专门网站大肆渗透，从政治、思想、经济、文化等各个领域进行不间断的肆意歪曲和诽谤。作为意识形态斗争的前沿阵地，高校担负着传播马克思主义、培育和践行社会主义核心价值观、为社会主义现代化建设提供人才保障和智力支持的重要任务，一定要更加主动和自觉，一刻也不能放松和削弱意识形态工作。要强化阵地意识，加强网络意识形态信息资源建设，构建网上意识形态传播主阵地，坚持正面宣传，以正确舆论引导人，讲好中国故事。要适应新形势发展，发挥新媒体信息量大、内容丰富、互动功能强、覆盖人群广、时效性强等特点，以主旋律引领多样化，积极引导广大青年学生，将博客、微博、微信、社交网站、移动通信终端等新媒体建成传播马克思主义的新阵地。

坚持用马克思主义意识形态引领网络文化建设，唱响意识形态主旋律。实践证明，马克思主义是科学真理，作为我们党的指导思想，在改革开放的整个历史进程中我们都必须与时俱进，坚持和发展马克思主义。习近平新时代中国特色社会主义思想是马克思主义中国化的最新成果，是当代中国的马克思主义，是党和国家必须长期坚持的指导思想。面对国内外各种思潮的涌动与流变，并通过互联网对我进行意识形态渗透和颠覆活动，争夺群众尤其是青年，我们必须要主动应对，要充分利用网络新媒体等现代传媒手段，拓展主流意识形态传播的时空效应，唱响主流意识形态主旋律。同时，要综合运用技术、法律和行政等手段对互联网进行管理和控制，保证主流意识形态传播渠道畅通，以引导、抵制各种错误思潮的传播。青年大学生是国家和民族的希望所在，他们的价值走向决定着中国的未来走向，拥有了青年就拥有了未来。邓小平早就指出："一定要教育我们的人民，尤其是我们的青年，要有理想。"① 要通过社会主义核心价值观的培育，增强青年大学生的价值判断力和道德责任感，坚定道路自信、理论自信、制度自信、文化自信、价值自信，自觉用社会主义核心价值观抵制历史虚无主义的渗透。

树立大意识形态观，从战略全局谋划工作，齐抓共管，打赢意识形态领域的主动仗。高校意识形态工作要树立"一盘棋"的大局意识，形成齐抓共管的工作格局。高校党委书记应当是专职党委书记，意识形态建设的领导权任何时候都不能旁落，要做到守土有责、守土负责、守土尽责。目前中国处于思想多元、多样、多变时期，高校领导班子要忠诚地站在意识形态的前沿阵地，以社会主义核心价值观作为新时代意识形态安全建设的旗帜，加强科学领导，提高网络新媒体环境下意识形态安全建设问题的科学研判和决策能力，为意识形态建设提供坚强的组织保障、思想保障、制度保障，牢牢掌握高校意识形态工作的领导权、管理权和话语权。要加强思想政治工作队伍建设，充分发挥思想政治课专职教师、辅导员和其他专

---

① 《邓小平文选》第3卷，人民出版社1993年版，第110页。

业课教师的合力，走专兼结合道路，深化马克思主义基本理论教育，为意识形态安全建设工作提供人才保障和智力支持。要充分发挥专家、学者在互联网阵地建设中的主导作用，牢牢掌握互联网意识形态斗争的主动权，不断提高对意识形态安全建设的引导力和影响力。

第七章

建设具有强大凝聚力和引领力的
社会主义意识形态

    意识形态领域多元思想文化相互交流交融交锋，已是一种客观存在，主流意识形态与多样化社会思潮长期并存、相互激荡趋势更加显著，引领社会思潮、凝聚强大共识的任务艰巨繁重。党的十八大以来，以习近平同志为核心的党中央全面加强党的意识形态工作建设，牢牢掌握意识形态工作的领导权、主动权和话语权，建设具有强大引领力和凝聚力的社会主义意识形态，坚决遏制各种错误思想炒作和蔓延，有效压缩错误思潮和敌对势力造谣惑众、散布噪声杂音的生存空间，意识形态主旋律更加响亮，从根本上扭转了意识形态领域一度出现的被动局面，使意识形态领域发生了全局性、根本性的改变。当前，我国意识形态领域总体保持向上向好态势，但同时也要看到，意识形态领域仍不平静，面对的形势依然错综复杂，面对的风险挑战依然严峻，意识形态的斗争和较量有时十分尖锐。科学把握近年来我国意识形态建设工作的新进展和面临的新形势新挑战，对于进一步加强党的意识形态工作具有重大意义。

第一节 党的十八大以来意识形态
领域工作新进展

意识形态工作是一项极端重要的工作。党的十八大以来，以习近平同志为核心的党中央高度重视意识形态工作，先后召开一系列意识形态工作会议，在深刻总结我们党领导意识形态工作长期积累的宝贵经验的基础上，不断推动我国意识形态建设取得新进展。

一 意识形态工作是党的一项极端重要工作，提升党对新时代加强社会主义意识形态工作重要性的认识

意识形态作为一定社会的观念上层建筑，以观念形态存在，却并不虚。马克思说："如果从观念上来考察，那么一定的意识形式的解体足以使整个时代覆灭。"① 任何时候任何情况下，我们都不能忽视思想的力量、忽视意识形态的作用。随着世情、国情、党情的不断变化，习近平总书记从发展好中国特色社会主义事业大局出发，对意识形态工作重新定位，强调"经济建设是党的中心工作，意识形态工作是党的一项极端重要工作"②。这一精准定位既是对"泛意识形态化"的有力驳斥，更是对"意识形态终结论"的坚决回应，彰显了党对马克思主义唯物史观的继承发展，凸显了党对新时代意识形态工作认识的提升。

唯物史观认为，经济基础决定上层建筑，上层建筑对经济基础具有能动的反作用，二者辩证统一。"随着经济基础的变更，全部庞

---

① 《马克思恩格斯文集》第 8 卷，人民出版社 2009 年版，第 170 页。
② 《习近平谈治国理政》（第一卷），外文出版社 2014 年版，第 153 页。

大的上层建筑也或慢或快地发生变革。"① "离开了经济建设这个中心，就有丧失物质基础的危险，其他一切任务都要服从这个中心，围绕这个中心。"② 如果片面地割裂二者之间的关系，必将陷入形而上学或唯心主义。历史和事实反复证明，没有国家经济实力的提升，没有人民生活的不断改善，空谈理想信念，最终意识形态工作也难以取得好成效。党的十八大以来，我国经济持续发展，经济总量稳居世界第二。与此同时，西方国家始终不忘其"和平演变"战略，通过各种方式输出各种错误思潮和价值观进行渗透，妄图制造思想混乱，干扰中国特色社会主义建设事业的顺利进展。在这一特殊时期，做好意识形态工作，事关党的前途命运、国家长治久安和民族凝聚力和向心力。我们党坚持辩证唯物主义和历史唯物主义，始终坚持以经济建设为中心，始终坚持党的基本路线不动摇，科学定位意识形态工作战略地位。习近平总书记指出："我们在集中精力进行经济建设的同时，一刻也不能放松和削弱意识形态工作。"③ "中国是一个大国，绝不能在根本性问题上出现颠覆性错误。"④ 在当代中国，所谓颠覆性错误就是可能导致中国特色社会主义事业遭受严重挫折，甚至失败的根本性错误，其首先表现在意识形态领域，这在整个世界社会主义运动史上有过惨痛的教训。由此可见，意识形态工作具有特殊的地位和极端重要性，甚至一定程度上比经济工作更复杂，矛盾更尖锐。正因如此，新时代，我们要坚持两手抓，真正处理好意识形态工作与经济等其他工作的关系，既要坚持以经济建设为中心不动摇，发挥其强筋固本的重要作用，为意识形态提供物

---

① 《马克思恩格斯选集》第2卷，人民出版社2012年版，第3页。
② 《邓小平文选》第2卷，人民出版社1994年版，第249页。
③ 《深入学习习近平总书记重要讲话精神》（下），人民出版社2014年版，第548页。
④ 《十八大以来重要文献选编》（上），中央文献出版社2014年版，第438—439页。

质保证；又要坚持意识形态这一极端重要的工作，发挥其凝心铸魂的重要作用，筑牢意识形态建设工作的思想基础，实现意识形态建设由"宽松软"向"严紧硬"的转变。

二　推动社会主义意识形态工作内容和形式创新，凝心聚力进行社会主义现代化建设

在我国全面深化改革的新形势下，在一些错误思想观点特别是在新自由主义、普世价值、历史虚无主义等社会思潮影响下，拜金主义、享乐主义、极端个人主义有所滋长，有人以西方的错误价值观来衡量中国的改革发展，质疑否定马克思主义、否定党的领导、否定改革开放以来我们所取得的一切成就。为应对国内外出现的新情况新问题，党的十八大以来，以习近平同志为核心的党中央提出了一系列新思想、新观点、新论断，党的意识形态工作取得重大进展，社会主义意识形态工作内容和形式不断得以创新，全党全社会进行社会主义现代化建设的思想基础更加统一巩固。"马克思主义在意识形态领域的指导地位更加鲜明，中国特色社会主义和中国梦深入人心，社会主义核心价值观和中华优秀传统文化广泛弘扬……，互联网建设管理运用不断完善……，主旋律更加响亮，正能量更加强劲，文化自信得到彰显。"①

高举马克思主义、中国特色社会主义的旗帜，坚守"两个巩固"。巩固马克思主义在意识形态领域的指导地位，巩固全党全国各族人民团结奋斗的共同思想基础，是意识形态工作的根本任务。只有建设强大引领力和凝聚力的社会主义意识形态，才能使全体人民在理想信念、价值理念、道德观念上紧紧团结在一起。马克思主义

---

① 《党的十九大报告辅导读本》，人民出版社 2017 年版，第 5 页。

是我们立党立国的根本，必须坚定不移坚持马克思主义在我国意识形态领域的指导地位，任何时候任何情况下都不能有丝毫动摇。意识形态工作本质上做的是政治工作，民心是最大的政治。要坚持以人民为中心的工作导向，把凝聚民心作为意识形态工作的出发点和落脚点，为党的中心工作服务，维护最广大人民的根本利益。新时代坚持和发展中国特色社会主义，既要切实做好中心工作，为意识形态工作提供坚实物质基础，又要切实做好意识形态工作，增强社会主义意识形态吸引力和凝聚力，营造强大的正面思想舆论，把全党全国人民士气鼓舞起来、精神振奋起来，朝着党中央确定的宏伟目标团结一心向前进。

坚持用新时代中国特色社会主义思想武装全党、教育人民、推动工作。党的十九大概括和提出了习近平新时代中国特色社会主义思想，确立为党的指导思想并写进宪法，实现了党的指导思想的与时俱进。习近平新时代中国特色社会主义思想，是在中国特色社会主义进入新时代、科学社会主义迈向新阶段、当今世界经历新变局、我们党面临执政新考验的历史条件下形成和发展起来的。习近平新时代中国特色社会主义思想运用马克思主义的基本立场、观点和方法，聚焦新的时代命题，总结开创性独创性的实践经验，形成了系统完备、特色鲜明的科学理论体系。这一思想内涵十分丰富，包括新时代坚持和发展中国特色社会主义的总目标、总任务、总布局、战略布局和发展方向、发展方式、发展动力、战略步骤、外部条件、政治保证等方面的基本问题，深化了对共产党执政规律、社会主义建设规律、人类社会发展规律的认识。习近平新时代中国特色社会主义思想丰富和拓展了中国特色社会主义的内涵和外延，为我们立足中国实际，凝心聚力走好自己的路，提供了思想理论支撑。

　　将意识形态建设融入"四个全面"战略布局和五大发展理念之中，使意识形态建设工作更加扎实和富有成效。意识形态工作要想发挥出最大的作用必须融入中国特色社会主义现代化建设事业中，必须深深植根于生动的社会实践，特别是人民群众的生活实际，避免意识形态建设工作变成空洞的说教。党的十八大以来，我们党将意识形态建设工作融入"四个全面"的战略布局中，以全面建成小康社会为阶段性奋斗目标和阶段性成果，坚定广大人民群众对社会主义的道路自信、理论自信、制度自信、文化自信，从而更加坚定中国特色社会主义共同理想和共产主义远大理想，实现中华民族伟大复兴的中国梦；以全面深化改革为动力，牢牢把握改革的正确方向，批判错误的改革观，特别是全盘西化、全面私有化的自由主义改革观，坚持中国特色社会主义道路不动摇；以全面依法治国为保障，坚决反对针对否定党的领导主张西式民主的宪政思潮，坚决遏制歪曲否定党史国史进而否定社会主义道路的历史虚无主义思潮的泛滥，坚持党的领导、人民当家做主和依法治国的统一；以全面从严治党为领导核心，整治党内歪风邪气，弘扬光大党的优良传统，巩固党的领导核心地位。在具体将意识形态建设工作的推进与中国特色社会主义建设事业相融合中，贯彻落实创新、协调、绿色、开放、共享的新发展理念，坚持理论与实践相结合，不断开创我国意识形态工作的新局面。

　　以社会主义核心价值观为引领，实现中华民族伟大复兴的中国梦。思想引领行动，思想凝聚力量。培育和践行社会主义核心价值观，以价值共识巩固认同。社会主义核心价值观在继承中华民族优秀传统文化的同时，吸收世界优秀文明成果，从国家、社会、公民三个层面回答了应该坚持什么样的价值观，应该怎样践行核心价值观。习近平指出："对一个民族、一个国家来说，最持久、最深层的力量是全社会共同认可的核心价值观。核心价值观承载着一个民族、一个国家的精神追求，体现着一个社会评判是非曲直的价值标准。"① 历史和现实都表明，培育和弘扬核心价值观，有效整合社会意识，是社会系统得以正常运行、社会秩序得以有效维护的重要途径，也是国家治理体系和治理能力的重要方面，事关社会和谐稳定，事关国家长治久安。"如果一个民族、一个国家没有共同的核心价值观，莫衷一是，无所依归，那这个民族、这个国家就无法前进"②，实现中华民族伟大复兴的中国梦更无从谈起。中国是一个拥有 13 亿多人口的发展中大国，要实现"两个一百年"奋斗目标、实现中华民族伟大复兴的中国梦，必须凝聚全国各族人民的力量，必须找到全党全国各族人民共同认同的价值观"最大公约数"，推动社会主义核心价值观转化为全体人民生活习惯和行为自觉，充分发挥社会主义核心价值观的凝聚力和整合力，使全体人民同心同德、团结奋进，实现中华民族伟大复兴。

三　讲好中国故事，传播好中国声音，贡献中国智慧

讲好中国故事是新时代中国特色社会主义的命题和使命。源于中国属于世界、基于历史引领未来，才能讲好中国故事。近代以降，历经磨难的中华民族迎来了从站起来、富起来到强起来的伟大飞跃，迎来了实现中华民族伟大复兴的光明前景。尤其是改革开放 40 年来，中国社会经济发展成就举世瞩目。中国特色社会主义进入新时代，国际社会对中国发展的关注、认同与日俱增，但"中国威胁论""中国崩溃论"等噪声杂音依然存在。面对新形势、新任务，唯有把握大势、区分对象、精准施策，才能讲好中国故事，让世界深入了

---

① 《习近平谈治国理政》（第一卷），外文出版社 2014 年版，第 168 页。
② 同上。

解中国，向世界展示真实、全面、立体的中国，为我国发展营造良好的国际环境。习近平同志指出："要努力传播当代中国价值观念。当代中国价值观念，就是中国特色社会主义价值观念，代表了中国先进文化的前进方向。"① 因此，讲好中国故事，构建客观、全面、生动的中国观，在国际社会中要善于将"中国"和包含了中国道路、中国奇迹、中国智慧、中国贡献、中国精神、中国价值和中国力量等元素的"故事"融会贯通为"中国故事"，塑造世界的中国观，有效应对西方媒体利用所掌握的国际舆论话语权就中国的某个问题大肆炒作。为此，我们要秉持"四个自信"，向世界说明"四个全面"战略布局和"创新、协调、绿色、开放、共享"五大发展理念；向世界人民诠释中国特色社会主义制度是符合中国国情和中国最广大人民根本利益的一种崭新的制度文明，是人类文明发展的新路径；向世界阐释中国独特的文化传统、独特的历史命运、独特的基本国情，注定了我们必然要走适合自己特点的发展道路；等等。

传播好中国文化，传播好中国理念，让世界更好地了解中国，必须促进中国优秀传统文化走出国门，走向世界，不断提高国家文化软实力和中华文化影响力。文明因交流互鉴而丰富多彩，而成为推动人类文明进步和世界和平发展的动力。中华文明经历了5000多年的历史变迁，但始终一脉相承，"积淀着中华民族最深沉的精神追求，代表着中华民族独特的精神标识，为中华民族生生不息、发展壮大提供了丰厚滋养"②。中华文明是在中国大地上产生的文明，也是同其他文明交流互鉴而形成的文明。因此，传播中华文化，既要继承优秀传统又要弘扬时代精神，以人们喜闻乐

---

① 《习近平谈治国理政》（第一卷），外文出版社 2014 年版，第 161 页。
② 同上书，第 260 页。

见的传播形式和载体，拉近中国和世界的距离，促进不同文化之间的交流交融，进而提升我国的国际形象，彰显中华文化的深厚底蕴；传播中华文化必须始终坚持民族特色，展示中华文化独特魅力，把立足本国又面向世界的当代中国文化创新成果传播出去，切忌一味崇洋媚外，丢失本色；传播中华文化，要坚持以现代化建设实践为出发点和落脚点，做到与当代社会相适应、与现代文明相协调，面向世界讲好中国共产党的故事和中国革命故事、中国发展故事、中国开放故事、中国治理故事、中国为人类文明作出更大贡献的故事，等等。

贡献中国智慧，着眼人类发展和世界前途提出中国理念、中国方案，为人类文明进步指引方向。当今世界正处于大发展大变革大调整时期，和平与发展仍然是时代主题。同时，世界面临的不稳定性不确定性突出，人类面临许多共同挑战。习近平指出，"没有哪个国家能够独自应对人类面临的各种挑战，也没有哪个国家能够退回到自我封闭的孤岛"①。在这一背景下，中国方案备受全球瞩目。党的十八大以来，中国努力倡导并带头实践"亲诚惠容"的周边外交理念、"共同、综合、合作、可持续"的亚洲安全观、"一带一路"倡议、"人类命运共同体"理念以及"独立自主、完全平等、相互尊重、互不干涉内部事务"的党际交往四项原则等，为国际治理贡献了更多中国方案和发展动力。中国自身发展拓展了发展中国家走向现代化的途径，给世界上那些既希望加快发展又希望保持自身独立的国家和民族提供了全新选择，为解决人类问题贡献了中国智慧和中国方案。在世界舞台上，中国正在为全球治理发挥越来越重要的作用，中国梦与世界梦已日益联系在一起。中国正在以自身实际

---

① 《十九大报告辅导读本》，人民出版社 2017 年版，第 57 页。

行动驳斥"中国威胁论",正在阶段性超越"中等收入陷阱""修昔底德陷阱""塔西佗陷阱",以积极的姿态改变以往在国际舞台上"失语""失声""失踪"的状态,以一个负责任的大国形象屹立在世界的东方。

第二节　意识形态领域形势依然复杂、挑战依然严峻

党的十八大以来,以习近平同志为核心的党中央高度重视意识形态工作,在实践中不断深化对意识形态工作规律的认识,提出了一系列新思想新观点新论断,意识形态工作取得了历史性成就和历史性变革。同时要清醒地看到,意识形态领域的斗争依然严峻、复杂,建设社会主义意识形态仍然是一项长期重大任务。

一　社会思想意识复杂多样,社会主义意识形态引领社会思潮、凝聚思想共识任务艰巨

改革开放以来,我国经济社会深刻变革,利益格局深刻调整,意识形态领域暗流涌动,人们的思想观念更趋活跃,更富独立性、选择性、多变性、差异性,各种思想文化相互交融,各种力量争相发声。一些带有西方话语色彩、影响比较大的思潮特别是长期存在的新自由主义、民主社会主义、"普世价值"、西方宪政民主、历史虚无主义等思潮,对我国进行政治价值、政治模式、文化理念以及文化产品的渗透与侵蚀,企图摧毁和动摇作为中国各族人民、中国共产党精神支柱的马克思主义和共产主义理想,进而使共产党丧失对社会主义意识形态的话语权、领导权。这些思潮的涌现,导致不同阶层的人们在理论和现实层面上对马克思主义产生了困惑、忧虑、

质疑，特别是一些错误观点，如"意识形态中立论""指导思想多元化"和马克思主义"过时论"等，逐渐占据了人们的思想。这种"去政治化"的文化侵蚀和意识形态渗透如果任其泛滥，将逐渐使人们对马克思主义理论和中国特色社会主义道路丧失以往的坚定信念，动摇中华民族共同的价值观和思想道德基础。在实际工作中，有的领域马克思主义被严重边缘化、空泛化、空心化、标签化，出现了马克思主义在某些领域"失语""失声""失踪"的现象，等等。可见，意识形态领域多元文化争相交锋、社会主义意识形态和多样化社会思潮相互激荡的趋势更加显著，引领社会思潮、凝聚思想共识任务艰巨繁重。

二　思想观念和价值取向多元化，社会主义核心价值观引领多元价值观念难度加大

文化价值观念作为社会上层建筑，最终要由一定社会的经济基础决定。马克思指出："思想一旦离开利益，就一定会使自己出丑。"① 当前，我国社会主义初级阶段所有制形式是多样的，分配方式是多样的，利益格局是多样的，这就决定了意识形态领域是多元多样的。在这种多元利益格局下，不同群体的利益诉求在思想领域中得到反映，呈现出多元、多变、多样的趋势，导致拜金主义、享乐主义、极端个人主义在一定范围内滋生蔓延，道德失范、唯利是图、低俗庸俗媚俗屡屡突破公序良俗底线，社会主义、集体主义、爱国主义受到挑战，对弘扬主流思想道德和价值观念产生消极影响。此外，随着世界各国之间文化交流融合的纵深拓展，各种文化思潮涌入我国，如后现代主义、存在主义、解构主义等，客观上也为多

---

① 《马克思恩格斯文集》第 1 卷，人民出版社 2009 年版，第 286 页。

元价值观念的形成提供了土壤。价值观念的多元和差异对社会主义意识形态造成了一定程度的冲击，社会主义核心价值观引领整合多元价值观念难度加大。

三　媒体格局和舆论生态发生变化，新媒体对我国意识形态的控制力形成挑战

与报纸、杂志、广播、电视等传统媒体不同，新媒体以其多元自由的传播主体、核裂变式的信息传播速度、多样融合的传播方式、"去中心化"的传播关系，实现了信息传播的大变革，构成了越来越复杂的大舆论场。当今时代，媒体格局和舆论生态发生深刻变化，网络已经成为意识形态斗争的主战场和前沿阵地，已经成为西方大国对我国进行意识形态进攻的新途径和新手段，网络往往成为负面舆情发酵、错误思想传播的策源地和放大器，主流媒体主导作用受到很大打击，极大地增加了舆论引导和内容管理的难度。网络成为超越国家界限和意识形态阵地的"超国家领域"，重视网络阵地的话语权和领导权，意义等同于守卫国家主权。目前，西方发达国家控制着意识形态的话语霸权，凭借信息技术和网络优势将其意识形态、价值理念强加于人，使受众不可抗拒地对西方文化产生亲近感、信任感，从而实现其"和平演变"的目标，网络已经成为西方价值观出口到全世界的终端工具。诚如阿尔温·托夫勒所说："未来世界政治的魔方将控制在拥有信息强权的人手里，他们会使用手中掌握的网络控制权、信息发布权，利用英语这种强大的文化语言优势，达到暴力和金钱无法征服的目的。"[①]因此，我们必须掌握网络意识形态领域主动权和领导权，科学认

---

① ［美］阿尔温·托夫勒：《权力的转移》，中央党校出版社1991年版，第465页。

识网络传播规律，提高用网治网水平，营造风清气正的网络空间，使互联网这个最大变量变成我们事业发展的最大增量，这是形势下掌握新闻舆论的阵地的关键。

四　各种敌对势力加紧对我国渗透遏制，维护意识形态安全和政治安全任务十分繁重

"我们所处的时代是极力回避、努力淡化意识形态的时代，可是又是西方意识形态妄图独霸天下、因而必须以异质意识形态与之抗衡的时代。"[①] 在意识形态问题上，绝不能被西方鼓吹的"去意识形态化"等思潮所迷惑，犯幼稚主义错误。强权政治和霸权国家一直把我国发展壮大视为对其价值观和制度模式的威胁和挑战，视为对现存国际秩序的挑战，试图对我国打一场"没有硝烟的战争"。它们以文化、文明、学术外衣设置政治陷阱，掩盖政治意图，不断调整策略，变换手法，大力对我国进行意识形态渗透，大肆歪曲、攻击、否定马克思主义、中国共产党的领导、中国特色社会主义、社会主义核心价值观，目的就是动摇我们党的思想根基，摧毁中国人的自信心和凝聚力，西化、分化中国。只要旧的国际秩序、国际力量对比没有发生根本变化，国际敌对势力对我国"和平演变"的战略图谋就不会放弃；只要我们坚持中国共产党的领导、坚持社会主义制度，西方敌对势力对我国西化、分化的根本立场就不会改变；我们离民族复兴目标越近，越走近世界舞台中央，敌对势力越会加紧意识形态渗透，加大策动"颜色革命"力度。因此，如何应对这些挑战，是维护我国意识形态安全不能忽视的重大问题。

---

① 侯惠勤：《马克思的意识形态批判与当代中国》，中国社会科学出版社 2010 年版，第 55 页。

第三节　建设具有强大凝聚力和引领力的社会主义意识形态是一项战略任务

当前意识形态领域的斗争，归根结底是马克思主义和反马克思主义"两大话语体系"的较量，是社会主义核心价值体系和资本主义核心价值体系的角力，是要不要坚持中国特色社会主义道路、旗帜的交锋。因此，建设具有强大凝聚力和引领力的社会主义意识形态是一项战略任务，我们必须保持清醒头脑，增强进一步做好意识形态工作的责任感和使命感，切实坚守好我们党的意识形态阵地。新时代做好意识形态工作要以建设具有强大凝聚力和引领力的社会主义意识形态为着力点，牢牢掌握意识形态工作领导权，更好巩固和发展主流意识形态，持续增强意识形态领域主导权和话语权，严格落实意识形态责任制，敢于在重大理论和现实问题上发声亮剑，增强对网络舆论的管控和引导，不断坚定广大干部群众的道路自信、理论自信、制度自信、文化自信，不断提升党、国家和民族的凝聚力。

一　以政治建设为统领，牢牢把握意识形态工作正确方向

旗帜鲜明讲政治是马克思主义政党的根本要求，坚定政治立场、政治方向是党的一贯要求和力量所在。建设社会主义意识形态，立场方向至关重要。要切实提高政治站位，牢固树立政治意识、大局意识、核心意识、看齐意识，坚决维护习近平总书记作为党中央的核心、全党的核心的地位，始终在政治立场、政治方向、政治原则、政治道路上同以习近平同志为核心的党中央保持高度一致，以实际行动坚决维护党中央权威和集中统一领导。要旗帜鲜明坚持党管宣

传、党管意识形态、党管媒体，坚持政治家办刊、办报、办台、办新闻网站。无论是广播电视、新闻出版单位，还是社科理论、文艺单位，无论是传统媒体还是新媒体，都要自觉置于党的领导之下，一把尺子量到底，传播好党的声音和主张，绝不允许有"特殊成员"和形形色色的"舆论飞地"。

二　推进马克思主义中国化时代化大众化，坚持不懈用习近平新时代中国特色社会主义思想凝心聚力

学习和掌握马克思主义是我们进行思想舆论斗争的关键。历史经验一再表明，能够坚持历史唯物主义，就能够敢于斗争；能够坚持辩证唯物主义，就能够善于斗争。马克思主义不能丢，丢了就丧失了根本。马克思主义是我们立党立国的根本指导思想，是社会主义意识形态的旗帜和灵魂。牢牢掌握意识形态工作领导权，推动党和国家事业顺利发展，最根本的是把坚持和发展马克思主义有机统一起来，不断推进马克思主义中国化、时代化、大众化。党的十八大以来，以习近平同志为核心的党中央紧紧围绕新时代坚持和发展什么样的中国特色社会主义、怎样坚持和发展中国特色社会主义这个重大时代课题，以全新的视野深化对共产党执政规律、社会主义建设规律、人类社会发展规律的认识，进行艰辛探索，取得重大理论创新成果，创立了习近平新时代中国特色社会主义理论。掌握意识形态工作领导权，最重要的就在于加强理论武装，推动习近平新时代中国特色社会主义深入人心，增强政治认同、思想认同、理论认同、情感认同。深刻领会这一科学理论贯穿的马克思主义的世界观和方法论，深入研究宣传阐释这一思想的重大贡献、历史地位、科学体系、精神实质、丰富内涵，不断深化对这一思想的理论品格、思想脉络、实践价值的认识，坚持不懈用习近平新时代中国特色社

会主义思想武装干部群众头脑、指导实践、推动工作。

三　严格压实压紧意识形态工作责任制，形成守土有责、守土负责、守土尽责的良好局面

做好意识形态工作，必须坚持全党动手，压紧压实意识形态工作的政治责任、领导责任，全面落实意识形态工作责任制。党的十八大以来，各级党委（党组）制定了意识形态工作责任制，明确了各级领导干部的意识形态工作责任，牢牢掌握了意识形态工作的领导权、管理权和话语权。党的十八大以来，先后出台了《中国共产党巡视工作条例》《中国共产党问责条例》《中国共产党党内监督条例》以及《关于新形势下党内政治生活的若干准则》等，将意识形态工作列入巡视、问责、监督党内政治生活范围，构成了我国意识形态管理制度体系的重要组成部分。比如，十八届六中全会通过的《关于新形势下党内政治生活的若干准则》既明确了党内政治生活的意识形态"高压线"，又明确了各级党委（党组）旗帜鲜明抓意识形态工作的政治责任，"全党必须坚决捍卫党的基本路线，对否定党的领导、否定我国社会主义制度、否定改革开放的言行，对歪曲、丑化、否定中国特色社会主义的言行，对歪曲、丑化、否定党的历史、中华人民共和国的历史、人民军队的言行，对歪曲、丑化、否定党的领袖和英雄模范的言行，对一切违背、歪曲、否定党的基本路线的言行，必须旗帜鲜明反对和抵制"。通过意识形态工作责任制的推进，各级党委（党组）把意识形态工作放在工作的首位，形成了党委（党组）统一领导，党政齐抓共管、宣传部门组织协调、各相关部门积极配合，共同做好意识形态工作的格局，牢牢掌握了意识形态工作的领导权、管理权、话语权。同时，意识形态领域高度敏感复杂，在管理和引导上要掌握"时、度、效"，讲究方式方法。

要正确区分政治原则问题、思想认识问题、学术观点问题，要有利于坚持和加强党的领导，有利于凝聚党心民心，有利于促进改革发展稳定。

四　抢占思想舆论阵地，主流意识形态要敢于和善于在重大理论和现实问题上亮剑

作为主流意识形态的马克思主义，从其诞生起就一直遭到各种主义、思潮的质疑和诘难。正如列宁在《马克思主义和修正主义》中所指出的，马克思主义"在其生命的途程中每走一步都得经过战斗"，正是在与各种敌对理论的斗争中，马克思主义变得"愈加巩固、愈加坚强、愈加生气勃勃"。中国特色社会主义就要在与资产阶级自由化、民主社会主义、历史虚无主义、西方宪政民主等思潮的较量中，确立起中国特色社会主义道路、理论、制度、文化自信。近年来，各种思潮交锋的态势日趋激烈，我们的主流意识形态需要针对各种社会思潮的新动向、新发展、新特点，及时深入地进行分析研判，并着力对其实质、功能作深层次分析，超越简单的政治分析。打铁还需自身硬。在对非主流意识形态进行分析研判时，"我们不应当用压制的办法不让他们表现，而应当让他们表现，同时在他们表现的时候，和他们辩论，进行适当的批评"①。在意识形态问题上，"压制"不是上策，主流意识形态要敢于发声、善于发声，要靠马克思主义真理的力量给出彻底的、最具说服力的正确解释，揭露谎言，战胜谬误。要发扬斗争精神，始终站在意识形态斗争第一线，敢抓敢管，敢于发声亮剑，与否定党的领导、否定中国特色社会主义制度等错误言行作不懈斗争。正如习近平总书记指出的，对违反

① 《毛泽东著作专题摘编》（下），中央文献出版社 2003 年版，第 483 页。

四项基本原则的，必须教育引导，要建立责任制，所在地方和单位要切实管起来；对造谣生事的，必须依法查处，绝不能让这些人舒舒服服造谣生事、浑水摸鱼、煽风点火、信口雌黄。总之，主流意识形态要抓住问题的关键和实质，顶天立地，击中其他错误思潮和言行的"要害"，抢占思想舆论阵地，以实际行动证明马克思主义在解释力和实践中仍然充满生命力。

五 建设网络良好生态，坚决打赢网络意识形态斗争

当前，互联网已经成为意识形态工作的最前沿主战场，成为意识形态工作的重点领域。对意识形态工作而言，互联网本身具有"双刃剑"效应，一方面，互联网因其开放性、交互性等特点，在日益成为人们特别是年轻一代获取信息的主要途径的同时，也为主流意识形态发声和传播提供了强大媒介；另一方面，互联网又因其迅捷和裂变的传播模式，特别是移动媒体的普及应用，对主流媒体的控制力和引导力形成重大挑战。我国8亿多网民中，手机上网率达到98.3%，居全世界第一。[①] 网络媒体舆论是与传统媒体舆论相交织的新兴舆论，发展势头迅猛，影响不断扩大，对特定群体尤其是年轻人的影响力超过传统媒体，因此必须高度重视互联网舆论斗争。习近平总书记在2018年宣传思想工作会议上指出，我们必须科学认识网络传播规律，提高用网治网水平，使互联网这个最大变量变成事业发展的最大增量。当前，要高度重视互联网的思想内容建设、传播方式创新、对外表达方式创新、互联网领域立法、网络突发事件处置机制建设等问题，坚决打赢互联网意识形态斗争。要深入实施网络内容建设工程，加强网上正面宣传，旗帜鲜明坚持正确政治

---

① 据中国互联网信息中心（CNNIC）发布的第42次《中国互联网发展状况统计报告》。

方向、舆论导向、价值取向，用习近平新时代中国特色社会主义思想凝聚亿万网民思想，发展积极向上的网络文化，形成网上正面舆论强势；要创新改进网上宣传方式，深入开展网上舆论斗争，严密防范和抑制网上攻击渗透行为，分析网上斗争特点和规律，运用正确战略战术，组织力量对错误思想观点进行针锋相对批驳，增强主流意识形态在网络传播中的亲和力和影响力；要创新对外话语表达方式，研究国外不同受众的习惯和特点，采用融通中外的概念、范畴、表述，把我们想讲的和国外受众想听的结合起来，把"陈情"和"说理"结合起来，把"自己讲"和"别人讲"结合起来，使中国故事更多为国际社会和海外受众所认同；要本着对社会、对人民负责的态度，依法依规加强网络空间治理，构建天朗气清网络空间秩序；要加强网络突发事件处置机制，在意识形态群体事件发生时，主流意识形态要对网络舆情进行跟踪、分析、研判，掌握话语权，正确引导舆论，疏导负面情绪，弘扬正能量，形成正面引导和依法管理相结合的网络治理强大合力。

结　语

历史、现实、未来是相通的。

"明镜所以照形，古事所以知今。"中国共产党成立近百年来为中华民族作出了三个伟大贡献，即"完成新民主主义革命，建立了中华人民共和国""完成社会主义革命，确立社会主义基本制度""进行改革开放新的伟大革命"①。以宏阔的视野审视历史的运动，近百年的惊涛骇浪，近百年的光辉历程，近百年的时空穿越，这是我们党"不忘初心、继续前进"的历史依据和基本遵循。

不忘初心，就是要牢记历史，牢记中华文明的历史、中华民族的历史和中国革命的历史；不忘初心，就是要坚守政治定力，坚定对马克思主义的信仰，坚定对远大理想与共同理想的追求；不忘初心，就是要敢于担当，始终坚持人民主体地位，始终忠于人民。当前世情、国情、党情继续发生深刻变化，各种思想文化交流交融碰撞更加激烈。面对历史虚无主义的沉渣泛起，巩固不忘初心、继续前进的现实基础，就要坚持党性与科学性的统一，牢牢把握党的历史发展的本质和主旋律，坚决抵制任何丑诋党的历史的错误倾向，

---

① 《十八大以来重要文献选编》（下），中央文献出版社 2018 年版，第 342 页。

继续深化与历史虚无主义的斗争，牢牢掌握斗争的主动权和主导权。同时广大理论工作者还要紧扣时代脉搏，努力提升自己的理论修养和学术素养，牢牢掌握网络、报刊等意识形态舆论阵地，以正史、信史形式有效戳破历史虚无主义制造的谎言、迷雾和谬论，通过历史的"望远镜"和"显微镜"，还原历史本来面貌，旗帜鲜明地批驳、纠正历史虚无主义的错误认识，最大程度地挤压历史虚无主义的生存空间。

值得欣慰的是，历史虚无主义自 20 世纪 80 年代重新泛起以来，经过广大理论工作者的深刻揭批，其巨大危害已经被暴露得比较充分。当前亟须解决的问题是如何进一步从理论上、史实上把历史虚无主义颠倒的历史纠正过来，增强社会主义核心价值观引领多元社会思潮的能力。这一任务仍然任重而道远。

参考文献

经典著作

《邓小平文选》第 3 卷，人民出版社 1993 年版。

《邓小平文选》第 2 卷，人民出版社 1994 年版。

《邓小平年谱》（下），中央文献出版社 2004 年版。

《列宁选集》第 1 卷，人民出版社 2012 年版。

《列宁选集》第 2 卷，人民出版社 2012 年版。

《列宁选集》第 3 卷，人民出版社 2012 年版。

《列宁选集》第 4 卷，人民出版社 2012 年版。

《列宁全集》第 1 卷，人民出版社 1984 年版。

《列宁全集》第 18 卷，人民出版社 1988 年版。

《列宁全集》第 25 卷，人民出版社 1988 年版。

《列宁全集》第 23 卷，人民出版社 1990 年版。

《列宁专题文集·论辩证唯物主义和历史唯物主义》，人民出版社
　2009 年版。

《马克思恩格斯选集》第 1 卷，人民出版社 2012 年版。

《马克思恩格斯选集》第 2 卷，人民出版社 2012 年版。

《马克思恩格斯选集》第 3 卷，人民出版社 2012 年版。

《马克思恩格斯选集》第 4 卷，人民出版社 2012 年版。

《马克思恩格斯全集》第 44 卷，人民出版社 2001 年版。

《毛泽东选集》第 1 卷，人民出版社 1991 年版。

《毛泽东选集》第 2 卷，人民出版社 1991 年版。

《毛泽东文集》第 3 卷，人民出版社 1991 年版。

《江泽民文选》第 1 卷，人民出版社 2006 年版。

《论党的建设》，中央文献出版社 2001 年版。

《十八大以来重要文献选编》（上），中央文献出版社 2014 年版。

《十八大以来重要文献选编》（中），中央文献出版社 2016 年版。

《十八大以来重要文献选编》（下），中央文献出版社 2018 年版。

《十一届三中全会以来重要文献选编》（上），人民出版社 1987
年版。

《十六大以来重要文献选编》（上），人民出版社 2005 年版。

《十六大以来重要文献选编》（中），中央文献出版社 2006 年版。

《十七大以来重要文献选编》（上），中央文献出版社 2009 年版。

《习近平谈治国理政》（第一卷），外文出版社 2014 年版。

《习近平谈治国理政》（第二卷），外文出版社 2017 年版。

《中共中央关于全面深化改革若干重大问题的决定（单行本)》，人
民出版社 2013 年版。

外文译著

［美］艾恺采访：《这个世界会好吗：梁漱溟晚年口述》，东方出版
社 2006 年版。

［英］鲍曼：《流动的现代性》，上海三联书店 2002 年版。

［美］弗朗西斯：《历史的终结及最后的人》，中国社会科学出版社2003年版。

［德］海德格尔：《尼采》（下卷），孙周兴译，商务印书馆2008年版。

［美］海登·怀特：《元历史：十九世纪欧洲的历史想象》，陈新译，彭刚校，译林出版社2004年版。

［美］亨特：《意识形态与美国外交政策》，世界知识出版社1999年版。

［美］列奥·施特劳斯：《德意志虚无主义》，刘小枫编、丁耘等译，《苏格拉底问题与现代性——施特劳斯讲演与论文集》（卷二），华夏出版社2008年版。

［美］理查德·沃林：《海德格尔的弟子——阿伦特·勒维特·约纳斯和马尔库塞》，张国清、王大林译，江苏教育出版社2005年版。

［瑞典］缪尔达尔：《亚洲的戏剧》，经济学院出版社1992年版。

［美］马克·塞尔登：《革命中的中国：延安道路》，社会科学文献出版社2002年版。

［美］M.梅斯纳：《毛泽东的中国及其发展》，社会科学文献出版社1992年版。

［德］尼采：《查拉图斯特拉如是说》，钱春绮译，生活·读书·新知三联书店2014年版。

［德］尼采：《权力意志——重估一切价值的尝试》，张念东、凌素心译，商务印书馆1991年版。

［美］尼克松：《真正的和平》，世界知识出版社1984年版。

［美］斯塔夫里阿诺斯：《全球通史：1500年以后的历史》，吴象婴，梁赤民译，上海社会科学院出版社1999年版。

［英］T.肯普：《现代工业化模式》，中国展望出版社1985年版。

［美］小杰克·F. 马特洛克：《苏联解体亲历记》，吴乃华、魏宗雷等译，世界知识出版社 1996 年版。

中文专著

薄一波：《若干重大决策与事件的回顾》（下卷），中共中央党校出版社 1993 年版。

陈序经：《全盘西化言论三集》，上海书店（民国丛书第 3 编 039）1991 年版。

陈序经：《全盘西化言论三集》，上海书店（民国丛书第 3 编 039）1991 年版。

陈序经、吕学海、冯恩荣等：《全盘西化言论续集》，上海书店（民国丛书第 3 编 039）1991 年版。

陈云：《陈云文选》第 3 卷，人民出版社 1995 年版。

冯刚：《高校马克思主义大众化研究报告》，光明日报出版社 2010 年版。

龚书铎：《民族文化虚无主义评析》，中国人民大学出版社 1990 年版。

龚书铎、金冲及、宋小庆：《历史的回答》，北京师范大学出版社 2001 年版。

龚书铎、李文海、梁柱：《近代中国是怎样走向共和的》，华龄出版社 2003 年版。

耿云志：《胡适研究论稿》，四川人民出版社 1985 年版。

龚自珍：《龚自珍全集》，上海人民出版社 1975 年版。

胡适：《胡适论学近著》，山东人民出版社 1998 年版。

何之干：《何干之文集》第 1 卷，北京出版社 1993 年版。

金冲及：《二十世纪中国史纲》，社会科学文献出版社 2009 年版。

刘大年：《中国近现代史问题》，人民出版社 1978 年版。

刘洪潮：《西方和平演变社会主义国家的战略策略手法》，湖北人民出版社 1982 年版。

罗荣渠：《从"西化"到现代化》，北京大学出版社 1990 年版。

冷溶、汪作玲：《邓小平年谱（1975—1997）》（下），中央文献出版社 2004 年版。

李泽厚、刘再复：《告别革命——回望 20 世纪中国》序，香港天地图书有限公司 1995 年版。

林泰主编：《问道》，中国社会科学出版社 2013 年版。

刘小枫主编：《斯特劳斯与古典政治哲学》，张新樟、游斌、贺志刚、宗成河等译，上海三联书店 2002 年版。

梁柱：《历史虚无主义评析》，社会科学文献出版社 2012 年版。

梁柱、龚书铎：《警惕历史虚无主义思潮》，人民教育出版社 2006 年版。

梅荣政、杨军：《理论是非辨——用社会主义核心价值体系引领多样化社会思潮》，中国社会科学出版社 2013 版。

沙健孙、龚书铎：《走什么路——关于中国近现代历史上的若干重大是非问题》，山东人民出版社 1997 年版。

孙中山：《孙中山全集》第 6 卷，中华书局 1975 年版。

陶东风、和磊：《中国新时期文学 30 年：1978—2008》，中国社会科学出版社 2008 年版。

王俊：《于"无"处的历史深渊——以海德格尔哲学为范例的虚无主义研究》，浙江大学出版社 2009 年版。

吴敬琏、马国川：《重启改革议程》，生活·读书·新知三联书店 2013 年版。

吴仁华：《社会思潮十讲——青年教师读本》，福建教育出版社 2014 年版。

王燕文：《社会思潮怎么看》，江苏人民出版社 2015 年版。

学术论文

曹守亮：《历史是不能虚无的——读〈警惕历史虚无主义思潮〉》，《高校理论战线》2007 年第 4 期。

曹守亮：《警惕历史虚无主义思潮新动向》，《红旗文稿》2015 年第 4 期。

董必荣：《虚幻的构境：历史虚无主义批判》，《毛泽东邓小平理论研究》2013 年第 3 期。

杜导正：《新民主主义的回归与发展》，《炎黄春秋》2009 年第 4 期。

冯夏根、胡旭华：《虚无的背后——新时期历史虚无主义思潮论析》，《湖南文理学院学报（社会科学版）》2009 年第 5 期。

高奇琦、段钢：《对历史的自信是抵制历史虚无主义的基石》。《求是》2013 年第 1 期。

龚书铎：《历史虚无主义二题》，《高校理论战线》2005 年第 5 期。

郭世佑：《中国近代史研究需要理论的突破》，《史学理论研究》1993 年第 1 期。

郭世佑：《历史虚无主义的实与虚》，《炎黄春秋》2014 年第 5 期。

韩炯：《历史事实的遮蔽与祛蔽——现时代历史虚无主义理论进路评析》，《毛泽东邓小平理论研究》2013 年第 3 期。

靳辉明：《关于当前影响我国的四种社会思潮的剖析和思考》，《重庆邮电大学学报（社会科学版）》2009 年第 2 期。

江先锋：《大学生受历史虚无主义思潮影响的原因探析》，《思想教育研究》2012 年第 4 期。

江燕：《多元社会思潮下大学生近现代史观教育探析》，《北京教育（德育）》2013 年第 6 期。

李殿仁：《认清历史虚无主义的极大危害性》，《红旗文稿》2014 年第 20 期。

李舫：《历史虚无主义的文化表征》，《文艺理论与批评》2007 年第 3 期。

李松林：《简论加强大学生历史观教育》，《思想教育研究》2012 年第 6 期。

刘书林：《历史虚无主义的表现极其思维方法》，《思想理论教育》2014 年第 11 期。

李慎明：《苏联亡党亡国 20 年祭（上）——俄罗斯人在述说》，《马克思主义研究》2012 年第 3 期。

李慎之：《从全球化的观点看中国的现代化问题——在重估中国现代化问题主题研讨会上的发言》，《战略与管理》1994 年第 1 期。

梁柱：《历史虚无主义是唯心主义的历史观》，《思想理论教育导刊》2010 年第 1 期。

梁柱：《新时期历史虚无主义思潮若干特点》，《人民论坛》2012 年第 31 期。

马建辉：《文艺中的价值虚无主义思潮》，《求是》2009 年第 3 期。

马龙闪：《历史虚无主义的来龙去脉》，《炎黄春秋》2014 年第 5 期。

梅荣政、杨瑞：《历史虚无主义思潮的泛起与危害》，《思想理论教育导刊》2010 年第 1 期。

倪剑青：《试析历史虚无主义的两种类型》，《毛泽东邓小平理论研究》2013 年第 3 期。

乔彦国：《历史虚无主义的危害及其批判》，《南京政治学报》2013

年第 4 期。

邵纯：《对"列强"要具体分析》，《书屋》2008 年第 3 期。

余双好：《思想政治教育的科学研究现状、特点及发展趋势探析》，《思想理论教育导刊》2009 年第 10 期。

余双好：《当代社会思潮对高校学生影响现状的调查分析》，《学校党建与思想教育》2010 年第 9 期。

沈重：《历史虚无主义与"全盘西化"论——从中国历史文化视角再评〈河殇〉》，《江西大学学报（社会科学版）》1989 年第 4 期。

田居俭：《历史岂容虚无——评史学研究中的若干历史虚无主义言论》，《高校理论战线》2005 年第 6 期。

田心铭：《警惕历史虚无主义的新变种》，《红旗文稿》2014 年第 13 期。

王继军：《大学生社会实践与社会责任感培养》，《中国成人教育》2009 年第 2 期。

韦磊：《海外毛泽东研究中的历史虚无主义》，《马克思主义研究》2014 年第 6 期。

王伟光：《坚持唯物史观　旗帜鲜明地反对历史虚无主义》，载《中国社会科学院历史虚无主义批判文选》，中国社会科学出版社2015 年版。

许恒兵：《历史虚无主义思潮的演进、危害及其批判》，《思想理论教育》2013 年第 1 期。

杨共乐：《后现代主义史学评述》，《高校理论战线》2003 年第 6 期。

杨军：《历史虚无主义的迷惑性》，《人民论坛》2013 年第 27 期。

杨军：《历史虚无主义思潮影响高校师生现状、原因和对策》，《思想理论教育导刊》2011 年第 11 期。

尹保云：《要警惕什么样的历史虚无主义》，《炎黄春秋》2014 年第

5 期。

于沛:《历史不容虚无》,《求是》2013 年第 6 期。

《要充分认识历史虚无主义思潮的严重危害性——访中国社会科学院
　马克思主义研究院特聘研究员梁柱》,《马克思主义研究》2009 年
　第 3 期。

周清泉:《中国近代史应当提到世界史的历史范围内研究》,《成都
　大学学报》1985 年第 3 期。

张晓红、梅荣政:《历史虚无主义的实质和危害》,《思想政治教育》
　2009 年第 9 期。

张晓红、梅荣政:《历史虚无主义的实质和危害》,《思想理论教育》
　2009 年第 7 期。

张绪山:《毛泽东棋局中的鲁迅——从"假如鲁迅还活着"说起》,
　《炎黄春秋》2009 年第 6 期。

郑炎:《打破束缚,更新观念》,《学术研究》1994 年第 4 期。

报纸资料

耿雪:《历史虚无主义"重写历史"有何诉求:访北京大学中国特
　色社会主义理论体系研究中心教授梁柱》,《中国社会科学报》
　2014 年 4 月 23 日 (587)。

姜辉:《对"三大规律"认识的深化》,《光明日报》2016 年 8 月
　15 日。

刘书林:《痛批反毛反共的历史虚无主义思潮》,《中国社会科学报》
　2014 年 5 月 23 日。

李泽厚:《开辟中国近代史研究的新阶段》,《文汇报》,1986 年 12
　月 30 日。

吴晗：《论历史人物评价》，《人民日报》1962 年 3 月 23 日。

危兆盖：《警惕历史虚无主义思潮》，《光明日报》2005 年 3 月 15 日。

习近平：《在文艺座谈会上的讲话》，《人民日报》2015 年 10 月 15 日。

中共中央党史研究室：《学习习近平同志关于党的历史的重要论述》，《人民日报》2013 年 7 月 22 日。

后　记

　　本书是在本人博士论文的基础上充实完成的。

　　在书稿行将付梓之时，一个个要致谢的人、一句句要感谢的话语在脑海萦绕。首先，感谢我的博士生导师姜辉研究员。在论文的写作过程中，从选题、开题到论文的结构、思路以至最后定稿，他都倾注了大量心血。为了本书早日出版，他还一直敦促我修改书稿，并尽力提供出版资助。

　　感谢齐鲁师范学院党委副书记、校长林松柏教授对本书出版给予的关怀与支持。

　　感谢以陈海燕教授为主任的齐鲁师范学院马克思主义学院学术委员会给予的大力支持。

　　感谢刘艳师妹为本书的编辑出版付出的辛勤劳动。

　　感谢一直鼓励、支持、帮助我的老师、同学、朋友、家人。

　　最后，向本书参考和征引的文献资料的作者致以深深的谢意！

　　当然，由于知识和水平所限，最终呈现出来的这本著作难免存在疏漏和不足之处，可能与导师、朋友们的期望还有很大的差距，这将鞭策我在今后的学习和研究中更加奋力前行！

　　言不尽意，是为后记。

郭彦林

2018 年 10 月